KB187243

윤리형이상학 정초

대우고전총서 016A
Daewoo Classical Library

한국어 칸트전집 06
The Korean Edition of
the Works of Immanuel Kant

윤리형이상학 정초

Grundlegung zur Metaphysik der Sitten

임마누엘 칸트 | 백종현 옮김

아카넷

1791년의 칸트 G. Doebler의 초상화

칼리닌그라드의 임마누엘 칸트 대학 정원에 있는 칸트 동상

칸트의 묘소(쾨니히스베르크 교회 후면)

칸트의 석곽묘(쾨니히스베르크 교회 특별 묘소 내부)

쾨니히스베르크(칼리닌그라드) 성곽 모서리에 있는 칸트 기념 동판. "그에 대해서 자주 그리고 계속해서 숙고하면 할수록, 점점 더 큰 경탄과 외경으로 마음을 채우는 두 가지 것이 있다, 그것은 내 위의 별이 빛나는 하늘과 내 안의 도덕 법칙이다"라는 『실천이성비판』 맺음말의 첫 구절이 새겨져 있다.

《한국어 칸트전집》 간행에 부쳐

칸트(Immanuel Kant, 1724~1804)의 철학에 대한 한국인의 연구 효시를 이정직(李定稷, 1841~1910)의 「康氏哲學說大略」(1903~1910년경)으로 본다면, 한국에서의 칸트 연구는 칸트 사후 100년쯤부터 시작된 것인데, 그 시점은 대략 서양철학이 한국에 유입된 시점과 같다. 서양철학 사상 중에서도 칸트철학에 대한 한국인의 관심은 이렇게 시기적으로 가장 빨랐을 뿐만 아니라 가장 많은 연구 논저의 결실로도 나타났다. 그 일차적인 이유는 19세기 말에서 20세기 초의 동아시아 정치 상황에서 찾을 수 있겠지만, 사상 교류의 특성상 칸트철학의 한국인과의 친화성 또한 그 몫이 적지 않을 것이다.

칸트는 생전 57년(1746~1803)에 걸쳐 70편의 논저를 발표하였고, 그 외에 다대한 서간문, 조각글, 미출판 원고, 강의록을 남겨 그의 저작 모음은 독일 베를린 학술원판 전집 기준 현재까지 발간된 것만 해도 총 29권 37책이다. 《한국어 칸트전집》은 이 중에서 그가 생전에 발표한 전체 저술과 이 저술들을 발간하는 중에 지인들과 나눈 서간들, 그리고 미발간 원고 중 그의 말년 사상을 포괄적으로 담고 있는 유작(Opus postumum)을 포함한다. 칸트 논저들의 번역 대본은 칸트 생전 원본이고, 서간과 유작은 베를린 학술원판 전집 중 제10~12권과 제21~22권이다.(이 한국어 번역의 베를린 학술원판 대본에 관해서는 저작권자인 출판사 Walter de Gruyter 에서 한국어번역판권을 취득하였다.)

　한 철학적 저작은 저자가 일정한 문화 환경 안에서 그에게 다가온 문제를 보편적 시각으로 통찰한 결실을 담고 있되, 그가 사용하는 언어로 기술한 것이다. 이러한 저작을 번역한다는 것은 그것을 다른 언어로 옮긴다는 것이고, 언어가 한 문화의 응축인 한에서 번역은 두 문화를 소통시키는 일이다. 그래서 좋은 번역을 위해서는 번역자가 원저자의 사상 및 원저의 기저를 이루고 있는 문화 배경에 대해 충분한 이해를 가질 것과 아울러 원저의 언어와 번역 언어에 대한 상당한 구사력을 가질 것이 요구된다.

　18세기 후반 독일에서 칸트는 독일어와 라틴어로 저술했거니와, 이러한 저작을 한국어로 옮김에 있어 그 전혀 다른 언어 구조로 인해서 그리고 칸트가 저술한 반세기 동안의 독일어의 어휘 변화와 칸트 자신의 사상과 용어 사용법의 변화로 인해서 여러 번역자가 나서서 제아무리 애를 쓴다 해도 한국어로의 일대일 대응 번역은 어렵다. 심지어 핵심적인 용어조차도 문맥에 따라서는 일관되게 옮기기가 쉽지 않다. 게다가 한 저자의 저술을 여러 번역자가 나누어 옮기는 경우에는 번역자마다 가질 수밖에 없는 관점과 이해 정도의 차이에 따라 동일한 원어가 다소간에 상이한 번역어를 얻게 되는 것은 불가피한 일이다. 이러한 제한과 유보 아래서 이《한국어 칸트전집》을 간행한다.

　당초에 대우재단과 한국학술협의회가 지원하고 출판사 아카넷이 발간한 '대우고전총서'의 일환으로 2002년부터 칸트 주요 저작들의 한국어 역주서가 원고 완성 순서대로 다른 사상가의 저술들과 섞여서 출간되었던 바, 이것이 열 권에 이른 2014년에 이것들을 포함해서 전 24권의《한국어 칸트전집》을 새롭게 기획하여 속간하는 바이다. 이 전집 발간 초기에는 해당 각 권의 사사에서 표하고 있듯이 이 작업을 위해 대우재단/한국학술협의회, 한국연구재단, 서울대학교 인문대학, 서울대학교 인문학연구원

이 상당한 역주 연구비를 지원하였고, 대우재단/한국학술협의회는 출판비의 일부까지 지원하였다. 그러나 중반 이후 출판사 아카넷은 모든 과정을 독자적으로 수행하면서, 제책에 장인 정신과 미감 그리고 최고 학술서 발간의 자부심을 더해주었다. 권권에 배어 있는 여러 분들의 정성을 상기하면서, 여러 공익기관과 학술인들이 합심 협력하여 펴내는 이 《한국어 칸트전집》이 한국어를 사용하는 이들의 지성 형성에 지속적인 자양분이 될 것을 기대한다.

《한국어 칸트전집》 편찬자 백 종 현

책을 펴내면서

20세기 초 칸트(Immanuel Kant, 1724~1804)의 철학사상이 유입되면서 한국 사람들에게 이미 특별히 관심을 끌 때도 그러했지만, 그 후에도 한국에서 칸트는 첫째로 '도덕철학자'로서 의미를 가졌다. 1946년 한국에 대학이 신설된 이래 2014년까지(백종현 편저, 『동아시아의 칸트철학』, 아카넷, 2014, 부록 2 참조) 한국의 대학에서 나온 칸트철학에 대한 박사학위 논문 89편의 주제를 분별해보면, 『순수이성비판』 등 이론철학에 대한 것이 26편, 『윤리형이상학 정초』·『실천이성비판』 등 도덕철학에 대한 것이 37편, 『판단력비판』에 대한 것이 14편, 기타가 12편이다. 그리고 총 429편의 석사논문의 경우는 그 비율이 151:149:63:66이다. 세계적으로는 『순수이성비판』 등의 이론철학에 대한 것이 칸트 연구의 중심을 이루고 있는 일반적인 상황이나, 한국인으로서 같은 기간에 외국 대학에서 박사학위를 취득하고 귀국한 58명의 논문 주제별 분포가 30:10:4:14인 점과 비교할 때 한국 내의 칸트철학 연구의 주제 분포는 매우 특이한 것이다. 이는 불교나 성리학의 수용과 활용에서도 그러했듯이 한국인들이 사변(思辨)이나 이론을 공소하다 여기고, '실천'에 대한 논설을 중시하는 성향을 여기서도 보인 것이라 할 수 있겠다. 한국인들의 이런 성향은 어떤 면에서 한국 학문의 진정한 발전을 가로막고 있는 요인이기도 하다. 그러나 저와 같은 칸트 도덕철학에 대한 관심은 어떤 면에서 보면 지난 100년 한국 사람들이 자기 사회의 윤리적 상황이 그다지 좋지 못하다고 보고 있었던 데서 연유한다고 생각할 수도 있을 것이다.

주지하듯이, 오랫동안 한국 사회윤리의 대종을 이룬 것은 불교적·유교적 요소였다. 그런데 이 '자연주의적'인 전통 윤리의 근간을 이룬 것은 '보은(報恩)' 사상이다. 하늘보다 높고, 바다보다 깊다고 비유되는 "어머님 은혜"라는 노랫말이나, 자신의 뜻대로 움직이지 않는 자식을 두고 "내가 너를 어떻게 키웠는데……" 하면서 탓하는 데서도 그런 모습은 여실히 드러난다. 여기에 20세기 들어 기독교가 광범위하게 전파됨으로써 기독교의 '초자연주의적'인 '계명(誡命)'이 도덕 원칙으로 파급되었다. 이로써 한국은 세계 3대 종교의 윤리 요소가 고르게 미치고 있는 사회가 되었다. 이런 마당에 현대 사회 어디서나 볼 수 있는 바처럼 한국 사회에서도 '선(善)'의 가치를 '이(利)'의 가치로 대치시키는 공리주의와, 아예 선의 가치를 무효로 만드는 물리주의가 확산 일로에 있다. 이런 상황이 한국 사회의 윤리 개념을 착종시키고, 비윤리적 상황을 가속화시켰다. 이 같은 상황이 바람직하지 않다면, 결국 하나의 보편적 윤리 척도를 세워야 하는데, 그 길은 옛 윤리의 복원일 수도 있고, 새 윤리의 수립일 수도 있다. 그래서 어떤 이들은 유교적 윤리의 새로운 해석을 시도한다.

그러나 유교적 '보은(報恩)의 윤리'는 '친(親)함'과 '온정'을 동반하고 있어서 '정 깊은 세상'을 바라는 한국 사람들의 심정에 적의(適宜)한 것이기는 하지만, 보편적인 사회윤리로서 기능하는 데 상당한 정도의 한계가 있음이 이미 충분히 드러나 있다. ―유교 윤리는 근친주의, 위계주의, 연고주의를 부추긴다.― 또한 초월적 절대자와 내세에 대한 신앙을 전제로 하는 기독교 윤리도 현세주의적 성향이 매우 강한 한국 사회에서 '보편성'을 얻기는 쉽지 않을 것으로 보인다. 그 때문에 칸트의 '인격주의적'인 자율적 '의무의 윤리'는 한국 사회윤리의 근간을 세우는 데 좋은 방안 중 하나가 될 수도 있을 것이다. 다만, '의무'라는 말 자체가 '서양적'인 것으로 한국 사회에는 새로운 것이고, 게다가 그것은 '차갑고 무거운' 것이어서 여전히 한국 사람들에게는 '정떨어지는' 느낌을 줄 것이므로, 그것이 한국 사회에 뿌리내리는 데는 상당한 세월이 필요할 것으로 보인다. 그러나 20세기 후반 이후 한국 사회 문화 양상의 전반적인 변이와 함께 이미 한국 사람들의 정서도 적지 않은 변화를 보이고 있기 때문에 '의무 윤리'의 착근이 불가능하지는 않을 것으로 보며, 만약 그렇게 된다면 이 '의무의 윤리'는 한국 사회의 보편적 윤리화에 크게 기여할 것으로 본다. 이런 기대를 가지고 역자는 칸트의 도덕철학을 공부하고 있다. 이 칸트의 『윤리형이상학 정초(Grundlegung zur Metaphysik der Sitten)』(『정초』) 주해 작업도 그런 공부의 일환이며, 이 책은 그 결실이다.

이미 이 『정초』의 한국어 역서가 여럿 있는데, 다시 새 번역을 내놓는 것은 원전 판본 대용으로 쓸 수 있는 번역본을 내는 것이 어떤 독자들에게는 도움이 되지 않을까 싶어서이다. 번역의 대본으로는 칸트 원본 제2판(1786)을 사용했는데, 이는 미세한 차이라 하더라도 칸트 자신이 제1판(1785)을 수정한 만큼 그 뜻을 살피는 것이 합당하다고 보기 때문이다.

번역에서는 직역을 원칙으로 삼은 데다, 사소한 어휘조차도 원저자가 다르게 쓴 것은 한국어 어휘도 일관되게 다르게 쓰다 보니, 생경한 한국어 표현이 적지 않게 눈에 띈다. 한 가지를 얻고자 하면, 다른 한 가지를 포기해야 하는 것은 아직 문체를 얻지 못한 사람의 한계라고 스스로를 책망하는 바이다. 그러나 앞선 이들의 공적이 없었더라면, 이마저도 쉽지 않았을 것이다. 해제에 이어 붙인 이 책과 관련한 주요 문헌 목록에서 보듯, 최근에도 새 번역들이 여러 언어로 꾸준히 나오고 있다. 새 역주서를 내면서 기존의 한국어 역서는 물론, 영어 · 일본어 역서도 필요할 때마다 참조하였다. 그런데도 오역이 발견되면, 밝은 독자의 힘을 입어 마땅히 바로 잡기를 소망한다.

또한 기존의 칸트철학 한국어 용어 중 여럿을 바꿨는데, 어떤 것은 수년 전까지 역자 자신이 사용하던 것조차 교체를 했다. 많은 사람들의 어감과 의견을 들어 더 좋은 용어라고 판단이 되면 이후의 역서에서도 조금씩은 교체하려 한다. 장래에 얻을 정확성을 위해서는 지금의 다소간의 혼란은 감내하는 편이 낫다고 보기 때문이다.

내용상으로『윤리형이상학 정초』[GMS]는『실천이성비판』[KpV]과 떼어서 읽을 수 없는 저술이다. 두 책을 함께 읽어간다면 대조도 되고, 이해도 더 잘되리라 믿는다. 이해의 표적은 인간의 순수한 실천이성에 의한 도덕법칙의 수립과 준수에 인간의 존엄성이 의거한다는 칸트 입론이다.

모든 윤리 규범의 규범성을 담보하는 것은『실천이성비판』에서 밝혀진 "너의 의지의 준칙이 항상 동시에 보편적 법칙수립의 원리로서 타당할 수 있도록, 그렇게 행위하라."(KpV, A54=V30)는 "순수 실천이성의 원칙"이다. 이에 근거해서 '인간 존엄성의 원칙'이라 통칭되는 "너 자신의 인격에서나 다른 모든 사람의 인격에서 인간(성)을 항상 동시에 목적으로서 대하고, 결코 한낱 수단으로 대하지 않도록, 그렇게 행위하라."(GMS, B66이하=IV429)와 같은 '보편적인 덕법칙'이나, "너의 의사의 자유로운 사용이 보편적 법칙에 따라 어느 누구의 자유와도 공존할 수 있도록, 그렇게 행위하라."(MS, RL, AB34=VI231) 라는 "보편적 법법칙"이 성립한다.

이러한 '당위'의 법칙들은 다양한 사례와 경험들을 개괄하고 수렴한다 해서 도출되는 것이 아니다. 이러한 규범들은 설령 많은 체험이 배경에 있다 할지라도, 결국엔 순수 이성의 법칙수립[입법]의 계기에 의해서만 정립되는 것이다. 그러니까 그것은 자연적인 것을 넘어서는 것이다.

윤리 도덕의 최고 원리가 '순수' 실천이성에서 비롯한다고 말한다 해서, 인간 이성 능력이 발생학적으로, 생물학적으로 또는 사회학적으로 어떠한 자연적, 사회적 경험과정과 무관하게 형성됨을 말하는 것은 아니다. 그것은 다만, 논리 규칙이 그러하듯이 윤리 도덕의 최고 원리는 한낱 어떤 자연적, 사회적 경험의 축적으로부터도 사실적으로나 논리적으로나 도출 연역될 수 없는 성질의 것인 만큼, 당위 규범은 자연을 넘어 자연 위에 세워진[정립된] 것이고, 그러니까 그것은 궁극적으로는 순수하게 인간의 규범적 법칙 수립 능력, 곧 실천이성에서 기인함을 말하는 것이다. ― 칸트는『윤리형이상학 정초』에서 한 번, 그리고『실천이성비판』

에서 다시 한 번 이를 설득하려 애쓰고 있다.

이 책은 제1부 해제와 제2부 역주 그리고 찾아보기로 구성되어 있다.

이 『정초』는 원래 《한국어 칸트전집》 간행 개시 초기에 『실천이성비판』을 이어서 두 번째로 발간되었는데, 당초에는 칸트 도덕철학 입문서 역할도 하는 것이 마땅하여, 다양한 논고들과 국내외 연구 자료를 부록으로 실었으나, 《전집》이 속간되면서 그러한 부록이 더 이상 필요 없다고 여겨져 다시금 개정판을 낸다.

작은 책자지만 세 차례에 걸쳐 펴내는 데 여러분의 많은 노고가 함께 하였다. 2005년 초판을 위해서는 당시에 강지영 선생님이, 2014년 개정판을 위해서는 윤영광 선생님이 번역문을 칸트 원문과 대조하면서 검토 교정을 해주었고, 임상진 선생님은 사용하기에 아주 편리한 〈찾아보기〉를 만들어주었다. 한충수 선생님은 칸트 원본 A판, B판의 PDF파일을 구해 한결 수월하게 개정판 작업을 할 수 있도록 도와주었고, 유상미, 박지수 선생님은 문서 편집과 교정 과정에서 노고를 더해주었다. 출판사 아카넷은 수지타산을 뒤로 하고 《한국어 칸트전집》 편제에 맞춰 이 책의 개정판을 거쳐 재개정판까지 만들어주었으며, 그 과정에서 편집부는 기존의 원고에 새 원고를 더하는 조판 작업에 갑절의 정성을 기울여주었다. 여러분에 대한 감사의 마음을 깊이 새기면서, 많은 이의 협조 덕택으로 번역어의 다소간의 수정과 주해 보완을 통해 거듭나는 이 책자가 인간의 덕성을 함양하고 존엄성을 높이는 데 더 두터운 밑거름이 될 것을 바라마지 않는다.

2018년 8월
정경재(靜敬齋)에서 백 종 현

전체 목차

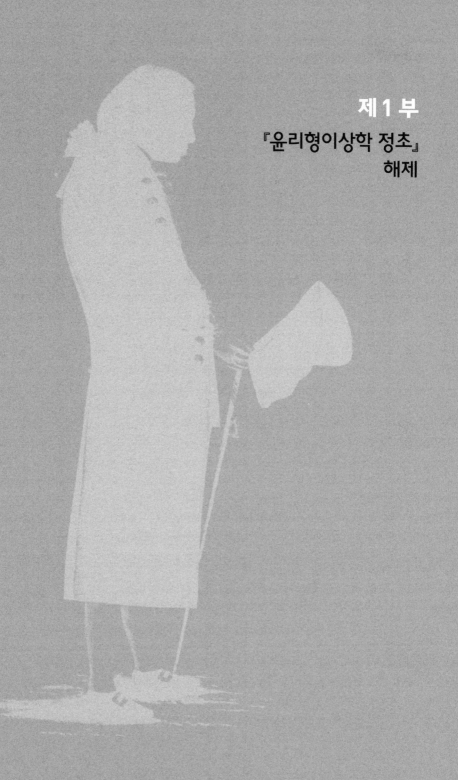

제 1 부

『윤리형이상학 정초』
해제

『윤리형이상학 정초』 해제

『윤리형이상학 정초(*Grundlegung zur Metaphysik der Sitten*)』(1785)는 도덕철학을 주제로 한 칸트의 주요 저술 중 첫 번째 것으로, 『순수이성비판』(1781, 1787)과 『실천이성비판』(1788) 사이에 출간된 것이다. 도덕철학을 '윤리 형이상학'을 통해 세우려는 칸트의 생각은 이미 1760~70년대부터 싹튼 것으로 보이며(1768. 5. 9 자 Herder에게 보낸 편지: AA X, 74[1]), 칸트는 '윤리 형이상학'의 위상에 대한 자신의 생각을 마침내 『순수이성비판』의 "순수 이성의 건축술"을 논하는 자리에서 분명하게 밝히고 있다.

형이상학은 순수 이성의 **사변적** 사용의 형이상학과 **실천적** 사용의 형이상학으로 나뉘며, 그러므로 **자연 형이상학**이거나 또는 **윤리 형이상학**이다. 전

---

1) 이하 칸트 원저술을 인용함에 있어 인용 대목 제시는 모두 본문 중에 하고, 『윤리형이상학 정초(*Grundlegung zur Metaphysik der Sitten*)』[*GMS*: 『정초』]의 경우 번역 표준본으로 사용한 제2판(1786)은 'B'로, 베를린 학술원판(Akademie-Ausgabe[=AA])은 이 책이 수록돼 있는 제4권을 지시하는 'IV'로 표시하고, 이어 면수를 제시하되, 부호 '='을 사이에 두고 양자를 병기한다. 칸트의 여타 저술 또한 유사한 방식으로 인용하며 사용한 약호는 아래 "해제와 주해, 논고에서 한국어 제목을 사용한 칸트 원논저 제목[약호], 이를 수록한 베를린 학술원판 전집[AA] 권수(와 인용 역본)"에 모아 제시한다. 다만 『순수이성비판(*Kritik der reinen Vernunft*)』[*KrV*]을 인용함에서는 초판(1781. =A)과 재판(1787. =B)의 면수만을 밝힌다.

자는 모든 사물들의 **이론적** 인식에 대한 순전한 개념들에 의한 (그러니까 수학은 제외한) 모든 순수한 이성원리들을 내용으로 갖는다. 후자는 **행동거지를** 선험적으로 규정하고, 필연적으로 만드는 원리들을 내용으로 갖는다. 그런데 도덕성은 원리들로부터 온전히 선험적으로 도출될 수 있는, 행위들의 유일한 합법칙성이다. 그래서 윤리 형이상학은 본래 순수 도덕〔학〕으로, 어떤 인간학 (경험적 조건)에도 기초해 있지 않다. 그런데 사변 이성의 형이상학은 사람들이 **좁은 의미에서** 형이상학이라고 부르곤 하는 그것이다. 그러나 순수 윤리 이론이 그럼에도 순수 이성에 의한, 인간적인 그것도 철학적인 인식의 특수한 줄기에 속하는 한에서, 우리는 이것에도 저 형이상학이라는 명칭을 보존하고자 한다.(*KrV*, A841 이하=B869 이하)

이 같은 칸트의 형이상학 개념과 구분은 우여곡절을 겪으면서도 잇따라 나온 그의 3대 도덕철학 저술인 『윤리형이상학 정초』, 『실천이성비판』, 『윤리형이상학』(1797)을 관통하여 유지되었다.

『윤리형이상학 정초』는 〈머리말〉과 짧은 〈맺음말〉 그리고 세 절로 구성되어 있는데, 〈머리말〉에서 칸트는 윤리학 내지 도덕철학이 철학, 곧 전체 학문 체계에서 차지하는 위치에 대해 다시금 설명한다.

전통적으로 학문, 곧 넓은 의미의 철학은 "물리학, 윤리학 및 논리학" (BIII=IV387)으로 나뉘는바, 이를 좁은 의미의 철학, 곧 이성인식의 체계의 관점에서 보면, 물리학〔자연학〕과 윤리학〔인간학〕은 질료적인 인식을 담고 있고, 논리학은 형식적인 인식만으로 이루어져 있는 것으로, 물리학〔자연학〕과 윤리학〔인간학〕은 각각 형이상학적 토대가 필요하다. 그래서 경험 물리학 앞에는 자연 형이상학이, 실천적 인간학 앞에는 윤리 형이상학이 놓인다.(BVII=IV388 참조)

윤리학은 도덕법칙의 체계인데, 도덕법칙이 오로지 선험적으로만 수립될 수 있는 한에서 특히 윤리학은 '윤리 형이상학'으로서만 가능하다.

도덕법칙들은 그 원리들과 함께 모든 실천 인식 중에서, 그 안에 어떤 것이든 경험적인 것이 들어 있는 여타 모든 것과 본질적으로 구별될 뿐만 아니라, 모든 도덕철학은 전적으로 그것들의 순수한 부분에 의거하고, 인간에게 적용될 때도, 도덕철학은 인간에 대한 지식(즉 인간학)으로부터 조금도 빌려오지 않으며, 오히려 이성적 존재자인 인간에게 선험적 법칙들을 수립한다.(BIX＝IV389)

순수한 당위의 법칙만을 내용으로 가져야 할 윤리학은 오로지 순수한 이성 지식의 체계, 곧 형이상학일 수밖에 없으며, 그러니까 윤리학이 학문이기 위해서는 형이상학일 수밖에 없다.

윤리 형이상학은 불가결하게 필요하다. 선험적으로 우리 이성 안에 놓여 있는 실천적 원칙들의 원천들을 탐구하기 위한 사변적 동인에서도 그러하지만, 윤리 자신이, 그것을 올바르게 판정할 실마리와 최상의 규범이 없는 한, 갖가지 부패에 굴복하기 때문에도 그러하다. 무릇, 어떤 것이 도덕적으로 선한 것이라면, 그것이 윤리 법칙에 **알맞은**〔**따른**〕 것으로는 충분하지 않고, 그것은 또한 윤리 법칙을 **위하여**〔**때문에**〕 일어난 것이어야만 한다. 그렇지 않을 경우 저 알맞음〔**따름**〕은 단지 매우 우연적이고 불안정한 것이기 때문이다. 왜냐하면 비윤리적 근거는 때로는 합법칙적인 행위들을 불러일으키지만, 그러나 더 자주는 법칙 위배적인 행위들을 불러일으킬 것이기 때문이다. 그러나 무릇 윤리적 법칙은 그것의 순수성과 진정성―실천적인 것에서는 바로 이것이 가장 중요하거니와―에 있어 순수 철학이 아닌 어떤 다른 곳에서 찾을 수가 없다. 그러므로 이 순수 철학(형이상학)이 선행해야만 한다. 이것 없이는 도무지 어디에서도 도덕철학은 있을 수 없다.(BIX 이하＝IV389 이하)

칸트에 따르면, '일반 실천 철학'과 '윤리 형이상학'은 구별된다. '일반 실천 철학'은 "인간의 의욕 일반의 작용들과 조건들"을 포함하는 한에서 경험적인 심리학이나 사회학의 자료들에 의거한다. 그러나 "윤리 형이상학은 가능한 **순수**의지의 이념과 원리들을 연구해야 하는 것"(BXII＝IV390)으로, 이성의 순수한 원리들만을 주목한다.

그래서 윤리 형이상학을 통해서만 학문으로서의 윤리학은 가능하지만, 윤리 형이상학을 세우기 위해서는 인간의 순수한 실천이성 능력에 대한 비판이 선행되어야 한다. 당초에 『윤리형이상학 정초』는 이 과제를 위해 저술되었던 것이라 보아야 한다. '자연 형이상학'에 대해 〈순수 이론이성 비판〉이 선행하듯, '윤리 형이상학'의 기초 놓기, 토대 닦기로서 '정초'는 다름 아닌 〈순수 실천이성 비판〉일 것이기 때문이다.

　　장차 윤리 형이상학을 저술하려는 생각을 가지고서 이 『정초』를 먼저 출간한다. 형이상학을 위해 순수 사변 이성 비판이 이미 저술되었듯이, 본래 윤리 형이상학의 기초로서는 **순수 실천이성** 비판 외에 다른 것은 없다. 그렇기는 하지만 한편으로는 순수 실천이성 비판이 순수 사변 이성 비판처럼 그렇게 아주 필요한 것은 아니다. 왜냐하면 인간 이성은 도덕적인 것과 관련해서는 가장 평범한 지성〔상식〕에서조차도 쉽게 매우 정확하고 세밀하게 사용될 수 있기 때문이다. 이성이 이론적이고 순수한 사용에서는 전적으로 변증적인 데에 반해서 말이다. 다른 한편으로, 나는 순수 실천이성 비판을 위해서는, 만약 그것이 완수되려면, 실천이성의 사변 이성과의 통일이 어떤 공동의 원리에서 서술〔현시〕될 수 있어야 함을 요구하는 바이다. 왜냐하면 마침내는 단 하나의 동일한 이성만이 있을 수 있는 것이고, 이것이 순전히 적용되는 데서만 구별되어야 하는 것이니 말이다. 그러나 여기서 나는 전혀 다른 방식의 고찰을 끌어들여 독자를 혼란시키지 않고서는 그런 완벽함을 성취할 수가 없었다. 그 때문에 나는 **'순수 실천이성 비판'**이라는 명칭 대신에 **'윤리 형이상학 정초'**라는 명칭을 썼다.(BXIII 이하＝IV391 이하)

그러니까 아직 '사변 이성'과 '실천이성'의 '공동의 원리'를 찾지 못했다고 본 칸트는 1785년 시점까지도 '실천이성 비판' 작업은 온전히 수행될 수 없다고 생각했으며, 자연 형이상학에 대해 〈순수 이성 비판〉이 한 일을 윤리 형이상학을 위해서는 〈윤리 형이상학 정초〉가 할 것이라고 말한 것이다. 그러나 칸트는 여전히 서로 다르게 사용되는 이성을 '공동의 원리'를 가지고서 통일함이 없이도 1788년에는 『실천이성비판』이라는 제목의 책을 별도로 내놓았다. 그것은 그 사이 칸트의 생각이 바뀌었으며, 그가 『윤리형이상학 정초』 외에 '윤리 형이상학' 정초를 위한 보완 내지는 재작업이 필요하다고 느꼈음을 뜻한다.

그러함에도 이미 칸트가 '순수 실천이성 비판' 대신에 '윤리 형이상학 정초'라는 명칭을 쓸 수 있다고 생각했던 것처럼, 그의 두 저술 『윤리형이상학 정초』와 『실천이성비판』은 내용과 소재가 매우 닮아 있는 자매 관계를 이루고 있다. 쓴 순서가 바뀌어서 그렇지, 말하자면, 그 관계는 내용의 유사성에서나 분량에 있어서나 『형이상학 서설』(1783)과 『순수이성비판』의 관계와 비슷하다 하겠다.

그러나 논의 방식과 주안점에서는 적지 않은 차이점도 있다. 『윤리형이상학 정초』는 보통 사람들의 윤리 인식에서도 볼 수 있는 '선의지' 개념에서 출발하여 정언명령만이 도덕법칙일 수 있으며, 그러한 도덕법칙의 체계가 '목적들의 나라'임을 밝혀 '윤리 형이상학'에 이르는 길을 연 후, 다시금 도덕법칙을 가능하게 하는 원천, 곧 자유에 대해 묻고, 정언명령의 가능 근거를 되짚어 물음으로써, 윤리 형이상학을 위한 정초 작업, 다시 말해 '실천이성 비판' 작업을 수행한다. 그런데 바로 이 지점에서 『실천이성비판』은 논의를 개시함으로써 저 『정초』의 끝을 시작으로 삼는다. 인간의 "순수한 이성은 그 자신만으로 의지를 규정하기에 충분하다"(KpV, A30=V15 참조), 곧 어떤 외적 동인으로부터도 자유롭다는 것을 설명함으로써, 한낱 '초월적 이념'인 자유가 도덕법칙을 가능하게 하는 실재적 이념임을 밝힌다. 〈순수 이성 비판〉은 순수한 사변 이성의 개념 내지 이념이 객관적 실재성을 가진 양 월권하는 것을 비판함으로써 결국

이성적 '자연〔존재〕 형이상학'이 불가능함을 밝힌 데에 반해, 〈실천이성 비판〉은 경험적으로 조건 지어진 실천이성이 초험적인, 예지적인 영역에서까지 월권적으로 전제(專制)하는 것을 비판하고, 선의지에 따라 도덕법칙을 준수한, 그럼으로써 그럴 품격을 갖춘 자가 행복도 누리는 '최고선'의 세계의 가능성을 열어 이념학으로서 '윤리 형이상학'을 정초한다.

이런 차이점에도 불구하고, **"도덕성의 최상 원리의 탐색과 확립"**(BXV =IV392)을 수행함으로써 윤리 형이상학에 이르는 길을 닦는다는 점에서 『윤리형이상학 정초』와 『실천이성비판』은 동일한 과제를 수행하고 있다. 이 점에서 〈윤리 형이상학 정초〉는 다른 한편 〈실천이성 비판〉이고, 〈실천이성 비판〉 역시 다른 한편 〈윤리 형이상학 정초〉라 할 수 있다.

이제 『윤리형이상학 정초』는 그 과제 수행을 3단계로 나누어 하고 있으며, 그것이 『윤리형이상학 정초』의 아래 3절을 구성한다.

제1절 평범한 윤리 이성인식에서 철학적 윤리 이성인식으로의 이행
제2절 대중적 윤리 세계지혜에서 윤리 형이상학으로의 이행,
제3절 윤리 형이상학에서 순수 실천이성 비판으로의 이행.

제1절에서 칸트는 평범한 사람들도 가지고 있는 도덕 관념을 분해하고 반성함으로써 그것을 철학적 인식으로 발전시킨다. 상식에서 철학으로 나아가는 이런 첫 번째 작업은 '도덕적으로, 그것도 무제한적으로, 선하다'는 것이 무엇을 의미하는가를 새겨보는 일이다.

이 세계에서 또는 도대체가 이 세계 밖에서까지라도 아무런 제한 없이 선하다고 생각될 수 있을 것은 오로지 **선의지**뿐이다.(B1 =IV393)

본문을 여는 이 첫 문장이 말하는 바는, 선의지만이 그 자체로 또는 내재적으로 무조건적인 가치를 갖는다는 것이다.

선의지는 그것이 생기게 하는 것이나 성취한 것으로 말미암아, 또 어떤 세워진 목적 달성에 쓸모 있음으로 말미암아 선한 것이 아니라, 오로지 그 의욕함으로 말미암아, 다시 말해 그 자체로 선한 것이다.(B3＝IV394)

'선의지'는 옳은 행위를 오로지 그것이 옳다는 이유에서 택하는 의지를 말한다. 그것은 행위의 결과를 고려하는 마음이나 또는 자연스러운 마음의 경향성에 따라 옳은 행위를 지향하는 의지가 아니라, 단적으로 어떤 행위가 옳다는 바로 그 이유만으로 그 행위를 택하는 의지이다. 그러므로 이 의지 작용에는 어떤 것이 '옳다', 무엇이 '선하다'는 판단이 선행해야 하고, '옳음'과 '선함'은 결코 경험으로부터는 얻을 수 없는 순수 이성의 이념이므로, 선의지는 오직 이성적 존재자만이 가질 수 있는 것으로서 다름 아닌 순수한 이성적 존재자의 실천을 지향하는 이성, 곧 '순수 실천이성'이다.(B36＝IV412 참조)

선의 개념은 "이미 자연적인 건전한 지성에 내재해 있고, 가르칠 필요는 없으며, 오히려 단지 계발될 필요만 있는 것이다."(B8＝IV397) 그러나 선한 의지가 자연적으로 발동되는 것은 아니다. 만약 그러하다면 우리 인간에게 더 이상 악행이라든지 '당위'의 문제는 없을 것이다. 선의지는 자연발생적으로 생겨나는 것이 아니라, 도덕적 이념의 실천이 이성적 존재자의 '의무'라고 납득하는 데서 생긴다.

그래서 윤리 규정은 당위로서 '~하라!'는 '명령'으로 나타나며, 그것도 무조건적으로 복종하지 않을 수 없는, 그것에 준거해서 행위해야만 하는 필연적 실천명령으로 다가온다. 그렇기 때문에 이 명령은 이성적 존재자에게는 '실천 법칙'이다.

선의지만이 그 자체로 선한 것이라 함은, 결국 "의무로부터"의, 오로지 의무에서 말미암은 행위만이 "본래적인 도덕적 가치"를 가지며 (B13＝IV399), 의무로부터의 행위란 도덕적 실천 법칙을 그 행위의 표준으로, "의욕의 원리"(B13＝IV400)로, 곧 준칙(Maxime)으로 삼는 행위를 말한다. "의무란 법칙에 대한 존경으로 말미암은 행위의 필연성〔필연적 행위〕"(B14=IV400)이며, 도덕의 가치는, 곧 이런 "의지의 원리" 안에 있다.

그러므로 "행위의 도덕적 가치는 그것에서 기대되는 결과에 있지 않으며, 그러므로 또한 그 원리의 동인을 이 기대되는 결과로부터 얻을 필요가 있는, 어떤 행위 원리에도 있지 않다."(B15=IV401) '최고의 무조건적 선', "탁월한 선은, 법칙의 표상에 따라 행위하는, 인격 자체 안에 이미 현전하는 것으로, 비로소 그 행위결과로부터 기대될 필요가 없다." (B16=IV401) 선은 이미 그리고 오로지 행위의 동기 가운데 있는 것으로 행위의 결과에서 비로소 나타나는 것이 아니다. '평범한 인간이성'도 이런 사실은 익히 알고 있다.

제2절에서 칸트는 인간의 실천이성 능력을 정밀하게 분해함으로써, 이성적 존재자로서 인간은 단지 자연법칙에 종속해 있는 것이 아니라, 윤리법칙에 종속해 있음을 밝혀낸다. 그것은 인간은 한낱 자연적 경향성에 따르는 것이 아니라, 법칙에 대한 존경, 곧 의무로부터 행위할 수도 있음을 천명하는 것으로, 그로써 '정언명령'의 가능성이 열린다. 그리고 그것은 바로, 대중적 도덕철학으로부터 윤리 형이상학으로 넘어가는 길을 여는 것이다.

> 단지 평범한 윤리적 판정〔……〕에서 〔……〕 철학적 판정으로 나아가기 위해서뿐만 아니라, 〔……〕 대중 철학에서 형이상학으로까지 〔……〕 자연스러운 단계들을 거쳐 나아가기 위해서는, 우리는 실천적인 이성능력을 그것을 보편적으로 규정하는 규칙들로부터, 의무 개념이 생겨나는 곳에 이르기까지 추적하여 명료하게 서술해야만 한다.(B36=IV412)

"자연의 사물은 모두 법칙들에 따라 작용한다. 오로지 이성적 존재자만이 법칙의 **표상에 따라**, 다시 말해 원리들에 따라 행위하는 능력 내지

의지를 가지고 있다."(B36=IV412) 그러나 인간의 의지는 "자체로 온전하게는 이성과 맞지" 않기에 자주 "주관적인 조건들", 곧 외적인 동기들에도 종속한다. "그러한 의지를 객관적인 법칙들에 맞게 규정하는 것은 **강요**"(B37=IV413), 곧 "자기 강제"(*KpV*, A149=V83)이다. 그렇기에 "객관적인 원리의 표상은, 그것이 의지에 대해 강요적인 한에서, (이성의) 지시명령(Gebot)이라 일컬으며, 이 지시명령의 정식(定式)을 일컬어 **명령**(Imperativ)이라 한다."(B37=IV413)

어떤 명령이 실천 법칙이 될 수 있기 위해서는 보편성과 필연성을 가져야만 한다. 어떤 것이 보편적이려면 언제나 누구에게나 타당해야 하며, 필연적이려면 무조건적으로 타당해야만 한다. 이 명령은 실천 행위로 나아가려는 이성이 자신에게 선험적으로 무조건적으로 부과하는 규범이며, 그러므로 그것은 이성의 "자율"(*KpV*, A58=V33)로서 단정적인 "정언적 명령"이다. 자율적으로 자기 자신에게 명령을 발하는 이성은 그러니까 '자기 법칙수립적(입법적)'이다.

〔정언적〕 명령은 행위의 질료 및 그 행위로부터 결과할 것에 상관하지 않고, 형식 및 그로부터 행위 자신이 나오는 원리에 상관한다. 행위의 본질적으로-선함은, 그 행위로부터 나오는 결과가 무엇이든, 마음씨에 있다. 이 명령을 윤리〔성〕의 명령이라고 일컬을 수 있을 것이다.(B43=IV416)

그 명령 방식이, '언젠가 이웃에 도움을 청하게 될 때를 생각해서 항상 이웃에게 친절하라' 따위의 가언적 처세훈(處世訓)과는 달리, 선을 지향하는 모든 실천 행위들이 준수해야 할 도덕법칙의 '형식'으로 보편성과 필연성을 가짐은 자명하다는 뜻에서 칸트는 이것을 "순수 실천이성의 원칙"이라고 부르고, 또한 "순수한 이성의 유일한 사실"(*KpV*, A56=V31)이라고도 부른다.

유일한 정언명령이자, "의무의 보편적 명령"(B52=IV421)은 그리하여 다음과 같이 표현된다.

　　그 준칙이 보편적 법칙이 될 것을, 그 준칙을 통해 네가 동시에 의욕할 수 있는, 오직 그런 준칙에 따라서만 행위하라.(B52＝IV421)

　　마치 너의 행위의 준칙이 너의 의지에 의해 보편적 자연법칙이 되어야 하는 것처럼, 그렇게 행위하라.(B52＝IV421)

　　주관적 욕구를 배제한 채, 객관적 법칙이 될 수 있는 행위의 준칙을 스스로 세우고, 그것을 보편적 자연법칙처럼 준수하려는 인간 의지는 그 자체로 거룩하고 '신성하다'. 그러니까 "인간은 비록 충분히 신성하지는 못하지만, 그러나 그의 인격에서 인간성은 그에게 신성하지 않을 수 없다."(*KpV*, A155＝V87) 자기 법칙수립적인 이 자율성이야말로 "그러므로 인간과 모든 이성적 자연존재자의 존엄성의 근거"(B79＝IV436)라고 칸트는 말한다.

　　그 자체로 존엄한 인간은, 그리고 이성적 존재자는 '목적 그 자체'이다. 인간은 한낱 이런저런 용도에 따라 그 가치가 인정되기도 하고 안 되기도 하는 '물건', 즉 무엇을 위한 '수단'이 아니라, 그 자체로서 가치를 갖는 '인격', 즉 '목적'으로서 생각되어야 한다. 그렇기에, 모순율이 이론이성에게 자명하듯이, 다음과 같은 명령은 인간의 순수 실천이성에게 자명한 실천명령이다.

　　네가 너 자신의 인격에서나 다른 모든 사람의 인격에서 인간(성)을 항상 동시에 목적으로 대하고, 결코 한낱 수단으로 대하지 않도록, 그렇게 행위하라.(B66 이하＝IV429)

　　"이성적 존재자들은 모두, 그들 각자가 자기 자신과 다른 모든 이들을 결코 한낱 수단으로서가 아니라, 항상 동시에 목적 그 자체로서 취급〔待〕해야만 한다는 법칙 아래에 종속해 있다. 그러나 이로부터 공동의 객관적인 법칙들에 의한 이성적 존재자들의 체계적 결합이 생긴다."(B74 이하=IV433) 여기에서 "목적들의 나라〔……〕라고 일컬어질 수 있는, 하나의 나라가 생긴다."(B75=IV433)

목적들의 나라에서 모든 것은 가격을 갖거나 존엄성을 갖는다. 가격을 갖는 것은 **같은 가격**을 갖는〔同價의〕 다른 것으로도 대치될 수가 있다. 이에 반해 모든 가격을 뛰어넘는, 그러니까 같은 가격을 갖는 것을 허용하지 않는 것은 존엄성을 갖는다.

〔……〕

무릇 도덕성은 그 아래에서만 이성적 존재자가 목적 그 자체일 수 있는 조건이다. 왜냐하면, 그를 통해서만 목적들의 나라에서 법칙수립적인 성원이 존재할 수 있기 때문이다. 그러므로 윤리성과, 윤리적일 수 있는 한에서의 인간성만이 존엄성을 가지는 것이다.(B77=IV434 이하)

그렇다면, 도대체 무엇이 윤리적으로 선한 마음씨 또는 덕으로 하여금 그토록 높게 존엄성을 요구할 권리를 주는가? 그것은 다름 아니라 보편적으로 법칙을 수립하고 스스로 그에 복종할 수 있는 이성존재자의 힘, 곧 자율성이다. 다시 말해 의지의 자유가 인간과 이성적 존재자의 존엄성의 원천인 것이다.

제3절에서 칸트는 "의지의 자율을 설명하는 열쇠"(B97=IV446)인 자유 개념을 해명하고, 정언명령의 가능 근거를 되짚어 반성함으로써 '윤리형이상학에서 순수 실천이성 비판으로 넘어가는 길'을 간다.

제1절과 제2절에서 칸트는 평범한 이성도 가지고 있는 도덕 관념 내지는 윤리적 가치 의식을 분해하여 정언명령만이 도덕법칙임을 밝힘으

로써 철학적 윤리학을 세우는 "분석적" 서술 방식을 취한다. 그에 반해 제3절에서는 그렇다면 과연 인간에게 저런 도덕법칙을 준수할 능력이 있는지를 물어보는데, 도덕법칙을 따를 능력은 도덕법칙 안에 포함되어 있는 것이 아니라, 그것에 덧붙여야 할 것이므로, 그 논의는 "종합적" 방식으로 전개된다.

이성적 존재자의 선의지는 '자유'를 매개로 도덕법칙과 결합할 수 있다.(B99=IV447 참조) 자유는 이성적 존재자의 본질적 속성이고, 도덕법칙은 이성적 존재자의 자유로운 법칙수립, 자율이다. 그렇기에 이성적 존재자의 자유의지란 바로 도덕법칙 아래에 있는 의지를 말한다. 그러므로 자유로운 의지로서 순수한 실천이성의 존재자인 인간은 응당 도덕법칙을 준수할 수 있는 것이다.

"의지의 자유가 자율, 다시 말해, 자기 자신에게 법칙인 의지의 성질 말고 다른 무엇일 수 있겠는가?"(B98=IV447) 의지의 자유가 자율이라는 것, 곧 '의지는 모든 행위들에 있어 자기 자신에게 법칙이다'라는 명제는 "바로 정언명령의 정식〔定式〕이자 윤리성의 원리이다. 그러므로 자유의지와 윤리 법칙 아래에 있는 의지는 한가지이다."(B98=IV447)

칸트에서 "이성은 실천이성으로서, 또는 이성적 존재자의 의지로서, 그 자신에 의해 자유롭다고 간주되어야만 한다. 다시 말해, 이성적 존재자의 의지는 오로지 자유의 이념 아래서만 자신의 의지일 수 있고, 그러므로 그런 의지는 실천적 의도에서 모든 이성적 존재자들에게 부가되지 않으면 안 된다."(B101=IV448) "자유는 모든 이성적 존재자의 의지의 속성으로 전제되어야"(B99=IV447) 하는 것이다. 자유를 인간의 자연본성에 대한 경험으로부터 밝혀낸다는 것은 불가능한 일이다. 그럼에도 우리가 어떤 존재자를 "행위들에 대한 자기의 원인성을 의식하는 것으로, 다시 말해, 의지를 가진 것으로 생각하고자 하면, 자유의 이념을 전제할 수밖에 없다."(B102=IV449)

"우리가 목적들의 질서 안에서 윤리 법칙들 아래에 있다고 생각하기 위해, 우리는 우리가 작용하는 원인들의 질서 안에서 자유롭다고 상정하며, 그러고 나서 우리는, 우리가 우리에게 의지의 자유를 부가했기 때문에, 우리가 이 법칙들에 종속돼 있는 것으로 생각하는 것"(B104=IV450)은, 다시 말해, 윤리 법칙을 준수하기 위해서는 의지가 자유로워야 하는데, 우리의 의지는 자유롭기 때문에 우리는 윤리 법칙을 준수할 수 있다고 하는 것은 일종의 순환논변이 아닌가 하는 의혹이 있을 수 있다. 그러나 "우리가 자유롭다고 생각할 때, 우리는 우리를 오성세계의 성원으로 놓고, 의지의 자율을, 그 자율의 결과인 도덕성과 함께 인식하되, 그러나 우리가 [윤리 법칙 준수에] 의무 지어져 있다고 생각할 때, 우리는 우리를 감성세계에 속하면서 또한 동시에 오성세계에도 속하는 것으로"(B110=IV453) 본다면, 그것은 사태를 동일한 관점, 동일한 관계에서 어긋나게 보는 것이 아니므로, 자기모순이나 순환논변은 충분히 방지할 수 있다.

우리가 이성적 존재자로서 인간은 한편으로는 "감성세계에 속해 있는 한에서 자연의 법칙들(타율) 아래에 있고" 다른 한편으로는 "예지 세계에 속하는 것으로서, 자연에 독립적으로, 경험적이지 않고, 순전히 이성에 기초하고 있는 법칙들 아래에 있는 것"(B108 이하=IV452)을 인식함으로써, "마치 자유로부터 자율로, 다시 이 자율로부터 윤리적 법칙을 우리가 추론하는 데 어떤 비밀스러운 순환론이 포함돼 있는 것 같은 의혹은 제거"(B109=IV453)되는 것이다. 그리고 인간이 한편으로 감성세계의 타율 아래에 있으면서, 예지세계의 성원으로서 자율적이라는, 바로 이 사실로 인해 오히려 정언명령은 가능하다.

자유의 이념이 나를 예지 세계의 성원으로 만듦으로써 정언명령들은 가능하다. 즉 그로써, 만약 내가 예지 세계의 성원이기만 하다면, 나의 모든 행위들은 의지의 자율에 항상 알맞을 터인데, 그러나 나는 동시에 감성세계의 성원으로서도 보기 때문에, 의지의 자율에 알맞아야만 하는 것이다.(B111=IV454)

인간이 현실적으로 신적 존재자라면, 그의 행위는 항상 의지의 자율에 따를 터이다. 그렇다면 거기에는 당위가, 따라서 도덕도 없을 것이다. 그러나 인간은 감성적 욕구를 동시에 가지고 살아가는 시공상의 존재자이기 때문에, 바로 그 때문에 그에게는 당위가, 자신이 스스로에게 강제적으로라도 부과하는 정언적 명령이, 도덕법칙이 있는 것이다. 이것이 도덕법칙이 그리고 자율의 원인성이 인간의 행위에서 가능한 이유이고, '인간'에게서 갖는 의의이다. 인간은 항상 도덕법칙을 따르는 존재자는 아니지만, 스스로를 "도덕법칙 아래에"(*KU*, B421＝V448) 세움으로써 인간이 되고 인격적 존재자가 된다.

이렇게 해서 우리는 비록 도덕적 명령의 실천적이고 무조건적인 필연성을 개념화〔이해〕하지는 못하나, 그럼에도 우리는 이것을 **개념화〔이해〕 못함**을 개념화〔이해〕하는바, 이것이, 인간 이성의 한계에까지 원리적으로 나아가려 하는 철학에 대하여 당연히 요구될 수 있는 것의 전부이다.(B128＝IV463: 맺음말)

Kant's gesammelte Schriften〔베를린 학술원판 전집: AA〕, hrsg. v. der Kgl. Preußischen Akademie der Wissenschaft // v. der Deutschen Akademie der Wissenschaft zu Berlin // v. der Akademie der Wissenschaften zu Göttingen // v. der Berlin-Brandenburgischen Akademie der Wissenschaften, Bde. 1~29, Berlin 1900~2009.

『윤리형이상학 정초』/『정초』: *Grundlegung zur Metaphysik der Sitten*〔GMS〕, AA IV.

『실천이성비판』: *Kritik der praktischen Vernunft*〔KpV〕, AA V(백종현 역, 아카넷, 개정판 2009).

『윤리형이상학』: *Die Metaphysik der Sitten*〔MS〕, AA VI(백종현 역, 아카넷, 2012).

　　『법이론의 형이상학적 기초원리』/『법이론』

　　　: *Metaphysische Anfangsgründe der Rechtslehre*〔RL〕.

　　『덕이론의 형이상학적 기초원리』/『덕이론』

　　　: *Metaphysische Anfangsgründe der Tugendlehre*〔TL〕.

『순수이성비판』: *Kritik der reinen Vernunft(KrV)*, AA III~IV(백종현 역, 아카넷, 2006).

『형이상학 서설』: *Prolegomena zu einer jeden künftigen Metaphysik, die als Wissenschaft wird auftreten können*(*Prol*), AA IV(백종현 역, 아카넷, 2012).

『자연과학의 형이상학적 기초원리』: *Metaphysische Anfangsgründe der Naturwissenschaft*(*MAN*), AA IV.

『판단력비판』: *Kritik der Urteilskraft*(*KU*), AA V(백종현 역, 아카넷, 2009).

「판단력비판 제1서론」: Erste Einleitung in die Kritik der Urteilskraft(EEKU), AA XX(백종현 역, 아카넷, 2009).

『(순전한) 이성의 한계(들) 안에서의 종교』: *Die Religion innerhalb der Grenzen der bloßen Vernunft*(*RGV*), AA VI(백종현 역, 아카넷, 2011).

『학부들의 다툼』: *Der Streit der Fakultäten*(*SF*), AA VII(백종현 역, 아카넷, 2021).

『영원한 평화』: *Zum ewigen Frieden*(*ZeF*), AA VIII(백종현 역, 아카넷, 2013).

「거짓말」: Über ein vermeintes Recht aus Menschenliebe zu lügen(VRML), AA VIII.

「이론과 실천」: Über den Gemeinspruch: Das mag in der Theorie richtig sein, taugt aber nicht für die Praxis(TP), AA VIII.

「도덕철학 강의」: (V-Mo), AA XXVII.

「윤리형이상학 강의」: Metaphysik der Sitten Vigilantius(V-MS/Vigil), AA XXVII.

「자연법 강의」: Naturrecht Feyerabend(V-NR/Feyerabend), AA XXVII.

「형이상학 강의」: (V-MP), AA XXVIII.

「종교론 강의」: Philosophische Religionslehre nach Pölitz(V-Phil-Th/Pölitz), AA XXVIII.

「이성신학 강의」: Danziger Rationaltheologie nach Baumbach(V-Th/Baumbach), AA XXVIII.

『인간학』: *Anthropologie in pragmatischer Hinsicht*[Anth], AA VII(백종현 역, 아카넷, 2014).

「인간학 강의」: [V-Anth], AA XXV.

「조각글」: Reflexionen[Refl], AA XIV~XIX.

『교육학』: *Immanuel Kant über Pädagogik*[Päd], AA IX.

『(자연)지리학』: *Immanuel Kants Physische Geographie*[PG], AA IX.

『미와 숭고의 감정에 관한 고찰』: *Beobachtungen über das Gefühl des Schönen und Erhabenen*[GSE], AA II.

「목적론적 원리들의 사용」: Über den Gebrauch teleologischer Prinzipien in der Philosophie[ÜGTP], AA VIII.

『논리학』: *Immanuel Kant's Logik. Ein Handbuch zu Vorlesungen*[Log]. AA IX.

「논리학 강의」: [V-Log], AA XXIV.

「감성세계와 예지세계의 형식과 원리들[교수취임논문]」: De mundi sensibilis atque intelligibilis forma et principiis[MSI], AA II.

「형이상학의 진보」: Welches sind die wirklichen Fortschritte, die die Metaphysik seit Leibnizens und Wolf's Zeiten in Deutschland gemacht hat?[FM], AA XX.

『유일 가능한 신의 현존 증명근거』: Der einzig mögliche Beweisgrund zu einer Demonstration des Daseins Gottes[BDG], AA II.

『(형이상학적 인식의 제1원리들에 대한) 신해명』: Principiorum primorum cognitionis metaphysicae nova dilucidatio[PND], AA I.

『시령자의 꿈』: *Träume eines Geistersehers, erläutert durch die Träume der Metaphysik*[TG], AA II.

「발견」: Über eine Entdeckung, nach der alle neue Kritik der reinen Vernunft durch eine ältere entbehrlich gemacht werden soll[ÜE], AA

VIII.

「보편사의 이념」: Idee zu einer allgemeinen Geschichte in weltbürgerlicher Absicht(IaG), AA VIII.

「인간 역사」: Mutmaßlicher Anfang der Menschengeschichte(MAM), AA VIII.

『천체 일반 자연사와 이론』: Allgemeine Naturgeschichte und Theorie des Himmels(NTH), AA I.

「자연신학과 도덕」: Untersuchung über die Deutlichkeit der Grundsätze der natürlichen Theologie und der Moral(nThM), AA II.

「계몽이란 무엇인가」: Beantwortung der Frage: Was ist Aufklärung? (WA), AA VIII.

「사고에서 정위란 무엇을 말하는가?」: Was heißt, sich im Denken orientieren?(WDO), AA VIII.

「만물의 종말」: Das Ende aller Dinge(EAD), AA VIII.

『유작』: Opus postumum(OP), AA XXI~XXII(백종현 역, 아카넷, I: 2020, II: 2022).

『윤리형이상학 정초』관련
주요 문헌

I. 『윤리형이상학 정초』 원전 주요 판본

1. *Grundlegung zur Metaphysik der Sitten von Immanuel Kant*, Riga, bei Johann Friedrich Hartknoch, 1785(A판). XIV+128면.

2. 같은 책, 제2판. 1786(B판). XIV+128면. (칸트 생전에 나온 4판 가운데 가장 잘 수정된 판본).

3. 같은 책, 제3판. 1792(C판. B판 중간).

4. 같은 책, 제4판. 1797(D판. B판 중간).

5. *Grundlegung zur Metaphysik der Sitten*, Karl Vorländer 편, Leipzig 1906, Philosophische Bibliothek Bd. 41.

6. *Grundlegung zur Metaphysik der Sitten*, Paul Menzer 편, 수록: *Kants gesammelte Schriften*, Akademie-Ausgabe(AA), Bd. IV, Berlin 1911, 385~463.

7. 같은 책, 수록: *Kants Werke*. Akademie-Textausgabe, Bd. IV, Berlin 1968.

8. *Grundlegung zur Metaphysik der Sitten*, A. Buchenau/E. Cassirer 편, 수록: *Immanuel Kants Werke*, Ernst Cassirer 주관, Bd.

IV, Berlin 1914.

9. *Grundlegung zur Metaphysik der Sitten*, 수록: *Immanuel Kant. Werke in sechs Bänden*, Wilhelm Weischedel 편, Bd. IV, Wiesbaden 1956.

10. 같은 책, 수록: *Kant-Studienausgabe*, Bd. IV, Wissenschaftliche Buchgesellschaft, Darmstadt 1970.

11. 같은 책, 수록: *Kant. Werke in Zwölf Bänden*, Theorie-Werkausgabe, Bd. VII, Frankfurt/M. 1968.

12. 같은 책, 수록: Suhrkamp Taschenbuch Wissenschaft, Bd. 56, Frankfurt/M. 1974 (*Kritik der praktischen Vernunft* 합본).

13. *Grundlegung zur Metaphysik der Sitten*, Bernd Kraft/Dieter Schönecker 편, Hamburg 1999, Philosophische Bibliothek Bd. 519.

II. 『윤리형이상학 정초』 번역본

1. 한국어 번역본

『칸트 道德形而上學』, 朴泰炘 역, 螢雪出版社, 1965.

『道德哲學原論』, 鄭鎭 역, 乙酉文化社, 1970.

「道德形而上學의 基礎」, 徐同益 역, 수록: 『世界의 大思想: 칸트』, 徽文出版社, 1972·1978·1983.

『道德形而上學原論: 永久平和論』, 李奎浩 역, 博英社, 1974.

「道德哲學序論」, 崔載喜 역, 수록: 『實踐理性批判』, 博英社, 1975.

『도덕 형이상학을 위한 기초 놓기』, 이원봉 역, 책세상, 2002.

2. 일본어 번역본

『道德形而上學原論』, 篠田英雄 譯, 岩波文庫, 1976.

「人倫の形而上學の基礎づけ」〔實踐理性批判 合本〕, 平田俊博 譯, カント全集
10, 岩波書店, 2000.

3. 영어 번역본

Foundations of the Metaphysics of Morals, L. W. Beck 역, New
York 1959.

Groundwork of the Metaphysics of Morals, H. J. Paton 역, New
York 1964.

Groundwork of The metaphysics of morals, M. J. Gregor 역, 수록:
The Cambridge Edition of the Works of Immanuel Kant, *Practi-cal philosophy*, Cambridge University Press, 1996.

4. 프랑스어 번역본

Fondements de la métaphysique des moeurs, V. Delbos 역, Paris
1907.

Fondements de la métaphysique des moeurs, V. Delbos 역, revue
par A. Philonenko, Paris 1980.

Oeuvres philosophiques, F. Alquié 편, vol. 2, V. Delbos 역, Paris
1985, 241~337.

III. 도덕철학에 관한 칸트의 여타 저작들

1. 칸트에 의해 출간됐거나 출간 기획된 저술 및 그 해당 부분

Principiorum primorum cognitionis metaphysicae nova dilucidatio,
   1754(Sectio II, Propositio IX).

Versuch, den Begriff der negativen Größen in die Weltweisheit
   einzuführen, 1763(Zweiter Abschnitt).

Beobachtungen über das Gefühl des Schönen und Erhabenen, 1764.

Untersuchung über die Deutlichkeit der Grundsätze der natürlichen
   Theologie und der Moral, 1764(verfaßt 1762)(Vierte Betrachtung).

Nachricht von der Einrichtung seiner Vorlesungen in dem Winterhalb-
   jahre von 1765~1766, 1765(unter 3. Ethik).

Träume eines Geistersehers, erläutert durch Träume der Metaphysik,
   1766(2. Teil, 3. Hauptstück).

De mundi sensibilis atque intelligibilis forma et principiis, 1770(7, 9).

Aufsätze, das Philanthropin betreffend, 1776~1777.

Kritik der reinen Vernunft, 1. Auflage(=A) 1781, 2. Auflage(=B)
   1787(A480, 532~558, 804~820 : B508, 560~586, 832~848).

Rezension von Schulz's Versuch einer Anleitung zur Sittenlehre, 1783.

Idee zu einer allgemeinen Geschichte in weltbürgerlicher Absicht,
   1784.

Beantwortung der Frage : Was ist Aufklärung?, 1784.

Rezension von Gettlieb Hufeland's Versuch über den Grundsatz des
   Naturrechts, 1786.

Was heißt : sich im Denken orientiren?, 1786.

Über den Gebrauch teleologischer Prinzipien in der Philosophie, 1788(Schluß).

Kritik der practischen Vernunft, Riga, bey Johann Friedrich Hartknoch. 1788·1792.

Über das Mißlingen aller philosophischen Versuche in der Theodizee, 1791.

Über das radikale Böse in der menschlichen Natur, 1792.

Die Religion innerhalb der Grenzen der bloßen Vernunft, 1793·1794.

Über den Gemeinspruch: Das mag in der Theorie richtig sein, taugt aber nicht für die Praxis, 1793.

Das Ende aller Dinge, 1794.

Zum ewigen Frieden, 1795.

Verkündigung des nahen Abschlusses eines Traktats zum ewigen Frieden in der Philosophie, 1796.

Metaphysische Anfangsgründe der Rechtslehre, 1797.

Metaphysische Anfangsgründe der Tugendlehre, 1797.

(이 두 책의 합칭) *Die Metaphysik der Sitten*, 1797.

Über ein vermeintliches Recht aus Menschenliebe zu lügen, 1797.

Der Streit der Fakultäten, 1798(1. Abschnitt, II. Anhang; 2. Abschnitt).

Anthropologie in pragmatischer Hinsicht, 1798.

Welches sind die wirklichen Fortschritte, die die Metaphysik seit Leibnizens und Wolff's Zeiten in Deutschland gemacht hat?, F. Th. Rink 편, 1804(유고)(관련 초안: AA Bd. XX, 293~308).

2. 칸트 유고

Reflexionen und Kollegentwürfe zur Anthropologie, AA Bd. XV, 1 · 2.

Reflexionen zur Metaphysik, AA Bde. XVII~XVIII.

Reflexionen zur Moralphilosophie, Rechtsphilosophie und Religions-
philosophie, AA Bd. XIX.

Bemerkungen zu den Beobachtungen über das Gefühl des Schönen
und Erhabenen, AA Bd. XX.

Erste Einleitung in die Kritik der Urteilskraft(특히 I~III, VIII 주).

Lose Blätter zu den Fortschritten der Metaphysik; Vorredeentwürfe
zur Religionsphilosophie; Bemerkungen zur Rechtslehre, 이상
AA Bd. XX.

Opus postumum, AA Bde. XXI~XXII.

Vorarbeiten zu : Kritik der praktischen Vernunft; Über den Gebrauch
teleologischer Prinzipien in der Philosophie; Ulrich-Rezension;
Über das Mißlingen aller philosophischen Versuche in der Theo-
dizee; Religion innerhalb der Grenzen der bloßen Vernunft;
Über den Gemeinspruch; Das Ende aller Dinge; Zum ewigen
Frieden; Metaphysik der Sitten, 이상 AA Bd. XXIII.

3. 기타 강의록

Eine Vorlesung Kants über Ethik, Paul Menzer 편, Berlin 1924.

4. 칸트가 보내고(An) 받은(Von) 서간들

AA Bde. X~XIII의 편지 순서대로

An Lambert 34, An Mendelssohn 39, An Herder 40, An Lambert 57, An Herz 67, Von Herz 68, An Herz 70, An Herz 79, An Lavater 99, An Lavater 100, An Wolke 109, An Mendelssohn 206, Von Schütz 244·253, An Bering 266, Von Biester 275, Von Jacob 276, Von Jenisch 297, An Schütz 300, An Jacob 303, Von Reinhold 305, An Reinhold 313, Von Reinhold 318, An Reinhold 322, Von Schütz 330, Von Schmid 343, Von Jung-Stilling 346, An Jung-Stilling 347, Von Abicht 355, Von Klein 356, An Reinhold 359, An Herz 362, Von Kosegarten 364, Von Klein 367·395, Von Kiesewetter 409, An Kiesewetter 419, Von Zöllner 421, Von Hülshoff 472, Von v. Herbert 478, Von Fichte 483, Von Beck 489, Von Erhard 497, Von Fichte 501, An Fichte 504, Von Fichte 506, An v. Herbert 510, Von Beck 514, Von Maimon 548, An Erhard 552, Von v. Herbert 554, Von Reinhold 558, Von Creuzer 568, An Stäudlin 574, An Reuß 575, Von Kiesewetter 580, Von Biester 596, Von Flatt 600, Von Biester 618, An Biester 621, Von Schiller 628, An König Friedrich Wilhelm II. 642, Von Ammon 661, Von Jachmann 663, Von Plücker 691, An Plücker 692, Von Plücker 697, Von Jenisch 703, Von Dominici 711, Von Beck 756, An Schütz 761, Von Möller 769, Von Jacob 774·806, Von Klein 852, Von Juncker 865.

IV. 연구보조서

1. 서지(書誌)

Adickes, Erich, *German Kantian Bibliography*, Boston 1895~1896
(복간: Würzburg 1970). [1887년까지의 자료]

Beck, Lewis White, *Doctoral Dissertations on Kant* [1879~1980년 미
국과 캐나다 대학들에서의 학위 논문 목록], 수록: *Kant-Studien* [*KS*]
73, 1982, 96~113.

Gabel, Gernot U., *Immanuel Kant. Ein Verzeichnis der Disserta-
tionen aus den deutschsprachigen Ländern 1900-1980*, Köln
²1987.

Heismann, Günter, "Dissertationen zur Kantischen Philosophie
1954-1976", 수록: *KS* 70, 1979, 356~381.

Landau, A. (편), *Rezensionen zur Kantischen Philosophie*, Bd.
1(1781~1787)·Bd. 2(1788~1790년경), Bebra 1990·1991.

Lehmann, K. H./Hermann, Horst, "Dissertationen zur Kantischen
Philosophie[1885-1953]", 수록: *KS* 51, 1959/60, 228~257.

Malter, Rudolf, Bibliographie der deutschsprachigen Kant-Literatur
1957-1967, 수록: *KS* 60, 1969, 234~264·540~541.

_____, Kant-Bibliographie 1968 [mit Ergänzungen], 수록: *KS* 61,
1970, 536~549.

_____, Kant-Bibliographie 1969 [mit Ergänzungen], 수록: *KS* 62,
1971, 527~542.

_____, Kant-Bibliographie 1970 [mit Ergänzungen], 수록: *KS* 63,
1972, 515~534.

_____, Kant-Bibliographie 1971 [mit Ergänzungen], 수록: *KS* 64,

1973, 520~536.

_____, Kant-Bibliographie 1972 (mit Ergänzungen), 수록: *KS* 65, 1974, 491~514.

_____, Kant-Bibliographie 1973 (mit Ergänzungen), 수록: *KS* 67, 1976, 120~140.

_____, Kant-Bibliographie 1974, 수록: *KS* 68, 1977, 217~273.

_____, Kant-Bibliographie 1975 (mit Ergänzungen), 수록: *KS* 69, 1978, 472~515.

_____, Kant-Bibliographie 1976-1978, 수록: *KS* 72, 1981, 207~255.

_____, Kant-Bibliographie 1979-1980, 수록: *KS* 74, 1983, 97~131.

_____, Kant-Bibliographie 1981, 수록: *KS* 76, 1985, 480~514.

_____, Kant-Bibliographie 1982, 수록: *KS* 78, 1987, 231~258.

_____, Kant-Bibliographie 1983-1984, 수록: *KS* 78, 1987, 340~381.

_____, Kant-Bibliographie 1985, 수록: *KS* 78, 1987, 498~514.

_____, Kant-Bibliographie 1986, 수록: *KS* 79, 1988, 499~517.

_____, Kant-Bibliographie 1987, 수록: *KS* 80, 1989, 499~516.

_____, Ergänzungen zur Kant-Bibliographie 1985-1987, 수록: *KS* 81, 1990, 117~125.

_____, Kant-Bibliographie 1988, 수록: *KS* 81, 1990, 496~515.

_____, Kant-Bibliographie 1989, 수록: *KS* 82, 1991, 491~513.

_____, Kant-Bibliographie 1990, 수록: *KS* 83, 1992, 487~509.

_____, Kant-Bibliographie 1991, 수록: *KS* 84, 1993, 481~510.

_____, Kant-Bibliographie 1992, 수록: *KS* 85, 1994, 485~508.

Malter, R./M. Ruffing, Kant-Bibliographie 1993, 수록: *KS* 86, 1995, 487~511.

Ruffing, Margit, Kant-Bibliographie 1994, 수록: *KS* 87, 1996, 484~511.

_____, Kant-Bibliographie 1995, 수록: *KS* 88, 1997, 473~511.

_____, Kant-Bibliographie 1996, 수록: *KS* 89, 1998, 465~496.

_____, Kant-Bibliographie 1997, 수록: *KS* 90, 1999, 442~473.

_____, Kant-Bibliographie 1998, 수록: *KS* 91, 2000, 460~494.

_____, Kant-Bibliographie 1999, 수록: *KS* 92, 2001, 474~517.

_____, Kant-Bibliographie 2000, 수록: *KS* 93, 2002, 491~536 .

_____, Kant-Bibliographie 2001, 수록: *KS* 94, 2003, 474~528.

_____, Kant-Bibliographie 2002, 수록: *KS* 95, 2004, 505~538.

Reicke, Rudolf, Kant-Bibliographie für die Jahre 1890-1894, 수록: *Altpreussische Monatsschrift*, NF 32, 1895, 555~612.

Scheler. M, Ethik, 수록: Jahrbücher der Philosophie, M. Frischeisen-Köhler 편, 2. Jahrgang, Berlin 1914(당시까지의 윤리학 논의 상황에 대한 개관).

Überweg. F, *Grundriß der Geschichte der Philosophie, 3. Teil: Die Philosophie der Neuzeit bis zum Ende des 18. Jahrhunderts*, Berlin [12]1924.

Warda, Arthur, *Die Druckschriften Immanuel Kants*(1838년도까지). Wiesbaden 1919.

_____, *Immanuel Kants Bücher*, Berlin 1922.

2. 사전류

Delfosse, H. P., *Stellenindex und Konkordanz zur "Grundlegung zur Metaphysik der Sitten"*, Stuttgart 2000.

Eisler, Rudolf, *Kant-Lexikon. Nachschlagewerk zu Kants Sämtli-*

chen Schriften, Briefen und handschriftlichen Nachlaß, Berlin 1930(복간: Hildesheim 1969).

Hinske, N. / Weischedel, W., Kant-Seitenkonkordanz, Darmstadt 1970.

Martin, G. (편), Allgemeiner Kantindex zu Kants gesammelten Schriften, Berlin 1967ff.

Schmid, Carl Christian Erhard, Wörterbuch zum leichtern Gebrauch der Kantischen Schriften, Jena ⁴1798. 신판: N. Hinske (재편), Darmstadt ²1980.

Willaschek, M. / J. Stolzenberg / G. Mohr / S. Bacin 편, Kant-Lexikon, Berlin 2015.

백종현, 『한국 칸트사전』, 아카넷, 2019.

V. 칸트 윤리 이론 형성과 관련 깊은 저술들

Wolff, Ch., Vernünftige Gedanken von Gott, der Welt und der Seele des Menschen, auch allen Dingen überhaupt, Halle 1719, ⁵1732 (= deutsche Metaphysik).

_____, Vernünftige Gedanken von der Menschen Tun und Lassen zur Befördrung ihrer Glückseligkeit, Halle 1720 (= deutsche Moral).

_____, Philosophia Prima sive Ontologia, Frankfurt und Leipzig 1728, ³1740.

_____, Psychologia Empirica, Frankfurt und Leipzig 1732 (복간: Hildesheim 1968).

_____, Psychologia Rationalis, Frankfurt und Leipzig 1734.

_____, Philosophia Practica Universalis, 전 2권, Frankfurt und Leipzig 1738 / 39.

Baumgarten, A., *Metaphysica*, Halle 1739, [4]1757 (수록: *Kants gesam-melten Schriften*, Bd. XVII). Deutsche Üersetzung von G. F. Meier, Halle [2]1783 (J. A. Eberhard 교열).

_____, *Ethica Philosophica*, Halle 1740, [3]1763 (복간: Hildesheim 1969).

_____, *Initia Philosophiae Practicae Primae*, Halle 1760(수록: *Kants gesammelten Schriften*, Bd. XIX).

Crusius, Ch. A., *Anweisung vernünftig zu leben*, Leipzig 1744(복간: Hildesheim 1969).

_____, *Weg zur Gewißheit und Zuverlässigkeit der menschlichen Erkenntnis*, Leipzig 1744(복간: Hildesheim 1965).

_____, *Entwurf der notwendigen Vernunftwahrheiten, wiefern sie den zufälligen entgegengesetzt werden*, Leipzig 1745, [3]1766(복간: Hildesheim 1964).

Shaftesbury, A., *An Inquiry concerning Virtue*, London 1699.

_____, *Characteristics of Men, Manners, Opinions and Times*, 전 3권. London 1711(독일어 완역본, Leipzig 1768).

Hutcheson, F., *Inquiry into the Original of our Ideas of Beauty and Virtue*, London 1725, [2]1726. 독일어 번역본: *Untersuchung unserer Begriffe von Schönheit und Tugend*, Frankfurt und Leipzig 1762 (von J. H. Merck).

_____, *Essay on the Nature and Conduct of the Passions and Affections*, London 1728, [4]1756. 독일어 번역본: *Abhandlung über die Natur und die Beherrschung der Leidenschaften*. Leipzig 1760.

_____, *A System of Moral Philosophy*, Glasgow 1755. 독일어 번역본: *Sittenlehre der Vernunft*, 전 2권. Leipzig 1756.

Hume, D., *Philosophical Essays concerning Human Understanding*, London 1748(익명), [2]1751.

_____, *An Enquiry concerning the Principles of Morals*, London 1751.

_____, *Essays and Treatises on Several Subjects in four volumes*, London & Edinburgh 1753/54, ²1777. 독일어 번역본: *Vermischte Schriften*, Hamburg und Leipzig 1754. 합본: *Philosophische Versuche über die menschliche Erkenntnis*(=*An Enquiry concerning Human Understanding*)/*Sittenlehre der Gesellschaft*(=*An Enquiry concerning the Principles of Morals*).

Rousseau, J-J., *Discours sur l'origine et les fondements de l'inégalité parmi les hommes*, Amsterdam 1755.

_____, *Julie ou la nouvelle Héloise*, Amsterdam 1761.

_____, *Emile ou sur l'éducation*, Amsterdam 1762.

_____, *Du contrat social ou principes du droit politique*, Amsterdam 1762.

VI. 해외 연구논저

1. 주석 및 종합적 연구논저

Brandt, R., "Der Zirkel im dritten Abschnitt von Kants Grundlegung zur Metaphysik der Sitten", 수록: O. Hariolf / S. Gerhard 편, *Kant, Analysen-Probleme-Kritik*, Würzburg 1988, S. 169~191.

Duncan, A. R. C., *Practical Reason and Morality. A Study of Immanuel Kant's Foundations for the Metaphysics of Morals*, London/New York 1957.

Ebeling, H., "Kants Absicht einer Kritik der reinen praktischen Vernunft", 수록: *Einleitung zu: I. Kant, 'Grundlegung zur*

Metaphysik der Sitten', Stuttgart 1984, S. 3~15.

Fleischer, M., "Die Formeln des kategorischen Imperativs in Kants 'Grundlegung zur Metaphysik der Sitten'", 수록: *Archiv f. Gesch. d. Philosophie* 46, 1964, S. 201~226.

Guyer, P.(편), *Kant's Groundwork of the Metaphysics of Morals, Critical Essays,* Totowa 1998.

Haardt, A., "Die Stellung des Personalitätsprinzips in der 'Grundlegung' und in der 'Kritik der praktischen Vernunft'", 수록: *KS* 73, S. 157~168.

Henrich, D., "Der Begriff der sittlichen Einsicht und Kants Lehre vom Faktum der Vernunft", 수록: G. Prauss 편, *Kant,* Köln 1973, S. 223~254.

_____, "Die Deduktion der Sittengesetzes. Über die Gründe der Dunkelheit des letzten Abschnitts von Kants 'Grundlegung zur Metaphysik der Sitten'", 수록: A. Schwan 편, *Denken im Schatten des Nihilismus,* Darmstadt 1975, S. 55~112.

Herman, B., *The Practice of Moral Judgement,* Cambridge 1993.

Höffe, O.(편), *Grundlegung zur Metaphysik der Sitten. Ein Kooperativer Kommentar,* Frankfurt/M. 1989.

Kaulbach, F., *Immanuel Kants 'Grundlegung zur Metaphysik der Sitten'. Interpretation und Kommentar,* Darmstadt 1988.

Kirchmann, J. H., *Erläuterungen zur Grundlegung zur Metaphysik der Sitten,* Leipzig 1874.

Korsgaard, C. M., *Creating the Kingdom of Ends,* Cambridge 1998.

Hutchings, A. E. P., "Kant on Absolute Value", 수록: *A Critical Examination of Certain Key Notions in Kant's 'Grundlegung' and of His Ontology of Personal Value,* Detroit 1972.

Liddell, B. E. A., "Kant's Deduction in the 'Grundlegung'", 수록: L. W. Beck 편, *Proceedings of the Third International Kant-Congress*, Dordrecht 1972, pp. 401~406.

Mauthner, Th., "Kant's 'Grundlegung'", 수록: *The Philosophical Quarterly* 22, 1972, pp. 255~257.

McCarthy, M. H., "The Objection of Circulation in Groundwork III", 수록: *KS* 76, 1985, S. 28~42.

Nikolitsa-Georgopoulou, D., "Kants Morallehre in der 'Grundlegung zur Metaphysik der Sitten'", 수록: *Theologia*, Athen 1972.

Paton, H. J., "The Aim and Structure of Kant's Grundlegung", 수록: *The Philosophical Quarterly* 8, pp. 112~130.

Ross, Sir D., *Kant's Ethical Theory: A Commentary on the 'Groundwork of the Metaphysics of Morals'*, Oxford 1934.

Schilpp, P. Arthur, *Kant's Practical Ethics*, Evanston 1938.

Schmucker, J., *Die Ursprünge der Ethik Kants in seinen vorkritischen Schriften und Reflexionen*, Meisenheim am Glan, 1961.

Schönecker, D. / A. W. Wood, *Kants "Grundlegung zur Metaphysik der Sitten"*, Paderborn 2002, ²2004.

Scott, J. W., *Kant on the Moral Life. An Exposition of Kant's Grundlegung*, London 1924.

Sullivan, R. J., *Immanuel Kant's Moral Theory*, Cambridge 1989.

_____, *An Introduction to Kant's Ethics*, Cambridge 1994.

Walsh, D., "The Dilemma of the 'Grundlegung'", 수록: *The Philosophical Quarterly* 21, 1971, pp. 149~157.

Ward, K., *The Development of Kant's View of Ethics*, Oxford 1972.

Wolff, R. P., *The Autonomy of Reason: A Commentary on the 'Groundwork of the Metaphysics of Morals'*, New York 1973.

2. 주제별 연구논저

1) 선의지

Atwell, J. E., "The Uniqueness of a Good Will", 수록: *Akten des 4. Internationalen Kant-Kongresses*, Mainz 1974, Teil Ⅱ. 2: Sektionen, G. Funke 편, Berlin·New York 1974, S. 479~484.

Aune, B., "Abilities, Modalities, and Free Will", 수록: *Philosophical and Phenomenological Research* 23, 1962/63, pp. 397~413.

Doore, G., "Contradiction in the Will", 수록: *KS* 76, 1985, S. 138~151.

Forschner, M., "Kants Dilemma einer Metaphysik des Willens", 수록: *Philos. Rundschau* 21, 1974, S. 117~129.

Harbison, W. G., "The Good Will", 수록: *KS* 71, 1980, S. 47~59.

_____, *The Good Will: An Interpretation of Kant's Moral Philosophy*, Syracuse 1977.

Laska, P. J., *Kant's Theory of the Moral Will*, Rochester/USA 1970.

Miller, C. H., "Kant's Good Will and the Scholar", 수록: *Ethics* 80, 1969, pp. 62~65.

Wilbur, J. B., "Kant's Criteria of Art and Good Will", 수록: *KS* 61, 1970, S. 372~380.

2) 의무

Behrend, F., "Der Begriff des reinen Wollens bei Kant", 수록: *KS* 11, 1906.

Beversluis, J., "Kant on Moral Striving". 수록, *KS* 65, 1974.

Broadie, A. / E. M. Pybus, "Kant's Concept of Respect", 수록: *KS* 66, 1975, S. 58~64.

Decorte, M., "Le concept de bonne volonté dans la morale Kantienne", 수록: *Revue de Philosophie* 2, 1931.

Dietrichson, P., "What does Kant mean by »Acting from Duty«?", 수록: *KS* 53, 1961 / 62.

Heyd, D., "Beyond the Call of Duty in Kant's Ethics", 수록: *KS* 71, 1980, S. 308~324.

Hill, Th. E., "Kant on Imperfect Duties and Superrogation", 수록: *KS* 62, 1971.

Kersting, W., "Das starke Gesetz der Schuldigkeit und das schwächere der Gültigkeit", 수록: *Kant und die Pflichtenlehre des 18. Jahrhunderts. Studia Leibnitiana*, Bd. XIV, 1982, S. 184~219.

Kuenburg, M., *Der Begriff der Pflicht bei Kant*, Gießen 1921.

Lorenz, H., *Pflicht und Neigung in Kants kritischer Philosophie*, Hamburg 1967.

Moritz, M., *Studien zum Pflichtbegriff in Kants kritischer Ethik*, Lund 1951.

_____, "Pflicht und Neigung: eine Antinomie in Kants Ethik", 수록: *KS* 56, 1965.

Murphy, J. G., "Kant's Concept of a Right Action", 수록: *The Monist* 51, 1967.

Welding, S. O., "Über den Begriff der Pflicht bei Kant", 수록: *Ratio* 13, 1971.

Wilkerson, T. E., "Duty, Inclination, and Morals", 수록: *Philosophical Quarterly* 23, 1973, pp. 28~40.

3) 준칙 및 정언명령

Allen, A. J., *Moral Judgement and the Concept of a Universal Moral Imperative with Special Reference to Kant*, Indiana 1966.

Bamford, P., "The Ambiguity of the Categorical Imperative", 수록: *Journal of the History of Philosophy* 17, 1979, pp. 135~141.

Bartuschat, W., "Das Problem einer Formulierung des kategorischen Imperativs bei Kant", 수록: H. G. Gadamer 편, *Das Problem der Sprache*, München 1967.

Beck, L. W., "Apodictic Imperatives", 수록: *KS* 49, 1957/58.

Bittner, R, "Kausalität aus Freiheit und kategorischer Imperativ", 수록: *Forschung* 32, 1978, S. 229~235.

Bröker, W., "Kants kategorischer Imperativ", 수록: *Materialien zur Geschichte der Philosophie*, Frankfurt/M. 1972, S. 23~29.

Buchenau, Artur, *Kants Lehre vom kategorischen Imperativ. Eine Einführung in die Grundfragen der Kantischen Ethik*, Leipzig 1913 (복간: 1923).

Cramer, K., "Hypothetische Imperative", 수록: M. Riedel 편, *Rehabilitierung der praktischen Philosophie*, 1972, S. 159~212.

Ebbinghaus, J., "Interpretation und Mißinterpretation des kategorischen Imperativs", 수록: *Studium Generale* 1, 1968.

_____, "Die Formeln des kategorischen Imperativs und die Ableitung inhaltlich bestimmter Pflichten", 수록: G. Prauss 편, *Kant*, Köln 1973, S. 274~291.

Field, G. C., "Kant's First Moral Principle", 수록: *Mind* 41, 1932.

Fleischer, M., "Die Formeln des Kategorischen Imperativs in Kants ≫Grundlegung zur Metaphysik der Sitten≪", 수록: *Archiv für*

Geschichte der Philosophie 46, 1964.

Gillner, E., "Maxims", 수록: *Mind* 60, 1951.

_____, "Das Problem der Begründung des kategorischen Imperativs bei Kant", 수록: P. Engelhardt 편, *Sein und Ethos*, Mainz 1963.

Goddpaster, K. E., "Morality as a System of Categorical Imperatives", 수록: *The Journal of Value Inquiry* 15, Dan Haag 1981, pp. 179~197.

Gruender, C. D., "The Categorical Imperative as an A Priori Principle", 수록: *The Philosophical Forum* 2, 1971.

Gupta, R. K., "Kant's Problem of the Possibility of the Categorical Imperative", 수록: *KS* 64, 1973, pp. 49~55.

Harrison, J., "The Categorical Imperative", 수록: *Philosophical Quarterly* 8, 1958.

Hill, Th. E., Jr., "The Hypothetical Imperative", 수록: *The Philosophical Review* 82, 1973, pp. 429~450.

_____, *An Examination of Some of Kant's Formulations of the Categorical Imperative*, Harvard 1966.

Hirst, E. W., "The Categorical Imperative and the Golden Rule", 수록: *Philosophy* 9, 1934.

Höffe, Otfried, "Kants kategorischer Imperativ als Kriterium des Sittlichen", 수록: *Zeitschrift für philosophische Forschung* 31, 1977, S. 354~384.

Hoerster, N., "Kants kategorischer Imperativ als Test unserer sittlichen Pflichten", 수록: M. Riedel 편, *Rehabilitierung der praktischen Philosophie II*, Frieburg/Br. 1974.

Ilting, K.-H., "Der naturalistische Fehlschluß bei Kant", 수록: M. Riedel 편, *Rehabilitierung der praktischen Philosophie I*,

Freiburg/Br. 1972.

Kemp, J., "Kant's Examples of the Categorical Imperative", 수록: *Philosophical Quarterly* 8, 1958.

Kim, Chin-Tai, "Kant's »Supreme Principle of Morality«", 수록: *KS* 59, 1968.

Kolenda, K., "Professor Ebbinghaus' Interpretation of the Categorical Imperative", 수록: *Philosophical Quarterly* 5, 1955.

_____, "Does Morality Rest on the Categorical Imperative?", 수록: *Akten des 4. Internationalen Kant-Kongresses*, Mainz 1974, Teil II. 2: Sektionen, G. Funke 편, Berlin·New York 1974, S. 455~475.

Korsgaard, Christine M., "Kant's Formula of Humanity". 수록: *KS* 77, 1986, S. 183~202.

Krausser, P., "Über eine unvermerkte Doppelrolle des kategorischen Imperativs in Kants Grundlegung zur Metaphysik der Sitten", 수록: *KS* 59, 1968.

Kroy, M., "A Partial Formalization of Kant's Categorical Imperative. An Application of Deontic Logic to Classic Moral Philosophy", 수록: *KS* 67, 1976, S. 192~209.

Marcus, E., *Der kategorische Imperativ*, München 1921.

Matson, W. I., "Kant's Examples of the First Formulation of the Categorical Imperative", 수록: *Philosophical Quarterly* 7, 1957.

Moritz, M., *Kants Einteilung der Imperative*, Lund 1960.

_____, "Die Probleme der Deduktion des kategorischen Imperativs", 수록: L. W. Beck 편, *Proceedings of the 3th International Kant-Congress*, Dordrecht 1972, pp. 424~433.

_____, "Über einige formale Strukturen des kategorischen Imperativs", 수록: *Akten des 4. Internationalen Kant-Kongresses,* Mainz 1974, Teil II. 2: Sektionen, G. Funke 편, Berlin·New York 1974, S. 201~208.

Paton, H. J., *Der kategorische Imperativ. Eine Untersuchung über Kants Moralphilosophie,* Berlin 1962.

Patzig, G., "Der kategorische Imperativ in der Ethik-Diskussion der Gegenwart", 수록: *Collegium Albertinum. Beiträge zum Immanuel-Kant-Gedenkjahr 1974,* Göttingen 1975, S. 29~40.

Pichler, H., "Über den Sinn des kategorischen Imperativs", 수록: *Forschung 14,* 1960, S. 626~629.

Rolling, B. E., "There is Only One Categorical Imperative", 수록: *KS* 67, 1976, S. 60~72

Saarnio, U., "Die logischen Grundlagen der formalen Ethik Immanuel Kants", 수록: *KS* 57, 1966.

Schwemmer, O., "Vernunft und Moral. Versuch einer kritischen Rekonstruktion des Kategorischen Imperativs", 수록: G. Prauss 편, *Kant. Zur Deutung seiner Theorie von Erkennen und Handeln,* Köln 1973.

Wilde, L. H., *Über hypothetische und kategorische Imperative unter besonderer Berücksichtigung der Gesetzformel des kategorishen Imperativs in Kants 'Grundlegung zur Metaphysik der Sitten',* Bonn 1975.

Williams, T. C., *The Concept of the Categorical Imperative. A Study of the Place of the Categorical Imperative in Kant's Ethical Theory,* Oxford 1968.

Wimmer, Reiner, "Die Doppelfunktion des Kategorischen Imperativs", 수록: *KS* 73, 1982, S. 291~320.

4) 자유 및 자율

Abicht, J. H., *Kritische Briefe über die Möglichkeit einer wahren wissenschaftlichen Moral, Theologie, Rechtslehre, empirischen Psychologie und Geschmackslehre, mit prüfender Hinsicht auf die Kantische Begründung dieser Lehre*, Nürnberg 1793.

_____, "Über die Freiheit des Willens". 수록: J. H. Abicht/F. G. Born 편, *Neues philosophisches Magazin*, Bd. 1, Leipzig 1790 (복간: Brüssel 1968).

Altmann, A., *Freiheit im Spiegel des rationalen Gesetzes bei Kant*, Berlin 1982.

Ameriks, K., "Kant's Deduction of Freedom and Morality", 수록: *Journal of the History of Philosophy* 18, 1981, pp. 53~79.

Ansbro, J. J., "Kant's Limitations on Individual Freedom", 수록: *The New Scholasticism* 47, 1973, pp. 88~99.

Asmus, V. F., "Das Problem der Freiheit und Notwendigkeit bei Hegels Vorgängern", *Vestnik Erevanskogo Universiteta*, Nr.1, 1969, S. 27~40.

Bardili, C. G., *Ursprung des Begriffs von der Willensfreiheit. Der dabei unvermeidliche Schein wird aufgedeckt und die Forberg-sche Schrift über die Gründe und Gesetze freier Handlungen geprüft*, Stuttgart 1796.

Bobbio, N., "Deux notions de la liberté dans la pensée politique de Kant", 수록: E. Weil 편, *La philosophie politique de Kant. Annales de philosophie politique* IV, Paris 1962.

Böckerstette, H., *Aporien der Freiheit und ihre Aufklärung durch Kant*, Stuttgart 1982.

Böversen, F., *Die Idee der Freiheit in der Philosophie Kants*, Heidelberg 1962.

Bossart, W., H., "Kant's doctrine of the Reciprocity of Freedom and Reason", 수록: *International Philosophical Quarterly* 8, 1968, pp. 334~335.

Brandt, R., "Emanzipation und Freiheit", 수록: *Akten des 4. Internationalen Kant-Kongresses*, Mainz 1974. Teil II. 2: Sektionen, G. Funke 편, Berlin · New York 1974, S. 633~647.

Callot, E., "Au coeur de la moralité: La liberté chez Kant", 수록: *Questions de doctrine et d'histoire de la philosophie*, Annecy 1959.

Carnois, Bernard, *La cohérence de la doctrine kantienne de la liberté*, Paris 1973.

Chin-Tai Kim, "Some Critical Reflections on Kant's Theory of Freedom", 수록: *The Philosophical Forum* 2, 1971.

Creuzer, C. L. A., *Skeptische Betrachtungen über die Freiheit des Willens, mit Rücksicht auf die neuesten Theorien über dieselbe*, Gießen 1793.

Daub, C., *Darstellung und Beurteilung der Hypothese in Betreff der Willensfreiheit*, Altona 1834.

Derbolav, J., "Freiheit und Naturordnung im Rahmen der aristotelischen Ethik, mit einem Ausblick auf Kant", 수록: *KS* 57, 1966, S. 32~60.

Forberg, F. C., *Über die Gründe und Gesetze freier Handlungen*, Jena · Leipzig 1795.

Forschner, Maximilian, *Gesetz und Freiheit. Zum Problem der Autonomie bei I. Kant*, München 1974.

Fraisse, J., "Les catégories de la liberté chez Kant", 수록: *Revue Philosophique de la France et de l'Étranger 2*, 1974, S. 161~166.

Freeman, D. D., *Radical Evil and Original Sin: Kant's Doctrine of Freedom in Existential Perspective*, Drew 1969.

Funke, G., "Kants Satz: Die praktische Freiheit kann durch Erfahrung bewiesen werden", 수록: *Revue Internationale de Philosophie 35*, 1981, pp. 207~221.

Heimsoeth, H., "Freiheit und Charakter. Nach den Kant-Reflexionen Nr. 5611 bis 5620", 수록: W. Arnold / H. Zeltner 편, *Tradition und Kritik. Festschrift für Zocher*. Stuttgart-Bad Cannstatt 1967.

Heydenreich, A. L. Ch., *Über die Freiheit und Determinismus und ihre Vereinigung*, Erlangen 1793.

Jacobi, F. H., "Über die Unzertrennlichkeit des Begriffs der Freiheit und Vorsehung von dem Begriffe der Vernunft"(1799), 수록: *F. H. Jacobis Werke*, Bd. 2, 1815.

Körner, St., "Kant's Conception of Freedom", 수록: *Proceedings of the British Academy 53*, 1957. pp. 193~217.

Marcuse, H., "Kant über Autorität und Freiheit", 수록: *Ideen zu einer kritischen Theorie der Gesellschaft*, Frankfurt / M. 1969.

Michaelis, Ch. F., Über die Freiheit des menschlichen Willens, Leipzig 1794.

Perrin, R. F., "Freedom and the World. The Unresolved Dilemma of Kant's Ethics", 수록: *Philosophy Research Archives 1*, 1975.

Potter, N. "Does Kant Have Two Concepts of Freedom?", 수록: *Akten des 4. Internationalen Kant-Kongresses*, Mainz 1974, Teil II. 2: Sektionen, G. Funke 편, Berlin · New York 1974, S. 590~596.

Prauss, G., *Kant über Freiheit als Autonomie*, Frankfurt/M. 1983.

Rastetter, K., *Bewußtsein als Freiheit. Zur ontologischen Struktur einer Zentralen Kategorie der Philosophie Kants*, Bamberg 1977.

Reinhold, C. L., *Briefe über die Kantische Philosophie*, Bd. 2. Leipzig 1792.

Ritsert, J., *Handlungstheorie und Freiheitsantinomie*, Berlin 1966.

Schleiermacher, F. E. D., "Über den Unterschied zwischen Naturgesetz und Sittengesetz", 수록: *Sämtliche Werke*, 3. Abt. Zur Philosophie, Bd. 2. Berlin 1838.

Schrader, G. A., "Autonomy, Heteronomy and the Moral Imperatives", 수록: *The Journal of Philosophy* 60, 1963.

Schulte, G., "Kants nicht-unmögliche Freiheit", 수록: *Akten des 5. Internationalen Kant-Kongresses*, Mainz 1981, Bd. I, 1. G. Funke 편, Bonn 1981, S. 568~575.

Snell, Ch. W., *Über Determinismus und moralische Freiheit*, Offenbach 1789.

Stockhammer, M., *Kants Zurechnungsidee und Freiheitsantinomie*, Köln 1961.

Thom, M., "Die Bedeutung der Freiheitsproblematik für Kants Übergang zum Transzendentalismus", 수록: *Philosophie* 22, 1974, S. 289~307.

Watson, Stephen H., "Kant on Autonomy, the Ends of Humanity, and the Possibility of Morality", 수록: *KS* 77, 1986, S. 164~182.

Werdermann, J. G. K., *Versuch einer Geschichte der Meynungen über Schicksal und menschliche Freiheit*, Leipzig 1793.

5) 이성의 사실

Beck, S. W., "Das Faktum der Vernunft: Zur Rechtfertigungsprob-lematik in der Ethik", 수록: *KS* 52, 1960/61, S. 271~282.

Henrich, D., "Der Begriff der sittlichen Einsicht und Kants Lehre vom Faktum der Vernunft", 수록: *Die Gegenwart der Griechen im neueren Denken. Festschrift für H.-G. Gadamer*, Tübingen 1960.

Kadowaki, Takuji, "Das Faktum der reinen praktischen Vernunft", 수록: *KS* 56, 1966.

6) 형식주의와 실질 원리

Alt, H. L. J., *Die materialen Imperative bei Kant*, Gießen 1919.

Anderson, G., "Die »Materie« in Kants Tugendlehre und der For-malismus der kritischen Ethik", 수록: *KS* 26, 1921.

Bollert, M., "Materie in Kants Ethik", 수록: *Archiv für Geschichte der Philsophie* 13, 1900.

Diemer, A., "Zum Problem des Materialen in der Ethik Kants", 수록: *KS* 45, 1953/54.

Hall, R., "Kant and Ethical Formalism", 수록: *KS* 52, 1960/61.

Jensen, O. C., "Kant's Ethical Formalism", 수록: *Philosophy* 9, 1934.

Klein, H.-D., "Formale und materiale Prinzipien in Kants Ethik", 수록: *KS* 60, 1969.

Laupichler, M., *Die Grundzüge der materialen Ethik Kants*, Berlin 1931.

Schmucker, J., "Der Formalismus und die materialen Zweckprinzipien in der Ethik Kants", 수록: J. B. Lotz 편, *Kant und die Scholastik heute*, Pullach 1955.

Silber John R, "Procedural Formalism in Kant's Ethics", 수록: *The Review of Metaphysics* 28, 1974.

Vorländer, K., *Der Formalismus der Kantischen Ethik in seiner Notwendigkeit und Fruchtbarkeit*, Marburg 1893.

7) 도덕과 책임

Campell, J. I. G., *Kantian Conceptions of Moral Worth*, Princeton 1980.

Duncan, A., *Practical Reason and Morality*, London 1957.

Gordey, M., "Kant's Moral Incentive", 수록: *The Philosophical Forum* 4, 1973, pp. 323~339.

Käubler, B., *Der Begriff der Triebfeder in Kants Ethik*, Leipzig 1917.

Nessler, G., *Das oberste Prinzip der Moralität in Kants kritischer Ethik*, Bonn 1969.

MacBeath, A. M., "Kant on Moral Feeling", 수록: *KS* 64, 1973.

Potter, N., "Can Moral Obligation Be Deduced from a Principle of Justice?", 수록: E. Morscher/R. Stranzinger 편, *Ethik-Grundlagen, Probleme, Anwendungen. Akten des 5. Internationalen Wittgenstein-Symposiums v. 25. bis 31. 8. Wien 1981*, S. 255~257.

Reath, Andrews, "Kant's Theory of Moral Sensibility. Respect for the Moral Law and the Influence of Inclination", 수록: *KS* 80, 1989, S. 284~302.

Ritter, J., "Moralität und Sittlichkeit. Zu Hegels Auseinandersetzung mit der Kantischen Ethik", 수록: M. Riedel 편, *Materialien zu Hegels Rechtsphilosophie*, Frankfurt/M. ²1975, S. 217~244.

Schultz, R. A., *Reasons to Be Moral. The Problem of Justification in Kant's Ethics*, Harvard 1971.

Silber, J. R., "Kant and the Mythic Roots of Morality", 수록: *Dialectica* 35, 1981, pp. 167~193.

8) 덕과 행복

Bauch, B., *Glückseligkeit und Persönlichkeit in der Kritischen Ethik*, Stuttgart 1902.

Fischer, Norbert, "Tugend und Glückseligkeit. Zu ihrem Verhältnis bei Aristoteles und Kant", 수록: *KS* 74, 1983, S. 1~21

Gebhard, F. H., *Über die sittliche Güte aus uninteressiertem Wohlwollen*, Gotha 1792

O'Neill, O., "Kant after Virtue", 수록: *Inquiry* 26, 1983, pp. 387~405.

Rapp, G. C., *Über die Untauglichkeit des Prinzips der allgemeinen und eigenen Glückseligkeit zum Grundgesetze der Sittlichkeit*, Jena 1791.

Reiner, H., "Kants Beweis zur Widerlegung des Eudämonismus und das Apriori der Sittlichkeit", 수록: *KS* 54, 1963.

Silber, John R., "The Moral Good and the Natural Good in Kant's Ethics", 수록: *Review of Metaphysics* 36, 1982, pp. 307~437.

Snell, Ch. W., "Erinnerung gegen den Aufsatz: Über Herrn Kants Grundlegung zur Metaphysik der Sitten", 수록: *Braunschweigisches Journal* 9, 1789.

9) 최고선

Arnold, E., *Über Kants Idee vom höchsten Gut*, Königsberg 1874.

Barnes, G. W., "In Defense of Kant's Doctrine of the Highest Good", 수록: *Philosophical Forum* 2, 1971.

Brugger, W., "Kant und das höchste Gut", 수록: *Zeitschrift für Philosophische Forschung* 18, 1964.

Döring, A., "Kants Lehre vom höchsten Gut", 수록: *KS* 4, 1900.

Düsing, K., "Das Problem des höchsten Gutes in Kants praktischer Philosophie", 수록: *KS* 62, 1971.

Friedmann, R. Z., "The Importance and Function of Kant's Highest Good", 수록: *Journal of the History of Philosophy* 22, 1984.

Heidemann, Ingeborg, "Das Ideal des höchsten Guts. Eine Interpretation des Zweiten Abschnitts im 'Kanon der reinen Vernunft'". 수록: I. Heidemann/W. Ritzel 편, *Beiträge zur Kritik der reinen Vernunft 1781-1981*, Berlin · New York 1981, S. 233~305.

Krämling, Gerhard, "Das höchste Gut als mögliche Welt. Zum Zusammenhang von Kulturphilosophie und systematischer Architektonik bei I. Kant", 수록: *KS* 77, 1986, S. 273~288.

Miller, Edmund Morris, *Moral Law and the Highest Good. A Study of Kant's Doctrine of the Highest Good*, Melbourne 1928.

O'Connor, D., "Good and Evil Disposition", 수록: *KS* 76, 1985, S. 288~302.

Reath, Andrews, "Two Conceptions of the Highest Good in Kant", 수록: *Journal of the History of Philosophy* 26, 1988, S. 593~619.

Silber, John R, "The Copernican Revolution in Ethics: The Good Reexamined", 수록: *KS* 51, 1959/60, S. 85~101.

_____, "Kant's Conception of the Highest Good as Immanent and Transcendent", 수록: *Philosophical Review* 68, 1959.

_____, "Die metaphysische Bedeutung des höchsten Gutes als Kanon der reinen Vernunft in Kants Philosophie", 수록: *Zeitschrift für Philosophische Forschung* 23, 1969.

Smith, Steven G., "Worthiness to be Happy and Kant's Concept of the Highest Good", 수록: *KS* 75, 1984, S. 168~190.

Walhout, D., "Kant's Conception of Nonmoral Good", 수록: *Southwestern Journal of Philosophy* 3, 1972, pp. 7~19.

Yovel, Y., "The Highest Good and History in Kant's Thought", 수록: *Archiv für Geschichte der Philosophie* 54, 1972.

Zeldin, M. B., "The Summum Bonum, the Moral Law, and the Existence of God", 수록: *KS* 62, 1971, S. 42~54.

10) 목적 자체로서의 인간

Jones, H. E., *Kant's Principle of Personality*, Wisconsin University Press 1971.

Murphy, J. G., "Moral Death: A Kantian Essay on Psychopathy", 수록: *Ethics* 82, 1972.

Schwartländer, J., *Der Mensch ist Person. Kants Lehre vom Menschen*, Stuttgart 1968.

Zeltner, H., "Kants Begriff der Person", 수록: *Tradition und Kritik. Festschrift für Rudolf Zocher*, Stuttgart 1968.

11) 행위

Beck, L. W., *Akteur und Betrachter. Zur Grundlegung der Handlungstheorie*, Freiburg · München 1976.

Bubner, R., *Handlung, Sprache und Vernunft. Grundbegriffe praktischer Philosophie*, Frankfurt / M. 1976.

Ebeling, H., *Die ideale Sinndimension. Kants Faktum der Vernunft und die Basis-Fiktionen des Handelns*, Freiburg · München 1982.

Gerhardt, V., "Handlung als Verhältnis von Ursache und Wirkung. Zur Entwicklung des Handlungsbegriffs bei Kant", 수록: G. Prauss 편, *Handlungstheorie und Transzendentalphilosophie*, Frankfurt / M. 1986, S. 98~131.

_____, "Transzendentale Theorie der Gesellschaft", 수록: *Zeitschrift für Soziologie* 8, 1979, S. 129~144.

Kaulbach, F., *Ethik und Metaethik*, Darmstadt 1974.

_____, *Das Prinzip Handlung in der Philosophie Kants*, Berlin · New York 1978.

_____, *Einführung in die Philosophie des Handelns*, Darmstadt 1986.

_____, "Theorie und Praxis in der Philosophie Kants", 수록: *Perspektiven* 2, 1970, S. 168~185.

_____, "Handlung und Wahrheit im Aspekt der Kantischen Philosophie", 수록: G. Prauss 편, *Handlungstheorie und Transzendentalphilosophie*, Frankfurt / M. 1986, S. 144~159.

_____, "Kants Philosophie des Handelns und ihre aktuelle Bedeutung", 수록: H. Stachowiak 편, *Pragmatik. Handbuch pragma-*

tischen Denkens I, Hamburg 1986, S. 455~482.

Lenk, H., Handlungstheorie interdisziplinär, Bde. II1 und II2, Handlungserklärungen und philosophische Handlungsinterpretationen, München 1978/79.

Prauss, G., Kant über Freiheit als Autonomie, Frankfurt/M. 1983.

Weiß, J., "Ist eine 'Kantische' Begründung der Soziologie möglich?", 수록: Kant oder Hegel? Stuttgarter Hegel-Kongreß 1981, Stuttgart 1983, S. 531~546.

Wiehl, R., "Reflexionsprozesse und Handlungen", 수록: Handlungstheorie. Neue Hefte für Philosophie 9, Göttingen 1976, S. 17~65.

VII. 한국어 연구논저

강영안, 『도덕은 무엇으로부터 오는가: 칸트의 도덕철학』, 조합공동체 소나무, 2000.

강지영, 「칸트의 의무개념에 대한 분석」, 수록: 『칸트연구』 제21집, 한국 칸트학회, 2008.

＿＿＿, 「칸트 윤리학의 맥락에서 본 최고선에 대한 논의들」, 수록: 『철학사상』 제27호, 서울대학교 철학사상연구소, 2008.

강현정, 「칸트 철학에서 인간 존엄성의 문제」, 수록: 『칸트연구』 제20집, 한국칸트학회, 2007.

김민응, 「칸트의 '덕 이론'에 관한 연구: 덕과 도덕법칙의 관계를 중심으로」, 동국대학교 박사학위논문, 2008.

김상봉, 『호모 에티쿠스: 윤리적 인간의 탄생』, 한길사, 1999.

김석현, 「실천에 있어서 자유-자연의 통일과 목적의 의미—칸트 윤리학의 관점에서」, 수록:『철학연구』제55집, 대한철학회, 1995.

_____, 「칸트의 심정 윤리학」, 수록:『철학연구』제57집, 대한철학회, 1996.

김성호, 「칸트 윤리학에서 덕의 개념」, 수록:『가톨릭철학』제9집, 한국 가톨릭철학회, 2007.

金容民, 『Kant的 理想主義와 自由의 展望』, 한마음사, 1994.

김종국, 「악의 기원: 칸트와 요나스의 주장을 중심으로」, 수록:『哲學』 제55집, 한국철학회, 1998 여름.

_____, 「'인류의 권리'와 거짓말」, 수록:『哲學』제67집, 한국철학회, 2001.

_____, 「칸트 對 功利主義」, 수록:『칸트연구』제14집, 한국칸트학회, 2004.

김종식, 「칸트의 의무주의 윤리이론에 관한 리쾨르의 해석 연구」, 수록: 『大同哲學』제39집, 대동철학회, 2007.

노영란, 「의무로부터의 행위에 관하여」, 수록:『哲學』제71집, 한국철학 회, 2002.

맹주만, 「칸트와 도덕적 실재론」, 수록:『칸트연구』제19집, 한국칸트학 회, 2007.

_____, 「칸트와 "행복한 자선가"」, 수록:『汎韓哲學』제56집, 범한철학회, 2010.

문성학, 「칸트와 거짓말」, 수록:『철학연구』제53집, 대한철학회, 1994.

_____, 「칸트의 인간 본성론」, 수록:『哲學』제58집, 한국철학회, 1999 봄.

박선목, 『윤리학과 현대사회』, 學文社, 1994.

박정하, 『칸트〈실천이성비판〉』, 서울대학교 철학사상연구소, 2003.

박찬구, 「한국의 도덕 교육에서 칸트 윤리적 접근법이 가지는 의의」, 수 록:『칸트연구』제14집, 한국칸트학회, 2004.

백종현, 「칸트의 자유 개념」, 수록: 『哲學論究』 제6집, 서울대학교, 1976.

_____, 「칸트에서 자유의 이념과 도덕 원리」, 수록: 『철학사상』 제1호, 서울대학교 철학사상연구소, 1991.

_____, 「칸트철학에서 인간의 의무」, 수록: 차인석(외), 『사회철학대계 I』, 민음사, 1993.

_____, 『현대 한국사회의 철학적 문제: 윤리 개념의 형성』, 철학과현실사, 2003.

_____, 『시대와의 대화: 칸트와 헤겔의 철학』, 아카넷, 2010.

_____, 『칸트 이성철학 9서 5제』, 아카넷, 2012.

_____, 「칸트에서 '가능한 세계의 최고선'」, 수록: 『哲學研究』 제96집, 철학연구회, 2012.

_____, 「칸트에서 선의지와 자유의 문제」, 수록: 『人文論叢』 제71권 제2호, 서울대학교 인문학연구원, 2014.

신옥희, 「칸트에 있어서 근본악과 신」, 수록: 『哲學』 제18집, 한국철학회, 1982.

이문호, 「칸트의 도덕철학」, 수록: 하영석(외), 『칸트哲學과 現代思想』, 형설출판사, 1984.

이병창, 「칸트 의무 개념에 대한 헤겔의 비판」, 수록: 『시대와 철학』 제19권 제1호, 한국철학사상연구회, 2008.

이 엽, 「윤리학의 새로운 명칭으로서 도덕 형이상학과 칸트 윤리학의 근본 동기」, 수록: 『칸트연구』 제2집, 한국칸트학회, 1996.

이원봉, 「칸트 윤리학과 감수성의 역할」, 수록: 『칸트연구』 제18집, 한국칸트학회, 2006.

_____, 「맥킨타이어와 칸트의 덕: 인간선의 실천으로서의 덕」, 수록: 『사회와 철학』 제14집, 사회와철학연구회, 2007.

이윤복, 「칸트 윤리학에서 덕과 의무 : 『도덕의 형이상학』을 중심으로」, 수록: 『철학연구』 제92집, 대한철학회, 2004.

임혁재, 『칸트의 도덕철학 연구』, 중앙대학교출판부, 1997.

임홍빈, 「칸트의 도덕성 개념에 대한 헤겔의 비판은 과연 정당한가?」, 수
　　록: 『哲學』 제35집, 한국철학회, 1991.

하영석, 「칸트에 있어서 인격성의 근거로서의 자유」, 수록: 『哲學』 제
　　33집, 한국철학회, 1990.

＿＿＿, 『가치윤리학의 형성과 전개』, 형설출판사, 1998.

한국칸트학회 편, 『칸트와 윤리학』(칸트연구 2), 민음사, 1996.

한자경, 「칸트철학에서 도덕과 법」, 수록: 차인석(외), 『사회철학대계 I』,
　　민음사, 1993.

허미화, 「덕은 가르쳐질 수 있는가」, 수록: 『칸트연구』 제2집, 한국칸트
　　학회, 1996.

황필홍, 「칸트의 의무: 자신에 대한 의무와 타인에 대한 의무」, 수록:
　　『倫理硏究』 제45권, 한국국민윤리학회, 2000.

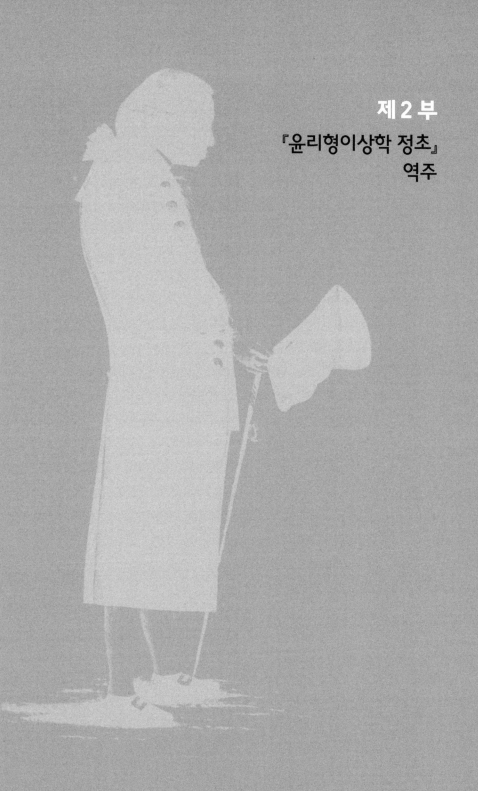

제2부

『윤리형이상학 정초』
역주

1. 『윤리형이상학 정초』 번역에서 기본 대본은 칸트의 원전 가운데 가장 완성
   도가 높다고 평가받는 제2판(B)(Riga 1786)으로 하되, 원전 제1판(A)(Riga
   1785)과 베를린 학술원판(AA)(*Kants gesammelte Schriften*, v. der Kgl.
   Preußischen Akademie der Wissenschaft//v. der Deutschen Akademie
   der Wissenschaft zu Berlin: Akademie-Ausgabe, Bd. IV, hrsg. Paul
   Menzer, 1911. S. 385~463)을 보조로 사용하고, Wilhelm Weischedel 판
   (Insel Verlag, Wiesbaden 1956. *Kant, Werke*, Bd. IV, S. 7~102)과 Bernd
   Kraft/Dieter Schönecker 판(Felix Meiner Verlag, Hamburg 1999(PhB
   519))을 참조한다. 칸트 원전 제1판(A)과 제2판(B) 사이에 어긋나는 부분은
   본문 중에서 글자체를 성경체로 바꿔 표시하고, 학술원판(AA)과 어긋나는
   부분은 역자의 임의로 선택하여 옮기고, 그 사정은 각주에서 밝힌다.
2. 원문과 번역문의 대조 편의를 위해 칸트의 원전 제2판은 'B'로, 학술원판은
   제4권을 의미하는 'IV'로 표시한 후 이어서 면수를 밝힌다. 다만, 독일어와 한
   국어의 어순이 다른 경우가 흔히 있으므로 원문과 번역문의 면수에 약간의
   차이가 있음은 양해한다.
3. 번역은 직역을 원칙으로 하며, 가능한 한 원문의 문체, 어투, 문단 나누기, 문
   단 띄우기 등을 보존하여, 칸트의 글쓰기 스타일과 책의 편집 형태가 그대로

보이도록 한다. 현대적 글쓰기에 맞지 않은 부분이나 문단들이라도 의미 전
달이 아주 어렵지 않은 경우라면 그대로 둔다.

4. 독일어는 철저히 한글 어휘로 바꾸되, 꼭 필요한 경우에만 한글 어휘에 이
어 〔 〕 안에 한자어를 병기한다. 독일어 원문은 한글 어휘로만 쓰되, 원문이
라틴어나 그리스어일 경우에는 그에 상응하는 한자어가 있을 때 한자를 노출
시켜 쓴다.

5. 칸트의 다른 저작을 한국어로 옮길 때를 고려하여, 다소 어색함이 있다 하
더라도, 칸트의 동일한 용어에는 동일한 한국어 어휘를 대응시킨다.(아래
의 〔※유사어 및 상관어 대응 번역어 표〕 참조) 용어가 아닌 보통 낱말들에도
가능하면 하나의 번역어를 대응시키지만, 이런 낱말들의 경우에는 문맥에 따
라 유사한 여러 번역어들을 적절히 바꿔 쓰고, 또한 풀어쓰기도 한다.

6. 유사한 또는 동일한 뜻을 가진 낱말이라 하더라도 칸트 자신이 번갈아 가면
서 쓰는 말은 가능한 한 한국어로도 번갈아 쓴다. 예를 들어 이 원칙을 적용
해, 칸트에게서는 의미 차이가 거의 없는 Moralität와 Sittlichkeit에는 각각
'도덕(성)'과 '윤리(성)'을, 그와 함께 Moral과 Sitten에는 각각 '도덕'과 '윤리'
를 대응시킨다. 따라서 *Die Metaphysik der Sitten*은 『윤리형이상학』이라고
옮긴다.(아래의 〔※유사어 및 상관어 대응 번역어 표〕 참조) 또한 의미가 같
은 말이라 하더라도 칸트가 표현에 변화를 준 것을 고려하여 작은 차이라도
드러나게 한다. 예컨대, 'Sittengesetz'는 '윤리법칙'으로 붙여 쓰고, 'sittliches
Gesetz'는 '윤리적 법칙' 또는 '윤리 법칙'으로 띄어쓰기를 한다.

7. 번역 본문에서는 한국어 어휘만을 쓰며, 굳이 원어를 밝힐 필요가 있을 때는
각주에 적는다. 그러나 각주 설명문에는 원어를 자유롭게 섞어 쓴다.

8. 대명사의 번역에 있어서는 지시하는 명사가 명백할 때는 한국어의 문맥상 필
요할 경우에 본래의 명사를 반복하여 써주되, 이미 해석이 개입할 여지가 있
을 때는 '그것'·'이것'·'저것' 등이라고 그대로 옮겨 쓰고, 역자의 해석은 각주
에 밝힌다.

9. 직역이 어려워 불가피하게 원문에 없는 말을 끼워 넣어야 할 대목에서는 끼

워 넣는 말을 〔 〕안에 쓴다. 또한 하나의 번역어로는 의미 전달이 어렵거나 오해의 가능성이 있을 경우에도 그 대안이 되는 말을 〔 〕안에 쓴다. 그러나 이중 번역어 통용이 불가피 또는 무난하다고 생각되는 곳에서는 해당 역어를 기호 '/'를 사이에 두고 함께 쓴다.

10. 한국어 표현으로는 다소 생소하더라도 원문의 표현 방식과 다른 맥락에서의 표현의 일관성을 위하여 독일어 어법에 맞춰 번역하되, 오해될 우려가 클 때는 〔 〕에 자연스러운 한국어 표현을 병기한다. 예컨대, "책무에 의한 행위의 객관적 필연성〔객관적으로 필연적인 행위〕을 의무라 일컫는다"(B86＝IV439)가 그러한 경우이다.

11. 칸트가 인용하는 인물이나 사건이 비교적 널리 알려져 있지 않은 경우에는 그에 대해 각주를 붙여 해설한다.

12. 칸트의 다른 저술이나 철학 고전들과 연관하여 이해해야 할 대목은 각주를 붙여 해설한다.

13. 칸트 원문에 문법적으로 문제가 있는 곳은 다른 판본과도 비교하여 각주에서 역자의 의견을 제시한다.

14. (제목은 별도로 하고) 원문의 본문에 격자〔隔字〕체로 크게 쓰인 낱말은 고딕체로, 크고 진하게 쓰인 낱말은 진하게 쓰고, 인명이나 학파 명칭은 그래픽체로 구별하여 쓴다.

15. 본문 하단 '※' 표시 주는 칸트 자신의 주석이고, 아라비아숫자로 번호 붙인 각주는 역자의 주해이다.

ableiten

ableiten : 도출하다 / 끌어내다, Ableitung : 도출, Deduktion : 연역, abziehen : 추출하다

Absicht

Absicht : 의도 / 관점 / 견지, Rücksicht : 고려 / 견지, Hinsicht : 관점 / 돌아봄 / 참작, Vorsatz : 고의 / 결의, Entschluß : 결심 / 결정

absolut

absolut : 절대적(으로), schlechthin / schlechterdings : 단적으로 / 절대로

abstrahieren

abstrahieren : 추상하다 / 사상〔捨象〕하다, absehen : 도외시하다 / 눈을 돌리다

Achtung

Achtung(observatio / reverentia) : 존경(尊敬 / 敬畏), Hochachtung : 존경 / 경의, Respekt : 존경 / 존경심 / 경의, Ehrfurcht : 외경, Hochschätzung : 존중, Schätzung : 평가 / 존중, Ehre : 명예 / 영광 / 경의 / 숭배, Verehrung(reverentia) : 숭배(崇拜) / 경외(敬畏) / 경배 / 흠숭 / 존숭 / 공경 / 경의를 표함, Ehrerbietung : 숭경, Anbetung : 경배

Affinität

Affinität: 근친(성), Verwandtschaft: 친족성 / 근친(성)

affizieren

affizieren: 촉발하다 / 영향을 끼치다, Affektion: 촉발 / 자극 / 애착 / 애호, Affekt: 정동〔情動〕/ 격정 / 흥분 / 촉발 / 정서 / 감격 / 정감, affektionell: 격정적 / 정동적 / 촉발된 / 정서적 / 정감적 (affektieren: ~인 체하다 / 허세부리다, Affektation: 내숭 / 허세 / 허식), ※anreizen: 자극하다

ähnlich

ähnlich: 비슷한 / 유사한, analogisch: 유비적 / 유추적

also

also: 그러므로, folglich: 따라서, mithin: 그러니까, demnach: 그 때문에, daher: 그래서, daraus: 그로부터

anfangen

anfangen: 시작하다, Anfang: 시작 / 시초 / 기초, anheben: 개시하다 / 출발하다

angemessen

angemessen: 알맞은 / 적절한 / 부합하는, füglich: 걸맞은 / 어울리는

angenehm

angenehm: 쾌적한 / 편안한, unangenehm: 불쾌적한 / 불편한 / 불유쾌한, Annehmlichkeit: 쾌적함 / 편안함, behaglich: 편안한 / 유쾌한, Gemächlichkeit: 안락함

anhängend

anhängend: 부수적 / 부착적, adhärierend: 부착적 / 부속적

Ankündigung

Ankündigung: 통고 / 선포 / 공지 / 알림, Kundmachung: 공포 / 알림

Anmut

Anmut: 우미〔優美〕, Eleganz: 우아

Anreizen

anreizen: 자극하다, Reiz: 자극/매력, stimulus: 刺戟, rühren: 건드리다/손대다/마음을 움직이다, Rühren: 감동, Rührung: 감동, berühren: 건드리다/접촉하다, Begeisterung: 감격

Apprehension

Apprehension(apprehensio): 포착(捕捉)/점취(占取), Auffassung (apprehensio): 포착(捕捉: 직관/상상력의 작용으로서)/파악(把握: 지성의 작용으로서), Erfassen: 파악, ※Begreifen: (개념적) 파악/개념화/이해

a priori

a priori: 선험적, a posteriori: 후험적, angeboren(innatus): 선천적(本有的)/생득적/생래적/천성적/타고난, anerschaffen: 타고난/천부의

arrogantia

arrogantia: 自滿/自慢, Eigendünkel: 자만[自慢]

Ästhetik

Ästhetik: 감성학/미감학/미학, ästhetisch: 감성(학)적/미감적/미학적

aufheben

aufheben: 지양하다/폐기하다/폐지하다, ausrotten: 근절하다/섬멸하다, vertilgen: 말살하다/절멸하다, vernichten: 무효로 하다/폐기하다/파기하다/섬멸하다/없애다

Aufrichtigkeit

Aufrichtigkeit: 정직성[함], Ehrlichkeit: 솔직성[함]/정직성/진실성, Redlichkeit: 진정성, Wahrhaftigkeit: 진실성[함], Rechtschaffenheit: 성실성[함], Freimütigkeit: 공명솔직[함]/숨김없음, Offenheit: 솔직/개방/공명정대/공공연성, Offenherzigkeit: 솔직담백성[함]

Bedeutung

Bedeutung: 의미, Sinn: 의의

Bedingung

Bedingung: 조건, bedingt: 조건 지어진/조건적, das Bedingte: 조건 지어 진 것/조건적인 것, das Unbedingte: 무조건자(/무조건적인 것)

Begehrung

Begehrung/Begehren(appetitus): 욕구(欲求), Begierde(appetitio): 욕망 (慾望)/욕구, Begier: 욕망, Bedürfnis: 필요/필요욕구/요구, Verlangen: 요구/갈망/열망/바람/요망, Konkupiszenz(concupiscentia): 욕정(欲情), Gelüst(en): 갈망/정욕, cupiditas: 慾望, libido: 情欲

begreifen

begreifen: (개념적으로) 파악하다/개념화하다/포괄하다/(포괄적으로) 이 해하다/해득하다, Begriff: 개념/이해, (Un)begreiflichkeit: 개념화/이해 (못)함/이해(불)가능성, verstehen: 이해하다, fassen: 파악하다/이해하다, Verstandesvermögen: 지성능력, Fassungskraft: 이해력

Beispiel

Beispiel: 예/실례/사례/본보기, zum Beispiel: 예를 들어, z. B.: 예컨대, beispielsweise: 예를 들어, e. g.: 例컨대

Beistimmung

Beistimmung: 찬동/동의, ※Einstimmung: 일치/찬동, Stimme: 동의, Beifall: 찬동, Beitritt: 찬성/가입

bemerken

bemerken: 주목하다/인지하다/주의하다, aufmerken: 주시하다/주의하다, anmerken: 적어 두다/주해하다, merken: 표시하다/알아채다/유의하다

beobachten

beobachten: 준수하다/지키다/관찰하다, Beobachtung: 관찰/준수, befolgen: 따르다/준수하다, Befolgung: 추종/준수

Bereich

Bereich: 영역, Gebiet: 구역, Sphäre: 권역, Kreis: 권역, Feld: 분야,

Fach : 분과 / 전문분야, Umfang : 범위, Region : 지역 / 지방 / 영역, territorium :
領土, ditio : 領域

Besitz

Besitz(possessio) : 점유(占有), Besitznehmung(apprehensio) : 점유취득
(占取), *Eigentum : 소유(물 / 권), *Haben : 소유〔가지다〕 / 자산, Zueignung
(appropriatio) : 전유〔영득〕(專有), Bemächtigung(occupatio) : 선점(先占) /
점령(占領)

besonder

besonder : 특수한 / 개개의, partikular : 특별한 / 개별적 / 국부적, spezifisch :
종적 / 종별적 / 특종의

Bestimmung

Bestimmung : 규정 / 사명 / 본분 / 본령, bestimmen : 규정하다 / 결정하다 /
확정하다, bestimmt : 규정된〔 / 적〕 / 일정한 / 확정된〔 / 적〕 / 명확한 / 한정된,
unbestimmt : 무규정적 / 막연한 / 무한정한

Bewegung

Bewegung : 운동 / 동요 / 움직임, Motion : 동작 / 운동 / 움직임

Bewegungsgrund

Bewegungsgrund / Beweggrund : 동인, Bewegursache : (운)동인

Beweis

Beweis : 증명 / 증거, Beweistum : 증거, Demonstration : 입증 / 실연 / 시위

Bibel

Bibel : 성경, (Heilige) Schrift : 성서, *Schrift : 저술, heiliges Buch : 성경책

Bild

Bild : 상 / 도상〔圖象〕 / 형태 / 그림 / 사진, Schema : 도식〔圖式〕, Figur : 형상〔形象〕 /
도형, Gestalt : 형태, Urbild : 원형 / 원상, Vorbild : 전형 / 모범 / 원형

Boden

Boden : 지반 / 토대 / 기반 / 토지 / 지역 / 영토, Erde : 흙 / 땅 / 토양 / 지구 /

지상, Land: 땅/육지/토지/지방/지역/나라, Horizont: 지평

böse

böse: 악한, das Böse: 악, malum: 惡/害惡/禍, Übel: 화/악/해악/재해/재화(災禍)/나쁜 것/병환/질환, boshaft: 사악한, bösartig: 악의적/음흉한, böslich: 악의적/음흉한, schlecht: 나쁜, arg: 못된/악질적인, tückisch: 간악한/간계의, Arglist: 간계

Buch

Buch: 책/서/저서, Schrift: 저술, Werk: 저작/작품/소행, Abhandlung: 논고/논문

Bund

Bund: 연맹, Bündnis: 동맹, foedus: 同盟, Föderation: 동맹/연방, Koaltion: 연립, Verein: 연합/협회, Assoziation: 연합, Verbund: 연맹

Bürger

Bürger: 시민, Mitbürger: 동료시민/공동시민, Staatsbürger(cives): 국가시민(市民)/국민, Volk(populus): 민족(人民)/국민/족속, Stammvolk(gens): 민족(民族), Nation(gens): 국민(都市民)/민족

darstellen

darstellen: 현시하다/그려내다/서술하다, Darstellung(exhibitio): 현시(現示/展示)/그려냄/서술, darlegen: 명시하다, dartun: 밝히다

Denken

Denken: 사고(작용-), denken: (범주적으로) 사고하다/(일반적으로) 생각하다, Denkart: 사고방식/신념/견해, Gedanke: 사유(물)/사상(思想)/사고내용/상념/생각, Denkung: 사고/사유, Denkungsart: 사유방식(/성향), Sinnesart: 성미/기질

Ding

Ding: 사물/일/것, Sache: 물건/사상(事象)/사안/실질내용/일, ※Wesen: 존재자(것/자)/본질

Ding an sich

Ding an sich: 사물 자체, Ding an sich selbst: 사물 그 자체

Disziplin

Disziplin: 훈육, Zucht: 훈도

Dogma

Dogma: 교의/교조, dogmatisch: 교의적/교조(주의)적, Lehre: 교리/학설/
이론/가르침, Doktrin: 교설, *eigenmächtig: 독단적

Dreistigkeit

Dreistigkeit: 호기〔豪氣〕, Dummdreistigkeit: 뻔뻔함/방자(함),
Unverschämtheit: 몰염치/후안무치

Dummheit

Dummheit(stupiditas): 우둔(愚鈍)〔함〕/천치(天痴), Dummkopf/Idiot:
바보/천치, stumpf: 둔(감)한/무딘, hebes: 鈍한, obtusus: 鈍感한,
Albernheit: 우직〔함〕, Tor: 멍청이, Torheit: 멍청함/어리석음, Narr: 얼간
이, Pinsel: 멍텅구리, Blödsinn: 저능/백치, Geck: 바보건달/멋쟁이

Ehe

Ehe: 혼인, Heirat: 결혼, Trauung: 혼례

eigen

eigen: 자신의/고유한, eigentlich: 본래의/원래의, Eigenschaft: 속성/
특성, Eigentum: 소유, eigentümlich: 특유의〔/한〕/고유의/소유의,
Eigentümlichkeit: 특유성/고유성, eigenmächtig: 독단적, Beschafenheit:
성질, *Attribut: (본질)속성/상징속성

Eigensinn

Eigensinn: 아집/편집〔偏執〕

Einbildung

Einbildung: 상상, Bildung: 형성/교양/교육/도야, Phantasie: 공상,
Phantasma: 환상

Einleitung

Einleitung : 서론, Vorrede : 머리말, Prolegomenon / -mena : 서설, Prolog : 서문, Vorerinnerung : 서언, Vorbemerkung : 일러두기

einseitig

einseitig : 일방적 / 일면적 / 한쪽의, doppelseitig : 쌍방적 / 양면적 / 양쪽의, beiderseitig : 양쪽의 / 양편의 / 쌍방적, allseitig : 전방적 / 전면적, wechselseitig : 교호적 / 상호적, beide : 양자의 / 둘의 / 양편의, beide Teile : 양편 / 양쪽, gegeneinander : 상호적으로

Einwurf

Einwurf : 반론, Widerlegung : 반박

Einzelne(das)

das Einzelne : 개별자, Individuum : 개체 / 개인

Empfindung

Empfindung : 감각 / 느낌, Empfindlichkeit : 예민 / 민감, Empfindsamkeit : 다감함 / 감수성, Empfindelei : 민감함 / 감상주의

entsprechen

entsprechen : 상응하다, korrespondieren : 대응하다

entstehen

entstehen : 발생하다, entspringen : 생기다, geschehen : 일어나다, hervorgehen : 생겨나(오)다, stattfinden / statthaben : 있다 / 발생하다 / 행해지다

Erörterung

Erörterung(expositio) : 해설(解說), Exposition : 해설, Aufklärung : 해명, Erläuterung : 해명 / 설명, Erklärung : 설명 / 언명 / 공언 / 성명(서) / 표시, Explikation : 해석 / 석명〔釋明〕, Deklaration : 선언 / 천명 / (의사)표시, Aufschluß : 해결 / 해명, Auslegung : 해석 / 주해, Ausdeutung : 설명 / 해석, Deutung : 해석 / 설명

Erscheinung

Erscheinung: 현상, Phaenomenon(phaenomenon): 현상체(現象體), Sinneswesen: 감성존재자, Sinnenwelt(mundus sensibilis): 감성〔각〕세계 (感性〔覺〕世界)

erzeugen

zeugen: 낳다/출산하다, Zeugung: 낳기/생식/출산, erzeugen: 산출하다/낳다/출산하다, Erzeugung: 산출/출산/출생/생산, hervorbringen: 만들어내다/산출하다/낳다/실현하다

Erziehung

Erziehung: 교육, Bildung: 형성/교양/교육/도야, Unterweisung: 교습/교수/교시/가르침, Unterricht: 강의/교수/가르침, Ausbildung: 양성/형성/완성/도야, Belehrung: 가르침/교시

Fall

Fall: 낙하/추락/경우, Abfall: 퇴락, Verfall: 타락

Feierlichkeit

Feierlichkeit: 장엄/엄숙/예식/의례〔儀禮〕/화려, Gebräuche: 의식〔儀式〕/풍속/관례, Förmlichkeit: 격식/의례〔儀禮〕, Zeremonie: 예식/격식

Feigheit

Feigheit: 비겁, niederträchtig: 비루한/비열한, ※gemein: 비열한/비루한, Schüchternheit: 소심(함), Blödigkeit: 수줍음

finden

finden: 발견하다, treffen: 만나다, antreffen: 마주치다, betreffen: 관련되〔하〕다/마주치다, Zusammentreffen: 함께 만남/일치

Form

Form: 형식, Formel: 정식〔定式〕, (Zahlformel: 수식〔數式〕), Figur: 형상〔形象〕/도형, Gestalt: 형태, ※Förmlichkeit: 격식/의례〔儀禮〕

Folge

Folge: 잇따름 / 계기〔繼起〕/ 후속〔後續〕/ 결과 / 결론, folgen: 후속하다 / 뒤따르다 / 뒤잇다 / 잇따르다 / 결론으로 나오다, sukzessiv: 순차적 / 점차적 / 연이은, Sukzession: 연이음, Kontinuum: 연속체, Kontinuität: 연속성, kontinuierlich: 연속적, Fortsetzung: 계속

Frage

Frage: 물음, Problem: 문제, Problematik: 문제성

Freude

Freude: 환희 / 유쾌 / 기쁨, freudig: 유쾌한 / 기쁜, Frohsein: 기쁨, froh: 기쁜 / 즐거운, Fröhlichkeit: 환희 / 유쾌 / 명랑, fröhlich: 기쁜 / 유쾌한 / 쾌활한 / 명랑한, erfreulich: 즐거운, Lustigkeit: 쾌활(함)

Furcht

Furcht: 두려움 / 공포, Furchtsamkeit: 겁약(성) / 소심(함), Furchtlosigkeit: 대담(성), Schreck: 경악 / 놀람, Schrecken: 겁먹음 / 경악 / 전율, Erschrecken: 겁먹음 / 경악 / 놀람, Erschrockenheit: 깜짝 놀람 / 겁 많음, Grauen: 전율 / 공포, Grausen: 전율, Gäuseln: 소름 돋음, Greuel: 공포 / 소름 끼침, Entsetzen: 공황〔恐慌〕, Schauer: 경외감, Schauern: 오싹함 / 오한

Gang

Gang: 보행 / 진행 / 경과, Schritt: 행보 / (발)걸음, Fortgang: 전진 / 진전, Rückgang: 후퇴 / 배진, Fortschritt: 진보

gefallen

gefallen: 적의〔適意〕하다 / 마음에 들다, Gefälligkeit: 호의, Mißfallen: 부적의〔不適意〕/ 불만, mißfallen: 적의하지 않다 / 부적의〔不適意〕하다 / 마음에 들지 않다, Wohlgefallen(complacentia): 흡족〔洽足〕/ 적의함(=Wohlgefälligkeit), ※Komplazenz: 흐뭇함

Gehorchen

Gehorchen: 순종, Gehorsam: 복종, Unterwerfung: 복속/굴종/정복, Ergebung: 순응

gehören

gehören: 속하다/의속〔依屬〕하다/요구된다, angehören: 소속되다, zukommen: 귀속되다

gemäß

gemäß: 맞춰서/(알)맞게/적합하게/의(거)해서/준거해서, nach: 따라서, vermittelst: 매개로/의해, vermöge: 덕분에/의해서

gemein

gemein: 보통의/평범한/공통의/공동의/상호적/일상의/비열한/비루한, gemeiniglich: 보통, gewöhnlich: 보통의/흔한/통상적으로, alltäglich: 일상적(으로), alltägig: 일상적/매일의

Gemeinschaft

Gemeinschaft: 상호성/공통성/공동체/공동생활/공유, gemeines Wesen: 공동체, Gesellschaft: 사회, Gemeinde: 기초단체/교구/회중〔會衆〕/교단

Gemüt

Gemüt(animus): 마음(心)/심성(心性), Gemütsart(indoles): 성품(性品)/성정(性情), Gemütsanlage: 마음의 소질/기질, Gemütsfassung: 마음자세/마음의 자제, Gemütsstimmung: 심정/기분, Gesinnung: 마음씨, Herzensgesinnung: 진정한 마음씨, Herz: 심/진심/심정/심성/마음/가슴/심장, Seele(anima): 영혼(靈魂)/마음/심성, Geist(spiritus/mens): 정신(精神)/정령/성령/영(靈), ※Sinnesänderung: 심성의 변화/회심〔回心〕, Herzensänderung: 개심〔改心〕

Genie

Genie: 천재, Kopf: 수재/머리/두뇌/인사, Talent: 재능, Gabe: (천부적)재능/재질/천품, begabt: 천품의/품수〔稟受〕한

Genuß

Genuß: 향수〔享受〕/ 향유 / 향락, genießen: 즐기다 / 향유하다

Gerechtigkeit

Gerechtigkeit: 정의 / 정의로움, Rechtfertigung: 의〔로움〕/ 의롭게 됨 〔의로워짐〕/ 정당화 / 변호, gerecht(iustium): 정의(正義)로운, ungerecht (iniustium): 부정의(不正義)한

Geschäft

Geschäft: 과업 / 일 / 실제 업무, Beschäftigung: 일 / 용무, Angelegenheit: 업무 / 소관사 / 관심사 / 사안, Aufgabe: 과제

Gesetz

Gesetz: 법칙 / 법 / 법률 / 율법, Regel: 규칙, regulativ: 규제적, Maxime: 준칙, Konstitution: 헌법 / 기본체제 / 기본구성, Grundgesetz: 기본법 / 근본 법칙, Verfassung: (기본 / 헌정)체제 / 헌법, Grundsatz: 원칙, Satz: 명제, Satzung: 종규〔宗規〕/ 율법, Statut: (제정〔制定〕)법규, statutarisch: 법규적 / 규약적 / 제정법〔制定法〕적, Verordnung: 법령, *Recht: 법 / 권리 / 정당 / 옳음

Geschmack

Geschmack: 취미 / 미각 / 맛, Schmack: 맛 / 취미

gesetzgebend

gesetzgebend: 법칙수립적 / 입법적, legislativ: 입법적

Gespräch

Gespräch: 대화, Unterredung: 담화, Konversation: 회화, Unterhaltung: 환담 / 오락

Gewohnheit

Gewohnheit: 습관 / 관습 / 풍습, Gewohntwerden(consuetudo): 익숙 / 습 관(習慣), Angewohnheit(assuetudo): 상습(常習) / 습관(習慣), Fertigkeit: 습 성 / 숙련, habitus: 習性, habituell: 습성적

Gleichgültigkeit

Gleichgültigkeit: 무관심/아무래도 좋음, Indifferenz: 무차별, ohne Interesse: (이해)관심 없이, Interesse: 이해관심/관심/이해관계, adiaphora: 無關無見

Glückseligkeit

Glückseligkeit: 행복, Glück: 행(복)/행운, Seligkeit: 정복[淨福]

Gottseligkeit

Gottseligkeit: 경건, Frömmigkeit: 독실(함)/경건함

Grenze

Grenze: 한계, Schranke: 경계/제한, Einschränkung: 제한(하기)

Grund

Grund: 기초/근거, Grundlage: 토대, Grundlegung: 정초[定礎], Basis: 기반/토대, Anfangsgründe: 기초원리, zum Grunde legen: 기초/근거에 놓다[두다], unterlegen: 근저에 놓다[두다], Fundament: 토대/기저, ＊Boden: 지반/토대/기반/지역/영토/땅

gründen

gründen: 건설하다/(sich)기초하다, errichten: 건립하다/설치하다, stiften: 설립하다/창설하다/세우다

gut

gut: 선한/좋은, das Gute: 선/좋음, bonum: 善/福, gutartig: 선량한, gütig: 온화한/관대한, gutmütig: 선량한/선의의

Habe

Habe: 소유물/재산, Habe und Gut: 소유재산, Haben: 소유[가지다]/(총)자산/대변, Inhabung(detentio): 소지(所持), ＊Vermögen: 재산/재산력, vermögend: 재산력 있는/재산이 많은

Handlung

Handlung: 행위[사람의 경우]/작동[사물의 경우]/작용/행위작용/행사,

Tat: 행실/행동/업적/실적/사실, Tatsache: 사실, factum: 行實/事實, Tun: 행함/행동/일/짓, Tun und Lassen: 행동거지/행위, Tätigkeit: 활동, Akt/Aktus: 작용/행동/행위/활동/동작, Wirkung: 결과/작용결과/작용/효과, Verhalten: 처신/태도, Benehmen: 행동거지, Lebenswandel: 품행, Betragen: 거동/행동, Gebärde: 거동, Konduite: 범절, Anstand: 몸가짐/자세, *Werk: 소행/작품/저작

Hilfe

Hilfe: 도움, Beihilfe: 보조/도움, Beistand: 원조/보좌, Mitwirkung: 협력/협조, Vorschub: 후원, Beitritt: 가입/협조

Hochmut

Hochmut: 거만, Übermut: 오만

immer

immer: 언제나, jederzeit: 항상, immerdar: 줄곧, auf immer: 영구히, ewig: 영원한(히), immerwährend: 영구한/영속적인, stets: 늘, stetig: 끊임없는

Imperativ

Imperativ(imperativus): 명령(命令), Gebot: 지시명령/계명, gebieten: 지시명령하다, dictamen: 命法, Geheiß: 분부/지시, befehlen: 명령하다, befehligen: 지휘하다, Observanz: 계율/준봉(遵奉), *Vorschrift: 지시규정/지정/규정(規程)/규율/훈계/지침/훈령

intellektuell

intellektuell: 지성적, Intellekt: 지성, Intellektualität: 지성성, intelligibel: 예지적, intelligent: 지적인, Intelligenz: 지적 존재자/예지자, Noumenon (noumenon): 예지체(叡智體), Verstandeswesen: 지성존재자/오성존재자, Verstandeswelt(mundus intelligibilis): 예지(/오성)세계(叡智(/悟性)世界), Gedankenwesen: 사유물, Gedankending: 사유물

Irrtum

Irrtum: 착오, Täuschung: 착각/기만

Kanon

Kanon: 규준〔規準〕, Richtschnur: 먹줄/기준/표준, Richtmaß: 표준(척도),
Maß: 도량/척도, Maßstab: 자〔準矩〕/척도, Norm(norma): 규범〔規範〕

klar

klar: 명료한/명백한, deutlich: 분명한, dunkel: 애매한/불명료한/흐릿
한/어슴푸레, verworren: 모호한/혼란한, zweideutig: 다의적/이의〔二
義〕적/애매한/애매모호한, doppelsinnig: 이의〔二義〕적/애매한/애매모호
한, aequivocus: 曖昧한/多義的/二義的, evident: 명백한/자명한, offenbar:
분명히/명백히, augenscheinlich: 자명한/명백히, einleuchtend: 명료한,
klärlich: 뚜렷이, apodiktisch: 명증적, bestimmt: 규정된/명확한, hell: 명
석한/총명한/맑은/밝은

Körper

Körper: 물체/신체, Leib: 몸/육체, Fleisch: 육〔肉〕/살

Kraft

Kraft: 힘/력/능력/실현력, Vermögen: 능력/가능력/재산, Fähigkeit:
(능)력/할 수 있음/유능(함)/성능/역량, Macht: 지배력/권력/권능/위
력/세력/힘, Gewalt: 권력/강제력/통제력/지배력/지배권/통치력/폭력,
Gewalttätigkeit: 폭력/폭행, Stärke: 강함/힘셈/장점, Befugnis: 권한/권
능, potentia: 支配力/力量, potestas: 權力/能力

Krieg

Krieg: 전쟁, Kampf: 투쟁/전투/싸움, Streit: 항쟁/싸움/다툼/논쟁,
Streitigkeit: 싸움거리/다툼거리/쟁점/쟁론/분쟁, Zwist: 분쟁, Fehde:
반목, Befehdung: 반목/공격, Anfechtung: 시련/유혹/불복/공격,
Mißhelligkeit: 불화/알력, Zwietracht: 불화, Händel: 분규, Zank: 언쟁/
말싸움/쟁투/불화

Kultur

Kultur : 배양/개발/문화/교화/개화, kultivieren : 배양하다/개발하다/교화하다/개화하다, ※gesittet : 개명된

Kunst

Kunst : 기예/예술/기술, künstlich : 기예적/예술적/기교적, kunstreich : 정교한, Technik : 기술, technisch : 기술적인, Technizism : 기교성/기교주의

lachen

lachen : 웃다, lächeln : 미소 짓다, belachen : 큰 소리로 웃다/홍소하다, belächeln : 홍소를 띠다, auslachen : 조소하다, hohnlachen : 비웃다/코웃음치다

Legalität

Legalität(legalitas) : 합법성(合法性), Gesetzmäßigkeit : 합법칙성, gesetzmäßig : 합법칙적/합법적, Rechtmäßigkeit : 적법성/합당성/권리 있음, rechtmäßig : 적법한/합당한/권리 있는, Legitimität(legitimitas) : 정당성(正當性)

Lehrer

Lehrer : 교사/선생(님)/스승, Schüler : 학생/제자, Lehrling : 학도/도제/제자, Zögling : 생도/문하생

Lohn

Lohn(merces) : 보수(報酬)/임금(賃金)/노임(勞賃), Belohnung(praemium) : 상(賞給), Vergeltung(remuneratio/repensio) : 보답(報償/報酬), brabeuta : 施賞(者)

mannigfaltig

mannigfaltig : 잡다한/다양한, Mannigfaltigkeit : 잡다성/다양성, Varietät : 다양성/다종성, Einfalt : 간단/간결/소박함/단순, einfach : 단순한, einerlei : 한가지로/일양적

Materie

Materie: 질료, Stoff: 재료/소재

Mechanismus

Mechanismus: 기계성/기제[機制]/기계조직, Mechanik: 역학/기계학/기계조직, mechanisch: 역학적/기계적, Maschinenwesen: 기계체제

Mensch

Mensch: 인간/사람, man: 사람(들), Mann: 인사/남자/남편/어른

Menschenscheu

Menschenscheu: 인간기피, Misanthropie: 인간혐오, Anthropophobie: 대인공포증, Philanthrop: 박애(주의)자

Merkmal

Merkmal(nota): 징표(徵標), Merkzeichen: 표징, Zeichen: 표시/기호, Kennzeichen: 표지[標識], Symbol: 상징, Attribut: (본질)속성/상징속성

Moral

Moral: 도덕/도덕학, moralisch: 도덕적, Moralität: 도덕(성), Sitte: 습속/관습, Sitten: 윤리/예의/예절/습속/풍속/행적, sittlich: 윤리적, Sittlichkeit: 윤리(성), Sittsamkeit(pudicitia): 정숙(貞淑), gesittet: 예의 바른/개화된/교양 있는/품위 있는/개명된, Ethik: 윤리학, ethisch: 윤리(학)적, Anstand: 예절, Wohlanständigkeit: 예의범절/예절 바름

Muster

Muster: 범형/범례/전형, musterhaft: 범형적/범례적/전형적, Typus: 범형, Typik: 범형론, exemplarisch: 본보기의/견본적, Probe: 견본/맛보기, schulgerecht: 모범적, *Beispiel: 예/실례/사례/본보기

Natur

Natur: 자연/본성/자연본성, Welt: 세계/세상, physisch: 자연적/물리적

nämlich

nämlich: 곧, das ist: 다시 말하면, d. i.: 다시 말해, secundum quid: 卽

nehmen

nehmen: 취하다, annehmen: 상정하다 / 채택하다 / 받아들이다 / 납득하다, aufnehmen: 채용하다

Neigung

Neigung: 경향성 / 경향, Zuneigung: 애착, Hang(propensio): 성벽(性癖), Tendenz: 경향 / 추세 / 동향

nennen

nennen: 부르다, heißen: 일컫다, benennen: 명명하다, bezeichnen: 이름 붙이다 / 표시하다

notwendig

notwendig: 필연적, notwendigerweise: 반드시, nötig: 필수적 / 필요한, unausbleiblich: 불가불, unentbehrlich: 불가결한, unerläßlich: 필요불가결한, unvermeidlich: 불가피하게, unumgänglich: 불가피하게

nun

nun: 이제 / 그런데 / 무릇, jetzt: 지금 / 이제

nur

nur: 오직 / 다만 / 오로지 / 단지, bloß: 순전히 / 한낱 / 한갓, allein: 오로지, lediglich: 단지 / 단적으로

Objekt

Objekt: 객관〔아주 드물게 객체〕, Gegenstand: 대상

Ordnung

Ordnung: 순서 / 질서, Anordnung: 정돈 / 정치〔定置〕 / 배치 / 서열 / 질서(규정) / 조치 / 법령(체제), ※Verordnung: 법령 / 규정

Orignal

Original: 원본, original: 원본적 / 독창적, originell: 본원적 / 독창적, originär: 완전히 새로운 / 독자적인, erfinderisch: 독창적

Pathos

Pathos: 정념, Pathologie: 병리학, pathologisch: 정념적 / 병리학적, Apathie(apatheia): 무정념(無情念), Leidenschaft: 열정 / 정열 / 욕정 / 정념 / 수난, passio: 熱情 / 情念 / 受難 / 受動, *Konkupiszenz(concupiscentia): 욕정(欲情), *Affekt: 정동 / 격정 / 정감

Pflicht

Pflicht(officium): 의무(義務), Verpflichtung: 의무〔를〕짐 / 의무 지움 / 책임, Verbindlichkeit(obligatio): 책무(責務) / 구속성 / 구속력, Obligation: 책무 / 임무, Obliegenheit: 임무, Verantwortung: 책임, *Schuld: 채무 / 탓 / 책임, *Schuldigkeit: 책임 / 채무

Position

Position: 설정, Setzen: 정립

Prädikat

Prädikat: 술어, Prädikament: 주〔主〕술어, Prädikabilie: 준술어

Problem

Problem: 문제, Problematik: 문제성, problematisch: 미정〔未定〕적 / 문제(성) 있는 / 문제〔問題〕적, Frage: 물음 / 문제, Quästion: 질문, wahrscheinlich: 개연적, Wahrscheinlichkeit: 개연성 / 확률, probabel: 개연적〔蓋然的〕, Probabilität: 개연성 / 확률, Probabilismus: 개연론 / 개연주의

Qualität

Qualität(qualitas): 질(質), Eigenschaft: 속성 / 특성, Beschaffenheit: 성질

Quantität

Quantität(quantitas): 양〔量〕, Größe: 크기, Quantum(quantum): 양적(量的)인 것, Menge: 분량 / 많음, Masse: 총량 / 다량

Ratschlag

Ratschlag: 충고, Ratgebung: 충언

Realität

Realität : 실재(성) / 실질(성) / 실질실재(성), Wirklichkeit : 현실(성),
realisieren : 실재화하다, verwirklichen : 현실화하다 / 실현하다

Recht

Recht : 법 / 권리 / 정당함 / 옳음, recht(rectum) : 올바른(正) / 법적 / 정당한 / 옳
은, unrecht(minus rectum) : 그른(不正) / 불법적 / 부당한, rechtlich : 법적인,
*rechtmäßig : 적법한 / 합당한 / 권리 있는

rein

rein : 순수한, *bloß : 순전한, einfach : 단순한, lauter : 순정(純正)한 / 숫제,
echt : 진정한 / 진짜의

Rezeptivität

Rezeptivität : 수용성, Empfänglichkeit : 감수성 / 수취(가능)성 / 수취력 / 수
용성 / 얻을 수 있음 / 받을 수 있음, Affektibilität : 감응성, Einnehmung :
수득 / 복용

schaffen

schaffen : 창조하다, erschaffen : 조물하다 / 창작하다, schöpfen : 창조하다,
Schaffer : 창조자, Schöpfer : 창조주, Erschaffer : 조물주, Urheber : 창시자

Schein

Schein : 가상 / 모습 / 외관 / 그럴듯함, Aussehen : 외관 / 외양, Anstrich : 외
모 / 외양

Schema

Schema : 도식(圖式), Bild : 도상(圖像) / 상(像) / 형상(形像) / 그림, Figur : 도
형(圖形) / 모양 / 모습 / 형상(形象), Gestalt : 형태

Schöne(das)

Schöne(das) : 미적인 것 / 아름다운 것, Schönheit : 미 / 아름다움,
*ästhetisch : 감성(학)적 / 미감적 / 미학적

Schuld

Schuld: 빚/채무/죄과/탓/책임, Schuldigkeit(debitum): 책임(責任)/채무(債務), Unschuld: 무죄/순결무구, Verschuldung(demeritum): 부채(負債)/죄책(罪責)

Schüler

Schüler: 학생, Jünger: 제자, Lehrjünger: 문하생, Lehrling: 학도/도제, Zögling: 사생/생도/유아

Sein

Sein: 존재/임〔함〕/있음, Dasein: 현존(재), Existenz: 실존(재)/생존, Wesen: 존재자〔것/자〕/본질

Selbstliebe

Selbstliebe: 자기사랑, philautia: 自愛, Eigenliebe: 사애〔私愛〕

selbstsüchtig

selbstsüchtig: 이기적, eigennützig: 사리〔私利〕적, uneigennützig: 공평무사한

sich

an sich: 자체(적으)로, an sich selbst: 그 자체(적으)로, für sich: 그것 자체(적으)로/독자적으로

Sinn

Sinn: 감(각기)관/감각기능/감각/심성/생각, sinnlich: 감성적/감각적, Sinnlichkeit: 감성, sensibel: 감수적/감성적/감각적, sensibilitas: 感受性, sensitiv: 감수적/감각적, Gefühl: 감정, Sensation: 선정〔煽情〕감각, *Empfindung: 감각/느낌, Leichtsinn: 경박/경솔, Tiefsinn: 심오/침울, Frohsinn: 쾌활/명랑, Schwachsinn: (정신)박약

Sitz

Sitz(sedes): 점거(占據)/점거지(占據地)/거점(據點)/자리/본거지/거처/좌석, Wohnsitz: 거주지, Niederlassung: 거주, Ansiedlung(incolatus): 정주

(定住), Lagerstätte : 거소 / 침소

Sklave

Sklave : 노예, servus : 奴隷, Leibeigene : 농노 / 예속자, Leibeigenschaft : 농노신분 / 노예신분(자) / 예속(관계), Grunduntertan : 농노, Gutsuntertan : 농노, glebae adscriptus : 田畓名簿者 / 農奴, Diener : 하인 / 종 / 사환 / 노복, Dienerschaft : 하인신분(자) / 예속자 / 예속(관계), Gesinde : 종복 / 가복 / 하인, Domestik : 노복 / 머슴, famulatus : 隷屬者, famulatus domesticus : 家內奴僕 / 家僕, subiectus : 家僕, subiectus domesticus : 家僕, Hausgenosse : 가인〔家人〕 / 가솔, Untertan : 신민 / 신하 / 가속

Spiel

Spiel : 유희 / 놀이 / 흥 / 노름 / 작동 / 움직임 / 활동, verspielen : 노름에서 잃다

sogenannt

sogenannt : 이른바, vermeintlich : 소위, angeblich : 세칭〔世稱〕 / 자칭, vorgeblich : 소위 / 사칭적

Spontaneität

Spontaneität : 자발성, Selbsttätigkeit : 자기활동성

Strafe

Strafe : 형벌 / 처벌 / 징벌 / 벌, Strafwürdigkeit : 형벌성〔형벌을 받을 만함〕, Strafbarkeit : 가벌성〔형벌을 받을 수 있음〕, reatus : 罪過 / 違反, culpa : 過失 / 欠缺, dolus : 犯罪, poena : 罰 / 刑罰 / 處罰 / 補贖, punitio : 處罰 / 懲罰

streng

streng : 엄격한, strikt : 엄밀한

Substanz

Substanz(substantia) : 실체(實體), Subsistenz : 자존〔自存〕성 / 자존체, bleiben : (불변)존속하다 / 머무르다, bleibend : (불변)존속적〔 / 하는〕, bestehen : 상존하다, beständig : 항존적, Dauer : 지속, beharrlich : 고정(불변)적, Beharrlichkeit : 고정(불변)성

Sünde

Sünde: 죄/죄악, *peccatum: 罪/罪惡, Sündenschuld: 죄책, Sühne: 속죄/보속/보상/처벌, Entsündigung: 정죄〔淨罪〕, Genugtuung: 속죄/보상/명예회복, Erlösung: 구원/구제, Versöhnung: 화해, Expiation: 속죄/보상/죄 갚음, Büßung: 참회/속죄/죗값을 치름, bereuen: 회개하다/후회하다, Pönitenz: 고행

Synthesis

Synthesis: 종합, Einheit: 통일(성)/단일(성)/하나, *Vereinigung: 합일/통합/통일/하나 됨/결사

Tapferkeit

Tapferkeit(fortitudo): 용기(勇氣)/용감함/굳셈, Mut: 의기/용기, mutig: 의기로운/용맹한, brav: 용감한/씩씩한, Herzhaftigkeit: 담대함〔성〕, Unerschrockenheit: 대담성〔함〕, *Erschrockenheit: 깜짝 놀람/겁 많음

Temperament

Temperament: 기질/성미, Disposition: 성향/기질, Prädisposition(praedispositio): 성향(性向), *Sinnesart: 성미/기질, *Denkungsart: 사유방식〔/성향〕

transzendental

transzendental: 초월적〔아주 드물게 초험적/초월론적〕, transzendent: 초험적/초재적, immanent: 내재적, überschwenglich: 초절적/과도한, überfliegend: 비월적〔飛越的〕, Transzendenz: 초월

trennen

trennen: 분리하다, abtrennen: 분리시키다, absondern: 떼어내다/격리하다/분류하다/분별하다, isolieren: 격리하다/고립시키다

Trieb

Trieb: 추동〔推動〕/충동/본능, Antrieb: 충동, Instinkt: 본능, Triebfeder: (내적) 동기, Motiv: 동기

Trug

Trug: 속임(수) / 기만, Betrug(fraus): 기만(欺瞞) / 사기, ＊Täuschung(illusio): 착각(錯覺) / 속임 / 기만 / 사기, Illusion: 착각 / 환각 / 환상, Blendwerk (praestigiae): 환영(幻影) / 현혹 / 기만, Augenverblendnis(fascinatio): 현혹(眩惑) / 미혹, Vorspiegelung: 현혹 / 꾸며 댐, Hirngespinst: 환영〔幻影〕, Erschleichung: 사취 / 슬쩍 손에 넣음 / 슬며시 끼어듦, Subreption: 절취, Defraudation(defraudatio): 편취(騙取)

Tugend

Tugend: 덕 / 미덕, Laster: 패악 / 악덕, Untugend: 부덕, virtus: 德, vitium: 悖惡 / 缺陷 / 缺點, peccatum: 罪 / 罪惡, Verdienst(meritum): 공적(功德), ＊malum: 惡 / 害惡 / 禍

Übereinstimmung

Übereinstimmung: 합치, Einstimmung: 일치 / 찬동, Stimmung: 조율 / 정조〔情調〕 / 기분 / 분위기 / 기조, Zusammenstimmung: 부합 / 합치 / 화합, Verstimmung: 부조화 / 엇나감, Übereinkommen: 일치, Angemessenheit: (알)맞음 / 적합 / 부합, Harmonie: 조화, Einhelligkeit: 일치 / 이구동성, Verträglichkeit: 화합 / 조화, Entsprechung: 상응 / 대응, Konformität: 합치 / 동일형식성, Kongurenz: 합동 / 합치, korrespondieren: 대응하다, adaequat: 일치하는 / 부합하는 / 대응하는 / 부응하는 / 충전한

Übergang

Übergang: 이행〔移行〕, Überschritt: 이월 / 넘어감, Überschreiten: 넘어감 / 위반, ＊Transzendenz: 초월

überhaupt

überhaupt: 일반적으로 / 도대체, überall: 어디서나 / 도무지, ＊denn: 대관절 / 무릇 / 왜냐하면

Überzeugung

Überzeugung: 확신, Überredung: 신조 / 설득 / 권유, Bekenntnis:

Unterschied

Unterschied: 차이/차별/구별, Unterscheidung: 구별, Verschiedenheit: 상이(성)/서로 다름, unterscheiden: 구별하다/판별하다

Ursprung

Ursprung: 근원/기원, ursprünglich: 원래/근원적으로, Quelle: 원천, Ursache: 원인/이유, Kausalität: 원인(성)/인과성, Grund: 기초/근거/이유

Urteil

Urteil: 판단/판결, Beurteilung: 판정/평가/비평/가치판단/판단, richten: 바로잡다/재판하다/심판하다

Veränderung

Veränderung: 변화, Abänderung: 변이〔變移〕/변경/수정/개혁, Änderung: 변경, Umänderung: 변혁/교정, Wechsel: 바뀜/변전〔變轉〕/교체, Abwechselung: 교체, Wandeln: 변모/전변〔轉變〕, Umwandlung: 전환/변이, Verwandlung: 변환, Umwälzung: 변혁/전복, Reform: 개혁, Revolution: 혁명

Verbindung

Verbindung(conjunctio): 결합(結合)/관련/구속/결사〔結社〕, Verknüpfung(nexus): 연결(連結)/결부, Anknüpfung: 결부/연결/유대, Knüpfung: 결부/매듭짓기

Verbrechen

Verbrechen: 범죄, Übertretung: 위반/범법, Vergehen: 범행/위반/소멸, Verletzung: 침해/훼손/위반

verderben

verderben: 부패하다/타락하다/썩다, Verderbnis: 부패, Verderbheit (corruptio): 부패성(腐敗性)

Vereinigung

Vereinigung: 통합〔체〕/통일〔체〕/합일/조화/규합/결사, Vereinbarung: 합의/협정/합일/화합, Vereinbarkeit: 합의가능성/화합가능성

Vergnügen

Vergnügen: 즐거움/쾌락/기뻐함, Unterhaltung: 즐거움/오락, Kurzweil: 재미있음/즐거움, Wo〔h〕llust: 희열/환락/쾌락/음탕, Komplazenz: 흐뭇함, Ergötzlichkeit: 오락/열락/흥겨움/기쁨을 누림, ergötzen: 기쁨을 누리다/흥겨워하다/즐거워하다, ergötzend: 흥겨운/즐겁게 하는

Verhältnis

Verhältnis: 관계, Beziehung: 관계(맺음), Relation: 관계

Verstand

Verstand: 지성〔아주 드물게 오성〕, verständig: 지성적/오성적, Unverstand: 비지성/무지/어리석음, *intellektuell: 지성적, intelligibel: 예지〔叡智〕적, Intellektualität: 지성성

vollkommen

vollkommen: 완전한, vollständig: 완벽한, völlig: 온전히, vollendet: 완결된/완성된, ganz/gänzlich: 전적으로

Vorschrift

Vorschrift: 지시규정/지정/규정〔規程〕/규율/훈계/지침/훈령, vorschreiben: 지시규정하다/지정하다

Wahl

Wahl: 선택/선거, wählen: 선택하다, Auswahl: 선정/선발, auswählen: 선정하다/선발하다

Wahn

Wahn: 망상/광기/조증〔躁症〕, Wahnsinn: 광기/망상, Schwärmerei: 광신/열광, Verrückung: 전위〔轉位〕/착란/미침/광〔狂〕/광기, Störung: 착란, Raserei: 광란, Tollheit: 미친 짓/미친 것/광기

wahr

wahr : 참인〔된〕/ 진리의, Wahrheit : 진리 / 참임, wahrhaftig : 진실한,
Wahrhaftigkeit : 진실성

Wartung

Wartung : 양육, Verpflegung : 보육, Unterhaltung : 부양, Versorgung :
부육〔扶育〕

weil

weil : 왜냐하면(~ 때문이다), denn : 왜냐하면(~ 때문이다) / 무릇(~ 말이
다), da : ~이므로 / ~이기 때문에

Wette

Wette : 내기 / 시합, Wetteifer : 겨루기 / 경쟁(심), Wettstreit : 경합,
Nebenbuhlerei : 경쟁심

Widerspruch

Widerspruch : 모순, Widerstreit : 상충, Widerspiel : 대항(자), Widerstand :
저항

wild

wild : 미개한 / 야만적, Wildheit : 미개함 / 야만성 / 야성, barbarisch : 야만적,
roh : 조야한 / 날것의

Wille

Wille : 의지, Wollen : 의욕(함), Willkür(arbitrium) : 의사(意思) / 자의
(恣意), willkürlich : 자의적인 / 의사에 따른 / 의사대로 / 수의적〔隨意的〕,
unwillkürlich : 본의 아닌 / 의사 없이 / 비자의적인 / 비수의적, Willensmeinung :
의향, beliebig : 임의적, Unwille : 억지 / 본의 아님 / 불쾌, unwillig : 억지
로 / 마지못해, Widerwille : 꺼림 / 반감, freiwillig : 자유의지로 / 자원해서 / 자
의〔自意〕적인 / 자발적

Wirkung

Wirkung : 작용-결과 / 결과, Folge : 결과, Erfolg : 성과, Ausgang : 결말

Wissen

Wissen: 앎/지(知)/지식, Wissenschaft: 학문/학(學)/지식, Erkenntnis: 인식, Kenntnis: 지식/인지/앎

Wohl

Wohl: 복/복리/안녕/편안/평안/건전, Wohlsein: 복됨/평안함/안녕함/건강/잘함, Wohlleben: 유족(裕足)한 삶/풍족한 생활, Wohlbefinden: 안녕/평안/유쾌, Wohlbehagen: 유쾌(함), Wohlergehen: 번영/편안/평안, Wohlfahrt: 복지, Wohlstand: 유복, Wohlwollen: 호의/친절, Wohltun: 친절(함)/선행, Wohltat: 선행/자선/은혜, Wohltätigkeit: 자선/선행/자비/자애/선량함/인자, benignitas: 仁慈/慈愛, Wohlverhalten: 훌륭한(방정한) 처신

Wunder

Wunder: 놀라움/기적, Bewunderung: 경탄, Verwunderung: 감탄, Erstauen: 경이, Ehrfurcht: 외경, Schauer: 경외

Würde

Würde: 존엄(성)/품위, Würdigkeit: 품격(자격)/품위, würdig: 품격 있는, Majestät: 위엄, Ansehen: 위신/위엄, Qualifikation: 자격, qualifiziert: 자격 있는/본격적인

zart

zart: 섬세한, zärtlich: 부드러운/민감한

Zufriedenheit

Zufriedenheit(acquiescentia): 만족(滿足/平靜), unzufrieden: 불만족한(스러운), Befriedigung: 충족, ＊Wohlgefallen(complacentia): 흡족(洽足), ＊Erfüllung: 충만/충족/이행(履行)

Zusammenfassung

Zusammenfassung(comprehensio): 총괄(總括)/요약/개괄, Zusammennehmung: 통괄/총괄, Zusammensetzung(compositio): 합성

(合成)/구성(構成), Zusammengesetztes(compositum): 합성된 것/합성체 (合成體)/복합체(複合體), Zusammenhang: 연관(성)/맥락, Zusammenhalt: 결부/결속/응집, Zusammenkommen: 모임, Zusammenstellung: 모음/편성, Zusammenfügung: 접합

Zwang

Zwang: 강제, Nötigung: 강요

Zweck

Endzweck: 궁극목적, letzter Zweck: 최종 목적, Ziel: 목표, Ende: 종점/끝/종말

『윤리형이상학 정초』 역주

Grundlegung

zur

Metaphysik

der Sitten

von

Immanuel Kant.

Riga,
bey Johann Friedrich Hartknoch

Grundlegung

zur

Metaphysik

der Sitten

von

Immanuel Kant.

Zweyte Auflage.

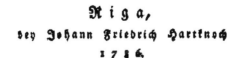

Riga,
bey Johann Friedrich Hartknoch
1786.

차례

윤리형이상학 정초

임마누엘 칸트

제2판[1]

리가,
요한 프리드리히 하르트크노호 출판사
1786[2]

---

1) B판 추가.
2) A판: 〔1785〕. (A판에는 연도 표시 없음)

머리말

고대 그리스 철학은 세 가지 학문, 즉 **물리학, 윤리학** 및 **논리학**으로 나뉘었다.[3] 이 구분은 사태의 본성에 완전히 알맞은 것으로, 사람들은 이것에 가령 구분의 원리를 덧붙이는 일 같은 것 외에는 아무것도 개선할 것이 없다. 이렇게 하여, 한편으로는 구분의 완벽성을 확보하고, 한편으로는 필연적인 하위 분과들을 올바르게 규정할 수 있을 것이다.

모든 이성인식은 **질료적**인 것으로 어느 객관을 고찰하거나, 또는 **형식적**인 것으로 객관들의 구별 없이, 순전히 지성과 이성 자신의 형식 및 사고 일반의 보편적 규칙들만을 다룬다. 형식적 철학을 일컬어 **논리학**이라 한다. 그러나 특정한 대상들과 그 대상들이 종속하는 법칙들을 다루는 질료적 철학은 다시금 두 겹이다. 왜냐하면 이 법칙들은 **자연**의 법칙이거나 **자유**의 법칙이기 때문이다. 전자의 학문을 **물리학**이라 일컫고, 후자의 학문이 윤리학이다. 또한 저것은 자연이론이라고 불리고, 이것은 윤리이론이라고도 불린다.

---

3) '철학이 세 가지 학문으로 나뉜다'는 문맥에서 '철학'은 근대 초까지 사용되던 넓은 의미로 이해해야 한다. '철학'은 곧 '학문'을 일컫는 말이었다. 상세한 설명은 백종현, 『철학의 개념과 주요문제』, 철학과현실사, 2007, 17~29면: "철학의 개념" 참조.

논리학은 어떠한 경험적 부분도 가질 수 없다. 다시 말해, 논리학은 사고의 보편적이고 필연적인 법칙들이 경험에서 취해오는 근거들에 의거하는 그런 부분을 가질 수 없다. 무릇, 그렇지 않으면 그것은 논리학이 아닐 터이다. 다시 말해, 모든 사고에서 타당하고, 증명되어야만 하는 지성 내지 이성을 위한 규준이 아닐 터이다. 이에 반해 자연적 세계지혜[4]와 윤리적 세계지혜는 각기 경험적인 부분을 가질 수 있다. 왜냐하면 전자는 경험의 대상인 자연에, 후자는 그러나 의지가 자연에 의해 촉발되는 한에서, 인간의 의지에 그 법칙들을 규정해야 하기 때문이다. 그런데

전자의 법칙들은 그것들에 따라 모든 것이 일어나는 법칙들이지만, 후자의 법칙들은 그것들에 따라 모든 것이 일어나야만 하는 법칙들로, 〔일어나야만 할 것이〕 그 아래서 종종 일어나지 않는 조건들에 대해서도 고려해야 한다.

철학이 경험의 근거들에 발을 딛고 있는 한, 모든 철학은 **경험** 철학이라고 부를 수 있다. 그러나 그 이론들을 오로지 선험적 원리들에서 개진하는 철학은 **순수**철학이라고 부를 수 있다. 후자가, 만약 순전히 형식적인 것이라면, **논리학**이라고 일컫지만, 그것이 지성의 특정한 대상들에 제한되어 있다면, **형이상학**이라 일컫는다.

이렇게 해서 두 겹의 형이상학의 이념〔개념〕, 즉 **자연 형이상학**의 이념〔개념〕과 **윤리 형이상학**[5]의 이념〔개념〕이 생긴다. 그러므로 물리학은

---

4) 원어: Weltweisheit. 이 말은 『실천이성비판』에서의 "지혜론(Weisheitslehre)"*(KpV*, A292=V163)이나 마찬가지로 18세기 당시에 'Philosophie'의 대용어로 자주 쓰였으니, '철학'이라고 옮겨도 무방하겠고, 꼭 필요한 경우에는 그렇게 할 것이나, 대개는 원어의 다름을 고려하여 구별되는 한국어 낱말로 옮긴다.

5) 원어: Metaphysik der Sitten. 칸트가 번갈아 가며 쓰는 말 'Sitten'과 'Moral'에 각각 한국어 낱말 '윤리'와 '도덕'을 대응시킨다. 이에 따라 'moralisch/moralis'는 '도덕적/道德的', 'Moralität'는 '도덕(성)', 그리고 'sittlich'는 '윤리적', 'Sittlichkeit'는 '윤리(성)'이라고 옮긴다. 이런 이해에서 'Metaphysik der Sitten'은 '윤리 형이상학'이고, 'philosophia

경험적 부분을, 그러나 또한 이성적 부분을 가질 것이고, 윤리학도 마찬가지일 것인데, 그럼에도 이 경우는 그 경험적 부분을 특별히 **실천적 인간학**이라고, 그러나 이성적 부분은 본래 **도덕학**[6]이라고 일컬을 수 있겠다.

모든 산업, 수공업, 기술들은 분업에 의해 더 나아졌다. 곧, 한 사람 이 모든 일을 다 하지 않고, 각자가 처리 방식에 있어 다른 일과 뚜렷하게 구별되는 특정한 일에만 제한됨으로써, 그 일을 매우 완전하게 그리고 더욱더 손쉽게 수행할 수 있음으로써 말이다. 일들이 그처럼 구별되지 않고 분할되지 않은 곳에서는, 그리고 각자가 만능 기술자인 곳에서는, 산업들이 여전히 몹시 미개한 상태에 있다. 그러나 과연 순수철학이 그것의 모든 부분에서 각기 특수한 인물을 필요로 하는가 하는 물음은,

---

moralis'는 '道德哲學〔도덕철학〕'이다.

칸트는 앞서 보았듯이 또 가끔 'Ethik(윤리학)'이라는 말도 쓰는데, 이는 정확히 '윤리이론' 곧 'Sittenlehre'를 의미하는 것인 만큼, 'Sitten'을 '윤리'로 옮기면 그 연관성이 더욱 잘 드러날 것이다. 이와 관련해서 'ethisch'는 '윤리(학)적'이라 옮긴다.

칸트가 문맥에 따라 두 낱말 'Moral'과 'Sitten'을 나누어 사용하고 있어서 그렇지, 칸트에서 이 양자는 (말년의 『윤리형이상학』 등에서의 몇 대목을 도외시하면) 사실 의미의 차이는 없다. 후에 헤겔은 'Moralität'와 'Sittlichkeit'를 구별하여 썼고, 일본어 번역과 마찬가지로, 이를 헤겔 연구가들이 자주 각각 '도덕(성)'과 '인륜(성)'으로 옮기고 있지만, 한국 사회에서 '인륜'이란 보통 삼강오륜이 규정한 '인간 관계의 윤리'를 뜻하고, 때로는 '부자·형제간의 윤리'인 천륜(天倫)과 겹쳐서 쓰이기도 하니, 헤겔의 경우도 'Sittlichkeit'는 '윤리(성)'로 옮기는 것이 더 좋을 것으로 본다. 주지하듯이, 'Moral'은 라틴어 'mos'에서 유래했고, 'Ethik'은 그리스어 'ethos'에서 유래했으며, 이 두 낱말과 독일어 고유 낱말 'Sitte'는 모두 다 같이 본디 '풍속'·'습속'·'관습' 정도를 뜻했다는 것을 감안하면, 칸트의 용어 사용법은 무리가 없다 할 것이다. 물론 말이라는 것은 역사와 더불어 성장 쇠퇴하는 것이니, 동일한 말이라도 그 의미 변천을 살펴 새겨야 할 것이지만 말이다. (Sitten을 '윤리'라고 하면 원어 Ethik과의 혼동이 생기므로, '인륜'이 오히려 낫다고 볼 수도 있겠으나, Ethik은 그 형용사를 제외하고는 대부분 '윤리학'으로 옮겨도 무방하고, Sitten과 Moral, '윤리'와 '도덕'은 다 같이 어디서든 교환 가능한 말로 흔히 사용되는 말이니, 저 약점을 안고 이 장점을 살리는 편이 훨씬 좋을 것이다.)

6) 원어: Moral. 대개 '도덕'을 뜻하는 이 말은 때때로 '도덕학' 내지 '도덕철학'의 의미로도 사용된다.

이것 자체만으로도 고구해볼 만한 가치가 없지 않은 대상일 터이다. 그리고 대중의 취미에 맞춰 경험적인 것과 이성적인 것을 그들 자신에게도 알려져 있지 않은 갖가지 비율로 뒤섞어 파는 데 익숙해져 있는 이들이, 즉 자기는 독창적인 사상가라 칭하고 순전히 이성적인 부분만 취급하는 다른 사람들은 몽상가라 부르는 이들이, 이 두 가지 것은 그 처리 방식에서 서로 전혀 다르고, 그 각각을 위해서는 아마도 특수한 재능이 요구되며, 두 가지가 한 사람에게서 결합되면 단지 어설픈 자를 낳는다고, 그 두 가지 일을 동시에 하지 말라 경고받는다면, 그것은 학술 산업 전체를

BVII 위해 더 좋지 않겠는가. 그렇지만 나는 여기서 다만, 학문의 본성이 경험적인 부분과 이성적인 부분을 항상 조심스럽게 분리하고, 본래의 (경험적인) 물리학 앞에 자연 형이상학을 세우고, 그러나 실천적 인간학 앞에는 윤리 형이상학을 세우도록 요구하지 않는지 어떤지만을 묻는다. 순수이

IV389 성이 이 두 경우에 얼마만큼 일을 수행할 수 있고, 그 자신 어떤 원천들에서 그의 이 선험적 가르침을 길어내는가를 알기 위해서는, 이 두 형이상학은 모든 경험적인 것으로부터 조심스럽게 씻겨져 있어야만 하겠다. 특히 윤리 형이상학의 일을 말할 것 같으면, 그것이 모든 윤리 교사들—이런 이름으로 일컬어지는 이가 한 군단은 된다—에 의해서 추구되든, 아니면 그것을 직분으로 느끼는 단지 몇몇 사람에 의해서 추구되든 간에 말이다.

여기서 나의 의도는 본래 윤리적 세계지혜를 향해 있으므로, 나는 제기된 물음을 오직, 과연 사람들이, 단지 경험적일 수 있으며 그래서 인

BVIII 간학에 속하는 모든 것에서 온전히 씻겨진 것일 터인, 순수 도덕철학을 일단 마련해야 할 극단적 필요성이 있다고 생각하지 않을까 하는 것으로 제한한다. 왜냐하면 그러한 도덕철학이 있어야만 한다는 것은, 의무와 윤리적 법칙들의 통상적인 이념으로부터 저절로 밝혀지고 있기 때문이다. 누구라도 고백할 수밖에 없는 것은, 만약 법칙이 도덕적으로, 다시

말해 책무의 근거로서 타당해야 한다면, 그 법칙은 절대적 필연성을 동반해야만 한다는 것이다. '너는 거짓말해서는 안 된다'는 지시명령은 가령 인간에게만 타당한 것이 아니라, 다른 이성적 존재자들도 그에 구애받지 않을 수 없는 것일 터이다. 그리고 이 밖의 모든 본래적인 윤리법칙들도 다 그러하다. 그러니까 책무의 근거는 여기서 인간의 자연본성이나 인간이 놓여 있는 세계 내의 정황에서 찾아서는 안 되고, 오로지 순수 이성의 개념들 안에서만 선험적으로 찾아야 한다. 한낱 경험의 원리들에 기초하고 있는 다른 모든 훈계[7]는, 그리고 심지어 그 어떤 관점에서는 보편적인 규정조차도, 그것이 최소한의 부분에 있어서라도, 아마도 오직 그 동인에 있어서만이라도 경험적 근거들에 의지하고 있는 한, 실천적 규칙이라고 일컬을 수는 있겠지만, 그러나 결코 도덕법칙이라고 일컬을 수는 없다.

그러므로 도덕법칙들은 그 원리들과 함께 모든 실천 인식 중에서, 그 BIX 안에 어떤 것이든 경험적인 것이 들어 있는 여타 모든 것과 본질적으로 구별될 뿐만 아니라, 모든 도덕철학은 전적으로 그것들의 순수한 부분에 의거하고, 인간에게 적용될 때도, 도덕철학은 인간에 대한 지식(즉 인간학)으로부터 조금도 빌려오지 않으며, 오히려 이성적 존재자인 인간에게 선험적 법칙들을 수립한다. 물론 이 법칙들은, 부분적으로는 어떤 경우들에 그것이 적용되는지를 판별하고, 또 부분적으로는 그것들에게 인간의 의지로 들어갈 입구를 만들어 실행에 옮길 수 있도록 하기 위해서는, 경험을 통해 날카로워진 판단력이 필요하긴 한다. 왜냐하면 인간은[8], 그 자신 수많은 경향성들에 의해 촉발되는 것으로서, 실천적 순수이성의 이

---

7) 원어: Vorschrift. 일반적으로는 '규정(規程)'으로 쓰는 것이 좋을 것이나, 윤리적 명령 내지 도덕법칙과의 관계에서는 '훈계' 내지 '훈(訓)'으로 옮기는 편이 더 좋은 경우도 있다.
8) 원문의 "diese"를 AA에 따라 'dieser'로 고쳐 읽는다.

념을 가질 수는 있으나, 그렇게 쉽게 그것을 품행에서 具體的으로 작동시킬 힘은 없기 때문이다.

IV390
BX
그러므로 하나의 윤리 형이상학은 불가결하게 필요하다. 선험적으로 우리 이성 안에 놓여 있는 실천적 원칙들의 원천들을 탐구하기 위한 사변적 동인에서도 그러하지만, 윤리 자신이, 그것을 올바르게 판정할 실마리와 최상의 규범이 없는 한, 갖가지 부패에 굴복하기 때문에도 그러하다. 무릇, 어떤 것이 도덕적으로 선한 것이라면, 그것이 윤리 법칙에 **알맞은**〔따른〕 것으로는 충분하지 않고, 그것은 또한 윤리 법칙을 **위하여**〔때문에〕[9] 일어난 것이어야만 한다. 그렇지 않을 경우 저 알맞음〔따름〕은 단지 매우 우연적이고 불안정한 것이기 때문이다. 왜냐하면 비윤리적 근거는 때로는 합법칙적인 행위들을 불러일으키지만, 더 자주는 법칙 위배적인 행위들을 불러일으킬 것이기 때문이다. 그러나 무릇 윤리적 법칙은 그것의 순수성과 진정성─실천적인 것에서는 바로 이것이 가장 중요하거니와─에 있어 순수철학이 아닌 어떤 다른 곳에서 찾을 수가 없다. 그러므로 이 순수철학(형이상학)이 선행해야만 한다. 이것 없이는 도무지 어디에서도 도덕철학은 있을 수 없다. 저 순수 원리들을 경험적인 것들 가운데다 섞는 그런 것은 철학이라는 이름조차 쓸 수 없다. (왜냐하면 철학이 보통의 이성인식과 구별되는 것은 바로, 보통의 이성인식이 단지 뒤섞어 파악하는 것을 철학은 분리된 학문으로 진술하는 점에 있으니 말이다.) 하물며 그런 것이 도덕철학이라는 이름은 더더욱 쓸 수 없다. 왜냐하면 그런 것은 바로 이 뒤섞음으로 인하여 윤리의 순수성 자신을 훼손하고, 윤리 고유의 목적을 위배하기 때문이다.

BXI

---

9) 아래에서(B8=IV397 이하) 상론하듯이 "의무로부터" 말미암은 행위만이 진정한 도덕적 가치를 가지는 것으로, 그것은 "윤리 법칙을 위하여" 또는 "윤리 법칙 때문에" 일어난 것이다. 같은 표현이 『실천이성비판』에서도 반복된다: "〔도덕적 가치〕는 오로지, 행위가 의무로부터, 다시 말해 순전히 법칙을 위해〔때문에〕 일어나는 데에만 두어져야 한다."(*KpV*, A144=V81)

118

사람들은 역시, 여기서 요구되는 것을 이미 유명한 **볼프**가 그의 도덕 철학을 위해 쓴 예비학, 곧 그에 의해 **일반 실천철학**[10]이라고 이름 붙여진 것에서 얻었고, 그러므로 여기서 완전히 새로운 분야가 개척될 수 없다고 생각하지는 말아야 한다. 그것[11]은 일반 실천철학이어야만 한다는 바로 그 이유 때문에, 어떤 특수한 종류의 의지, 가령 일체의 경험적 동인 없이 온전히 선험적 원리들로부터 규정되고, 그래서 사람들이 순수의지라고 부를 수 있을 터인, 그러한 의지를 고찰하지 않았고, 오히려 의욕 일반을 일반적 의미에서 이것에 속하는 모든 행위들 및 조건들과 함께 고찰하였다. 이로 인해 그것은 윤리 형이상학과는 구별되는데, 그것은 일반 논리학이 초월철학[12]과 구별되는 것과 꼭 마찬가지이다. 이 중에서 BXII 일반 논리학은 사고 **일반**의 작용들과 규칙들을 개진하는 것이고, 초월철학은 순전히 순수한 사고, 다시 말해 그에 의해 대상들이 온전히 선험적으로 인식되는 그런 것의 특수한 작용들과 규칙들을 개진하는 것이다. 무릇, 윤리 형이상학은 가능한 **순수**의지의 이념과 원리들을 연구해야 하는 것으로, 인간의 의욕 일반의 작용들과 조건들을 연구해야 하는 것이 아니다. 이런 것들은 대부분 심리학에서 얻을 수 있다. 일반 실천철학에 IV391 서 (모든 권한에 어긋남에도 불구하고) 도덕법칙들과 의무가 논의된다는 사실이 내 주장에 대한 반박이 되지는 못한다. 왜냐하면 이 학문의 저자들은 이 학문에 대한 그들의 이념에 여전히 충실하기 때문이다. 그럼에도 그들은, 그 자체로 온전히 선험적으로 순전히 이성에 의해 표상되는, 본래적으로 도덕적인 동인들을 지성이 한낱 경험들의 비교를 통해 보편 개

---

10) 원어 : **allgemeine praktische Weltweisheit**. Christian Wolff(1679~1754)가 1738/39년에 전 2권으로 출간한 책의 원제는 *Philosophia Practica Universalis*이다. 칸트 자신도 이 말을 그의 『윤리형이상학』, 「법이론의 형이상학적 기초원리」의 서론 "IV. 윤리 형이상학을 위한 예비개념들(普遍的 實踐哲學)"에서 사용하고 있다.(*MS, RL*, AB18 = VI221 참조)

11) 곧, 볼프의 도덕철학, 또는 그것을 위한 예비학.

12) 곧, 초월 논리학이라는 의미에서.

념들로 끌어올린 경험적인 동인들과 구별하지 않고서, 동인들의 원천의 차이에는 주목하지 않은 채, (동인들 모두가 동종적인 것으로 간주됨으로써) 동인들을 크고 작은 양에 따라서만 고찰한다. 이렇게 해서 그들은 그들의 **책무** 개념을 만들거니와, 이런 개념은 물론 도덕적인 것이 아니다. 그럼에도 이런 책무 개념은, 모든 가능한 실천적 개념들의 **근원**에 대해, 과연 그것들이 선험적으로 생기는지, 아니면 한낱 후험적으로 생기는지는 전혀 판단하지 않는, 그런 철학에서만은 요구될 수 있는 그런 성질의 것이다.

장차 윤리 형이상학을 저술하려는 생각을 가지고서 이 『정초』를 먼저 출간한다. 형이상학을 위해 순수 사변 이성 비판[13]이 이미 저술되었듯이, 본래 윤리 형이상학의 기초로서는 **순수 실천이성** 비판 외에 다른 것은 없다. 그렇기는 하지만 한편으로는 순수 실천이성 비판이 순수 사변 이성 비판처럼 그렇게 아주 필요한 것은 아니다. 왜냐하면 인간 이성은 도덕적인 것과 관련해서는 가장 평범한 지성〔상식〕에서조차도 쉽게 매우 정확하고 세밀하게 사용될 수 있기 때문이다. 이성이 이론적이고 순수한 사용에서는 전적으로 변증적인 데에 반해서 말이다. 다른 한편으로,

나는 순수 실천이성 비판을 위해서는, 만약 그것이 완수되려면, 실천이성의 사변 이성과의 통일이 어떤 공동의 원리에서 서술〔현시〕될 수 있어야 함을 요구하는 바이다. 왜냐하면 마침내는 단 하나의 동일한 이성만이 있을 수 있는 것이고, 이것이 순전히 적용되는 데서만 구별되어야 하는 것이기 때문이다. 그러나 여기서 나는 전혀 다른 방식의 고찰을 끌어들여 독자를 혼란시키지 않고서는 그런 완벽함을 성취할 수가 없었다. 그 때문에 나는 '**순수 실천이성 비판**'이라는 명칭 대신에 '**윤리 형**

---

13) '윤리 형이상학'을 말하는 칸트에서도, "좁은 의미에서"(*KrV*, A841＝B869) 혹은 "본래적 의미에서"(「형이상학의 진보」: AA XX, 260) 형이상학은 '자연〔존재〕 형이상학'만을 지칭한다.

이상학 정초'라는 명칭을 썼다.[14]

그러나 셋째로[15], 윤리 형이상학은 그 겁주는 칭호에도 불구하고 매우 대중적이고 또한 평범한 지성[상식]에도 걸맞을 수 있는 것이기 때문에, 나는 이 기초적인 예비작업을 저것[16]과 분리시키는 것이 유용하다고 생각한다. 저 작업[17]에서는 불가피한 정교한 논의를 보다 쉽게 이해되는 교설[18]에다 장차 덧붙일 필요가 없도록 하기 위해서 말이다. IV392 BXV

그러나 이 정초는 다름 아닌 **도덕성의 최상 원리**의 탐색과 확립이다. 이것만이 그 의도에 있어서 전적인 그리고 다른 모든 윤리적 연구들과 차별화되는 과업을 이룬다. 이 중요한, 그리고 이제까지 전혀 충분하게 해명되지 못했던 주요 물음에 대한 나의 주장들은 동일한 원리를 전체 체계에 적용함으로써 한껏 명료함을 얻고, 이 원리가 곳곳에서 시사하는 충분성에 의해 훌륭한 확증을 얻을 것이다. 그러나 나는 근본적으로 공익적이라기보다는 사애(私愛)적일 터인 이런 이점을 단념해야만 했다. 왜

---

14) 이로 미뤄볼 때, 칸트는 『실천이성비판』(1788)이 출간되기 3년 전까지만 해도 이에 대한 집필 계획이 없었으며, 그것이 또한 불필요하다고 생각하고 있었다. 그리고 『윤리형이상학 정초』를 통해 **도덕성의 최상 원리**의 탐색과 확립"(아래 BXV = IV392)을 한 후이어지는 『윤리형이상학』(실제로는 『법이론의 형이상학적 기초원리』와 『덕이론의 형이상학적 기초원리』라는 두 부분으로 나뉘어 1797년에 출간)에서 그 세칙이 제시될 것임을 예고하고 있다.(아래 B53 = IV421, 주 참조) 그뿐만 아니라, 『윤리형이상학 정초』출간 직후에 칸트는 한 지인에게 "이제 나는 지체 없이 윤리 형이상학의 완성 작업에 착수할 것이다"(1785. 9. 13, Schütz에게 보낸 편지)고 말하고 있다. 『실천이성비판』의 출판과 관련한 더 상세한 사정 설명은 백종현 역, 『실천이성비판』(아카넷, 개정2판 2019), 해제 15면 이하 참조.
15) 앞에 '첫째로', '둘째로'라는 표현이 없으므로, 이 말이 어느 대목과 관련이 있는지는 정확하지 않으나, 바로 앞 문단의 "한편으로는"과 "다른 한편으로는"을 잇는 말로 볼 수는 있겠다.
16) 곧, 실천이성 비판.
17) 곧, 실천이성 비판.
18) 곧, 윤리 형이상학.

냐하면 이 원리의 사용상의 용이성과 외견상의 충분성이 이 원리의 올바름에 대한 확실한 증명을 전적으로 해주지는 않으며, 오히려 어떤 편파성을 불러일으켜, 이 원리를 결과를 고려함 없이 독자적으로 아주 엄밀하게 연구하고 평가하지 못하게 할 것이기 때문이다.

BXVI   이 저술에서 취한 나의 방법은, 만약 사람들이 평범한〔보통의〕 인식에서 출발하여 그 인식의 최상 원리를 규정하는 데에 이르는 분석적[19]인 길을 취하고, 다시금 거꾸로 이 원리의 검토 및 이 원리의 원천들로부터 출발하여, 그 원리가 사용되고 있는 평범한〔보통의〕 인식에 이르는 종합적[20]인 길을 취하고자 한다면, 믿건대, 가장 적절한 방법이다. 그래서 목차 구분은 다음과 같다.

 1. **제1절**: 평범한 윤리 이성인식에서 철학적 윤리 이성인식으로의 이행.
 2. **제2절**: 대중적 도덕철학[21]에서 윤리 형이상학으로의 이행.
 3. **제3절**: 윤리 형이상학에서 순수 실천이성 비판으로의 마지막 발걸음[22].

---

19) 배진적〔背進的〕. 제1부와 제2부의 "이행"의 서술에서 택한 방법이다.
20) 전진적. 제3부의 서술에서 택한 방법이다.
21) "도덕철학" 대신에 본문에는 "윤리 세계지혜"(B25＝IV406)로 표현되어 있다.
22) "마지막 발걸음" 대신에 본문에는 앞의 두 절 제목과 마찬가지로 "이행"(B97＝IV446)이라고 표현되어 있다.

평범한 윤리 이성인식에서 철학적 윤리 이성인식으로의 이행

이 세계에서 또는 도대체가 이 세계 밖에서까지라도 아무런 제한 없이 선하다고 생각될 수 있을 것은 오로지 **선의지**뿐이다. 지성, 기지, 판단력, 그 밖에 정신의 **재능들**이라고 일컬을 수 있는 것들, 또는 용기〔의기〕, 결단성, 초지일관성 같은 **기질**상의 성질들은 의심할 여지없이 많은 관점에서 선하고 바람직스럽다. 그러나 이런 것들도, 만약 이런 천부의 자질들을 사용하는, 그 때문에 그것의 특유한 성질을 **성격**이라고 일컫는, 의지가 선하지 않다면, 극히 악하고 해가 될 수도 있다. **행운의 천부**〔天賦〕와 관련해서도 사정은 마찬가지이다. 권력, 부, 명예, 심지어 건강도, 그리고 **행복**이라는 이름 아래서의, 자기 상태에 대한 전적인 편안함과 만족도 의기를 불러일으키고, 그럼으로써 자주 사람을 오만방자하게 만든다. 이것들의 마음에 미치는 영향을, 그리고 그와 함께 행위하는 전체 원리를 올바르게 하고, 보편적으로-합목적적이게끔 만들어주는 선의지가 없는 곳에서는 말이다. 이성적이고 편파적이지 않은 관객은 순수하고 선한 의지의 특징을 갖추지 못한 자가 부단히 무사 번영함을 보는 것만으로도 결코 흡족할 수 없다는 사실을 언급할 것도 없이, 선의지는 행복할 만함〔품격 있음〕의 필요불가결한 조건을 이루는 것으로 보인다.

몇몇 속성들은 이 선의지 자신을 촉진시키기도 하고, 그것의 소행을 매우 용이하게 해줄 수도 있다. 그러나 그것들은 그럼에도 불구하고 내적인 무조건적인 가치는 갖지 못하는 것으로, 언제나 역시 선의지를 전제하는 것이다. 선의지는 사람들이 그 밖에도 당연하게 가질 수 있는 존중[1]을 제한하여, 그것들을 단적으로 선하다고 여기는 것을 허용하지 않는다. 정동〔격정〕과 열정의 절제, 자제, 냉철한 성찰은 여러 가지 관점에서 선할 뿐만 아니라, 심지어는 인격의 **내적** 가치의 일부를 이루는 것으로 보인다. 그러나 이런 것들을 무제한적으로 선하다고 간주하기에는 많은 것이 결여되어 있다. (이런 것들이 고대인들[2]에게서는 그처럼 무조건적으로 찬양되었지만 말이다.) 무릇 선의지의 원칙들이 없다면 이런 것들은 최고로 악해질 수 있고, 악한의 냉혈은, 그가 이런 것 없이 악한으로 여겨졌을 때보다, 그를 훨씬 더 위험하게 만들 뿐만 아니라, 직접적으로 우리의 눈에 더욱 혐오스럽게 만든다.

선의지는 그것이 생기게 하는 것이나 성취한 것으로 말미암아, 또 어떤 세워진 목적 달성에 쓸모 있음으로 말미암아 선한 것이 아니라, 오로지 그 의욕함으로 말미암아, 다시 말해 그 자체로 선한 것이다. 그것은 그 자체만으로 고찰할 때, 그것에 의해 어떤 경향성, 아니 그렇게 말하고 싶다면, 모든 경향성들 전체를 위해 이루어낼 수 있을 모든 것보다도 비교할 수 없을 만큼 훨씬 더 높이 평가되어야 하는 것이다. 비록 특별히 호의적이지 않은 운명이나 계모 같은 자연의 인색한 지원으로 인해 이 의지가 자기의 의도를 관철시킬 능력을 전적으로 갖고 있지 못하다고 하더라도, 그리고 그 의지의 최대의 노력에도 불구하고 그에 의해서는 아

---

1) A판: "평가".
2) 고대 그리스-로마 시대의 네 학파, 곧 플라톤·아리스토텔레스·에피쿠로스·스토아 학파의 사람들 모두가 포함되겠다. 좀 더 구체적인 예시는 이 『정초』의 집필 시기의 강의록(Moral Mrongovius II: AA XXIX, 600) 참조. (칸트가 염두에 두지는 않았겠지만, 불교나 유교의 사람들 또한 이런 경우에 포함시켜도 무방하겠다.)

무엇도 성취되지 못한 채, 오직 선의지―물론 가령 한낱 소망이[3] 아니라, 우리의 힘이 미치는 범위 내의 모든 수단들의 투입으로서―만이 남는다 할지라도, 선의지는 보석과 같이 그 자체만으로도, 그 자신 안에 온전한 가치를 가진 어떤 것으로서 빛날 터이다. 유용성이니 무익함이니 하는 것은 이 가치에 아무것도 증감시킬 수 없다. 그런 것은 말하자면 단지 포장 같은 것이어서, 그 보석을 일상의 거래에서 더 잘 다룰 수 있도록 하기 위한 것이거나, 또는 그것을 충분히 잘 모르는 사람들의 주의를 끌기 위한 것으로서, 그 보석을 잘 아는 사람에게 그 보석을 추천하고 그 B4 가치를 규정하기 위한 것은 아니다.

그렇지만 그것을 평가함에 있어 어떤 유용함도 고려에 넣음이 없는, 순전한 의지의 절대적 가치라는 이 이념에는 생소한 점이 있어서, 평범한 이성조차 모두 이 이념에 찬동하기는 함에도 불구하고 어떤 의혹이 생길 수밖에 없다. 즉 어쩌면 한낱 높이 날아오른 망상이 슬며시 그 근저에 놓여 있지나 않을까, 자연이 왜 우리의 의지에게 이성을 통치자로 부 IV395 가했는가 하는 그 의도에서 자연이 혹시 잘못 이해되어 있지나 않을까 하는 의혹 말이다. 그래서 우리는 이 이념을 이 시각에서 검토에 부쳐보려 한다.

유기체, 다시 말해 생명을 위해 합목적적으로 조직된 존재자의 자연소질에서 우리가 원칙으로 상정하는 바는, 이런 존재자에게 있어서는 그 목적에 가장 적합하고, 그것에게 가장 알맞은 것 외에는, 어떤 목적을 위한 도구도 마주치지 않는다는 것이다. 그런데 이성과 의지를 가진 한 존재자에게 있어 그것의 **보존**과 **번영**이, 한마디로 말해 그것의 **행복**이 자연의 본래 목적이라고 한다면, 자연은 이러한 자기의 의도의 실행자로

---

3) AA: "소망으로서가".

그 피조물의 이성을 선발하는 매우 나쁜 조처를 취한 셈이겠다. 왜냐하면 유기체가 이런 의도에서 실행해야만 할 모든 행위들과 그것의 처신의 전체 규칙은 그에게, 일찍이 이성에 의해서 일어날 수 있는 것보다는, 본능에 의해서 훨씬 더 정확하게 지시될 수 있을 터이고, 그에 의해 저 목적[4]도 훨씬 더 안전하게 유지될 수 있었을 것이기 때문이다. 게다가 이성이 이 혜택받은 피조물에게 품부되어 있다고 할 것 같으면, 이성은 그에게 있어서 오로지, 자연이 그에게 준 행운의 소질을 관찰하고, 그것을 경탄하고, 그것을 기뻐하며, 그에게 베풀어진 자선의 원인에 대해 감사하기 위해서 쓰였어야만 했을 터이고, 그것의 욕구능력을 저 미약하고 거짓된 [것의] 지도에 복속시켜 자연의 의도를 볼품없게 만들기 위해서 쓰였을 리는 없을 터이다. 한마디로 말해, 자연은, 이성이 **실천적 사용**에서 싹이 터서, 그것의 미약한 통찰로써 그 스스로 행복과 이 행복에 이르는 수단을 구상해내는 그런 주제넘는 짓을 하지 못하도록 방지했을 터이다. 자연은 목적들을 선택하는 일뿐만 아니라, 수단들 자체를 선택하는 일 또한 떠맡아, 지혜로운 사전 배려로 이 두 가지 것을 오로지 본능에게 믿고 맡겼을 터이다.

사실 우리는 또한, 개화된 이성이 생과 행복을 향유하려는 의도에 매이면 매일수록, 인간은 점점 더 참된 만족에서 멀어진다는 것, 그래서 이로부터 많은 사람들에게 있어, 그것도 이성을 많이 사용해본 사람들에게 있어, 만약 그들이 사실을 고백할 만큼 충분히 정직하다면, 일정 정도 **이성혐오**가, 다시 말해 이성에 대한 증오가 생긴다는 것을 발견한다. 왜냐하면 그들은 그들이 세속적 사치를 위한 모든 기술들의 발명에서 얻은 것이 아니라, 심지어 학문들—이것들도 그들에게는 결국 지성의 사치인 것으로 보인다—에서 얻은 모든 이익들을 어림 계산하고 나서, 그들이

---

4) 곧, 보존과 번영.

실제로는 행복을 얻었다기보다는 고통에 더 시달렸을 뿐이라는 것을 발견하고, 더 나아가 마침내는, 순전한 자연본능의 인도에 친숙해져 그의 행동거지에 대한 이성의 많은 영향을 허락하지 않는 세속적인 부류의 인간을 경멸하기는커녕 오히려 부러워한다는 것을 발견하기 때문이다. 이러한 한에서 사람들이 고백하지 않을 수 없는 것은, 이성이 생의 행복 및 만족과 관련하여 우리에게 제공한다고 하는 이익들을 높게 찬양하는 것을 아예 못하게 하고, 심지어는 무가치한 것으로 과소평가하는 사람들의 판단이 결코 한탄스럽다거나, 세계통치의 인자함에 감사할 줄 모르는 것이 아니라, 오히려 이들의 판단들의 근저에는 또 다른 훨씬 더 품격 있는 그들 실존의 의도에 대한 이념이 숨어 있으며, 전적으로 이성은 본래 행복이 아니라 이 의도에 맞춰져 있고, 그 때문에 대체로 인간의 사적 의도는 최상의 조건인 이 의도의 뒤에 있어야만 한다는 것이다.

무릇 이성은 의지의 대상들과 우리의 모든 필요들—이성이 부분적으로는 스스로 이 필요들을 증대시키는바—의 충족과 관련해 의지를 안전하게 이끌기에는 충분히 유능하지 못하고—이런 목적에는 생래적인 자연본능이 훨씬 더 확실하게 이를 터이다—, 그러나 그럼에도 불구하고 우리에게는 이성이 실천 능력으로서, 다시 말해, **의지**에게 영향을 미쳐야 할 그런 것으로 품수되어 있으므로, 이성의 참다운 사명은, 가령 다른 의도에서 **수단으로서가** 아니라, **그 자체로 선한 의지**를 낳는 것이어야만 한다. 바로 이를 위해 단적으로 이성이 필요했던 것이다. 자연은 어디서나 그 소질들을 배분함에 있어 합목적적으로 일한 것이다. 그러므로 이 의지는 유일한 선, 전체 선일 수는 없으나, 그럼에도 최고선이어야만 하고, 여타의 모든 선을 위한, 심지어는 행복에 대한 모든 열망을 위한 조건이어야만 한다. 그리고 이런 경우에, 사람들이, 제1의 무조건적인 의도를 위해 필요로 하는 이성의 개화[문화]는 항상 조건적인, 제2의 의도, 곧 행복의 달성을, 적어도 이생에서는, 갖가지 방식으로 제한한다는 것,

아니 그 달성을 아예 무시할 수도 있지만, 자연이 이 점에서 목적에 맞지 않게 운행하는 일은 없다는 것을 안다면, 그것은 자연의 지혜와 전적으로 일치하는 것이다. 왜냐하면 자기의 최고의 실천적 사명을 선의지를 세우는 것으로 인식하는 이성은 이 의도의 달성에서만 자기 방식의 만족을 얻을 수 있기 때문이다. 곧, 이성은 이런 일이 설령 경향성의 목적들에 대한 수많은 손실과 결합되어 있다고 하더라도, 이성만이 규정하는 목적을 실현함으로써 만족을 얻을 수 있기 때문이다.

B8

IV397 　그러나 그 자체로 높이 평가해야 할, 더 이상의 의도가 없는, 선의지라는 개념을—이 개념은 이미[5] 자연적인 건전한 지성에 내재해 있고, 가르쳐질 필요는 없으며, 오히려 단지 계발될 필요만 있는 것이다—, 즉 우리의 행위들의 전체적 가치를 평가하는 데 언제나 상위에 놓여 있어 여타 모든 가치의 조건을 이루는 이 개념을 발전시키기 위해, 우리는 의무 개념을 취해보기로 한다. 이 의무 개념은 비록 어떤 주관적인 제한들과 방해들 중에서이기는 하지만, 선의지의 개념을 함유하는바, 그럼에도 이 제한들과 방해들이 그 개념을 숨겨 알아볼 수 없도록 만들기는커녕, 오히려 대조를 통해 그 개념을 두드러지게 하고, 더욱더 밝게 빛나게 해준다.

　나는 여기서 이미 의무에 어긋나는 것으로 인식된 모든 행위들은, 그것들이 비록 이런저런 의도[관점]에서는 유용하다고 할지라도, 무시할 것이다. 왜냐하면 이런 행위들은 의무와 상충하기조차 하므로, 과연 그것들이 **의무로부터**[에서][6] 일어난 것일 수 있느냐 어쩌냐 하는 물음이 이

---

5) B판 추가.
6) 원어: aus Pflicht. "의무로부터"를 '의무로부터 말미암은[아]'의 줄임말로 쓰고, 문맥에 따라서 '의무에서', '의무에 의한', '의무에서 비롯한', '의무에서 나온' 등의 의미로 새긴다.

런 행위들에서는 아예 있지 않기 때문이다. 또한 나는 실로 의무에 맞는 것이지만, 인간들이 직접적으로는 그에 대한 **아무런 경향성**을 가지고 있지 않으면서도, 다른 경향성으로 인해 그렇게 하도록 몰아세워져 그렇게 한 행위들도 제쳐놓는다. 왜냐하면 이때는 그 의무에 맞는 행위가 **의무로부터** 일어난 것인지, 아니면 이기적인 의도에서 일어난 것인지가 쉽게 구별되기 때문이다. 훨씬 더 구별하기 어려운 것은, 행위가 의무에 맞으며, 거기에다 주관이 그 행위에 대한 **직접적인** 경향성을 가지고 있는 경우이다. 예컨대 가게 주인이 경험 없는 고객에게 너무 비싸지 않게 파는 것은 물론 의무에 맞는 일이다. 그리고 거래가 많은 곳에서는 영리한 상인 역시 이런 짓을 하지 않으며, 모든 사람에게 고정된 일반 가격을 지킴으로써, 어린아이도 다른 모든 사람들과 마찬가지로 물건을 제값에 사게 된다. 그러므로 사람들은 **정직하게** 대접받은 것이다. 그러나 그렇다고 해서, 그 상인이 의무로부터, 그리고 정직의 원칙들에서 그렇게 처신한다고 믿기에는 아직도 불충분하다. 그의 이익이 그것을 요구했을 수도 있는 것이다. 그러나 그 밖에 그가, 말하자면 사랑에서 어느 누구에게도 다른 사람에 비해 가격에서의 특전을 주지 않으려는, 고객들에 대한 직접적인 경향성을 가지고 있다고 여기서 상정할 수는 없다. 그러므로 그 행위는 의무로부터나 직접적인 경향성으로 인해 일어난 것이 아니라, 순전히 사리[私利]적인 의도에서 일어났던 것이다.

이에 반해, 자기의 생명을 보존하는 것은 의무이고, 게다가 누구나 그러려는 직접적인 경향성을 가지고 있다. 그러나 그렇다고 해도 대부분의 인간들이 그 때문에 자주 갖는 매우 불안해하는 근심은 아무런 내적 가치를 가지지 못하며, 그들의 준칙 또한 아무런 도덕적 내용을 가지지 않는다. 그들이 생명을 보전하는 것은 **의무에 맞는** 것이긴 하지만, **의무로부터** 나온 것은 아니다. 이에 반해, 불운들과 희망 없는 깊은 슬픔이 생에 대한 흥미를 완전히 앗아갔더라도, 이때 이 불행한 자가 영혼의 힘이

강해서 운명에 겁먹고 굴복하기보다는 오히려 격분하여, 죽음을 원하면서도 그의 생명을 보존한다면, 그것도 생명을 사랑해서나 경향성이나 두려움에서 그러한 것이 아니라, 의무로부터 그러하다면, 그의 준칙은 도덕적 가치를 갖는 것이다.

할 수 있는 한, 선행을 하는 일은 의무이다. 그 밖에도 천성적으로 동정심이 많은 사람들도 많아서, 그들은 허영이나 사익(私益)과 같은 어떤 다른 동인 없이도, 자기 주위에 기쁨을 확대시키는 데서 내적 만족을 발견하고, 그것이 자기의 작품(소행)인 한에서, 타인의 만족을 기뻐할 수 있다. 그러나 나는 주장하거니와, 그러한 경우에 그 같은 행위는 매우 의무에 맞고, 매우 사랑받을 만한 것이기는 하지만, 그럼에도 아무런 참된 윤리적 가치를 갖지 못하며, 오히려 다른 경향성들, 예컨대 명예에 대한 경향성과 같은 종류의 것이다. 명예에 대한 경향성은, 만약 그것이 다행히도 실제로 공익적이며 의무에 맞고, 그러니까 명예로운 것에 해당한다면, 칭찬과 격려를 받을 만한 것이지만, 그러나 존중받을 만한 것은 못된다. 왜냐하면 그 준칙에는 곧, 그러한 행위들을 경향성에서가 아니라, **의무로부터** 행하는, 윤리적 내용이 결여되어 있기 때문이다. 그래서 저 B11 박애가의 마음이 자신의 깊은 슬픔으로 흐려져, 타인의 운명에 대한 모든 동정심을 없애버렸고, 그가 여전히 고난받고 있는 타인들을 돌볼 능력이 있음에도, 자기 자신의 고난에 극히 얽매여 있기 때문에, 남의 고난은 그를 자극하지 못한다고 가정해보자. 이제, 어떤 경향성도 더 이상 그를 그렇게 하도록 자극하지 못하는데, 그럼에도 그가 이 치명적인 무감수성에서 벗어 나와 아무런 경향성 없이, 오로지 의무에서(로부터) 그 행위를 할 때, 그때 그 행위는 비로소 진정한 도덕적 가치를 갖는다. 또 하나의 예를 들어보자. 자연이 이 사람 또는 저 사람의 가슴에 도대체가 동정심을 거의 심어놓지 않았다고 해보자. 그래서 그는 (다른 점에서는 정직한 사람이면서도) 기질상 냉정하고, 타인의 고통에 무관심하다고 해보자.

130

이것은 아마도, 그가 자기 자신의 고통에 대해 특별한 천부의 인내와 버티는 힘을 갖추고 있어서, 그와 똑같은 것을 다른 모든 사람에게서도 전제하고, 심지어는 요구하기 때문일 것이다. 자연이 그러한 사람을—그는 진실로 자연의 최악의 산물은 아닐 터인바—원래 박애가로 만들지는 않았다 해도, 그는 그때 선량한 기질일 수도 있는 것보다 훨씬 더 높은 가치를 그 자신에게 주는 원천을 자신 안에서 발견하지 않겠는가? 물론이다. 바로 여기서 도덕적이며, 무엇과도 비교할 수 없는 최고의 가치인 성격의 가치, 곧 그가 경향성에서가 아니라, 의무에서〔로부터〕 선행을 하는, 성격의 가치가 개시한다. IV399

자기 자신의 행복을 확보하는 것은 (적어도 간접적으로는) 의무이다. 무릇 많은 걱정거리와 충족되지 못한 필요들에 휩싸여 있는 자기 상태에 대한 만족의 결여는 대단히 큰, **의무 위반의 유혹**이 되기가 쉬울 것이다. 그러나 여기서 의무에 주의하지 않으면서도, 모든 인간은 이미 스스로 행복에 대한 매우 강렬하고 내적인 경향성을 가지고 있다. 왜냐하면 바로 이[7] 이념 안에 모든 경향성들이 하나의 합계로 통합되어 있기 때문이다. 단지 행복을 위한 훈계의 대개의 성질은, 그것이 몇몇 경향성들에게는 큰 방해가 되지만, 그럼에도 인간은 행복이라는 이름 아래서의 모든 경향성들의 만족의 합계에 대해서는 아무런 확정적인 확실한 개념도 가질 수 없다는 것이다. 그래서 단 하나의 경향성이, 그것이 약속하는 것과 그것이 충족을 얻을 수 있는 시기가 확정된 단 하나의 경향성이 어떻게 흔들리는 이념[8]을 능가할 수 있는가는 놀라운 일이 아니다. 예컨대 통풍 환자인 어떤 사람은 맛있는 것을 즐기고 나서는, 받을 수 있는 고통은 고통대로 받는 것을 택할 수 있다. 그는 그의 어림 계산에 따라 여기서 적어도, 건강 속에 행복이 깃들기 마련이라는, 어쩌면 근거 없는 기대에 의 B12

---

7) 곧, '행복'이라는.
8) 곧, '행복'이라는 불확실한 이념.

해 지금 눈앞에 있는 향락을 희생시킬 수가 없었기 때문이다. 그러나 이 경우에도, 만약 행복을 향한 보편적 경향성이 그의 의지를 규정하지 않았다면, 즉 만약 건강이라는 것이 그에게 있어 적어도 그렇게 반드시는 이 행복 계산의 한 요소가 아니었다면, 여기서도 다른 모든 경우들에서와 같이 하나의 법칙이 남는바, 그것은 곧 경향성에서가 아니라 의무에서(로부터) 그의 행복을 촉진한다는 것이다. 그리고 이때 비로소 그의 태도는 본래적인 도덕적 가치를 갖는다.

B13

자기의 이웃을 사랑하고, 우리의 원수조차도 사랑하라고 지시명령하는 성서의 구절들도 의심할 여지없이 이렇게 이해되어야 한다. 왜냐하면 경향성으로서 사랑은 지시명령될 수 없는 것이지만, 비록 어떤 경향성도 그것을 채근하지 않음에도, 아니 자연적이고 참을 수 없는 혐오가 일어남에도 불구하고, 의무로부터 하는 선행 자신은 **실천적** 사랑으로서, **정념적** 사랑이 아닌 것으로, 실천적 사랑은 의지 안에 들어 있지, 감각의 성벽(性癖)에 있지 않으며, 행위의 원칙들에 있지 애잔한 동정에 있지 않은바, 이런 실천적 사랑만이 지시명령될 수 있는 것이기 때문이다.

둘째 명제[9]는 이렇다: 의무로부터의 행위는 그것의 도덕적 가치를, 그 행위를 통해 달성해야 할 **의도에서** 갖는 것이 **아니라**, 그에 따라 그 행위가 결의되는 준칙에서 갖는 것으로, 그러므로 의무로부터의 행위는[10] 행위 대상의 현실성에 의존해 있는 것이 아니라, 욕구능력의 모든 대상들과는 무관하게 행위를 일어나게 한 **의욕의 원리**에 순전히 의존해 있는 것이다. 우리가 행위들에서 가질 수 있는 의도들과 그리고 의지

IV400

---

9) 앞서 어디에도 '첫째 명제'가 제시되어 있지는 않다. 그러나 아래(B14=IV400)에 등장하는 '셋째 명제'가 앞의 두 명제로부터 도출된 것이라는 말로 추정컨대 '첫째 명제'는 "의무로부터의 행위는 법칙에 대한 존경으로부터 나온 행위이다" 정도에 해당하는 앞 문단의 행간의 뜻이겠다.

10) A판의 경우: 원문의 "er"를 옮기자면, "도덕적 가치는".

의 목적들 및 동기들인 그 행위들의 작용들이 행위들에게 무조건적인 도덕적 가치를 부여할 수 없음은 앞서의 설명으로 명백하다. 그러므로 만약 이 가치가 기대하는 행위들의 작용결과와 관련한 의지 안에 있는 것이 아니라면, 어디에 있을 수 있을까? 그것은, 그러한 행위를 통해 결과할 수 있는 목적들과는 무관한, **의지의 원리 외에** 어떤 다른 곳에도 있을 수 없다. 무릇 의지는 형식적인, 그것의 선험적 원리와 질료적인, 그것의 후험적 동기 사이의 한가운데에, 말하자면 갈림길에 서 있는 것이다. 그럼에도 의지는 무엇인가에 의해 규정되어야만 하는 것이기 때문에, 만약 행위가 의무로부터 말미암아 일어난다면, 의지에서 모든 질료적 원리는 제거된 것이므로, 의지는 의욕 일반의 형식적 원리에 의해 규정되지 않을 수 없다.

앞의 두 명제로부터의 귀결인 셋째 명제를 표현하자면 이렇게 되겠다: **의무는 법칙에 대한 존경으로부터 말미암는 행위의 필연성이다.**〔의무는 법칙에 대한 존경에서 비롯한 필연적 행위이다.〕내가 뜻하는 행위의 결과로서의 객관에 대해 나는 물론 **경향성**을 가질 수는 있지만, 그러나 **결코 존경을 가질 수는 없다.** 왜냐하면 바로 그 결과[11]는 한낱 *하나의 의지의 결과이지 활동이 아니기*[12] 때문이다. 마찬가지로 나는 경향성 일반에 대해서도, 그것이 나의 것이 됐든 다른 누구의 것이 됐든, 존경을 가질 수는 없다. 나는 기껏해야 나의 경향성에 대해서는 시인을 할 수 있을 뿐이고, 다른 이의 경향성에 대해서는 때때로 좋아할 수 있을 뿐이다. 다시 말해, 그것을 나 자신의 이익에 유리한 것으로 볼 수 있을 뿐이다. 오직, 결코 결과로서가 아니라, 순전히 근거로서 나의 의지와 연결되어 있는 것만이, 나의 경향성에 봉사하는 것이 아니라, 그것을 압도하는 것, 선택할 때에 계산에서 이 경향성을 전적으로 배제하는 것, 그러니까 순전한

---

11) 원문: "sie". 이것을 'es'로 고쳐 읽자는 제안도 있다. 그에 따르면, '객관'.
12) A판: "*나의 의지의 결과이기*".

법칙 그 자체만이 존경의 대상일 수 있고, 그와 함께 명령일 수 있다. 무릇 의무로부터의 행위는 경향성의 영향 및 그와 함께 의지의 일체 대상을 전적으로 격리해야만 한다. 그러므로 의지에 대해 그것을 규정할 수 있는 것은, 객관적으로는 **법칙**, 주관적으로는 이 실천 법칙에 대한 **순수한 존경** 외에 아무것도 남는 것이 없다. 그러니까 나의 모든 경향성들을 단절하고서라도, 그러한 법칙을 준수한다는 준칙[※]만이 남는다.

IV401

그러므로 행위의 도덕적 가치는 그것에서 기대되는 결과에 있지 않으며, 그러므로 또한, 그 원리의 동인을 이 기대되는 결과로부터 얻을 필요가 있는, 어떤 행위 원리에도 있지 않다. 왜냐하면, 이 모든 결과들(자기 상태의 쾌적함, 그뿐만 아니라 타인의 행복의 촉진)은 또한 다른 원인들에 의해서도 달성될 수 있을 터이고, 그러므로 그것을 위해 이성적 존재자의 의지가 필요한 것은 아닐 것이기 때문이다. 그럼에도 최고의 무조건적인 선은 오로지 이성적 존재자의 의지에서만 마주칠 수 있는 것이다. 그래서¹³⁾ 예상되는 결과가 아니라 법칙의 표상이 의지의 동인인 한에서, **두말할 것도 없이 오로지 이성적 존재자에서만 생기는**, 이 **법칙의 표상** 자체만이 우리가 윤리적이라고 부르는 그러한 탁월한 선을 이룰 수 있다. 이 탁월한 선은, 법칙의 표상에 따라 행위하는 인격 자체 안에 이미 현전하는 것으로, 비로소 그 행위결과로부터 기대될 필요가 없다.^{※※}

B16

※ **준칙**은 의욕의 주관적 원리이다. 객관적 원리(다시 말해, 이성이 욕구능력에 대해 완전한 통제력을 가지고 있다면, 모든 이성적 존재자들에게서 주관적으로도 실천 원리로서 쓰일 것)는 실천 **법칙**이다.

※※ 사람들은 마치 내가 이성 개념을 통해 문제가 된 것에 대해 명료한 정보를 주지는 않고, **존경**이라는 말을 앞세워 단지 모호한 감정에 도피하고자 한 것처럼 비난할 수도 있겠다. 그러나 존경이 감정이라 하더라도, 그것은 (외부) 영향으로부터 **받아들여진** 감정이 아니라, 이성 개념에 의해 **스스로 일으켜**

---

13) A판: "그러므로".

134

의지가 단적으로 그리고 아무런 제한 없이 선하다고 일컬어질 수 있기 위해서는, 법칙의 표상이, 그로부터 기대되는 결과를 고려하지 않고서도, 의지를 규정해야만 하는바, 그러나 어떤 종류의 법칙이 실로 그런 것일 수 있는가? 나는 의지로부터 어떤 법칙의 준수에서 의지에서 생길 수도 있는 모든 충동을 빼앗았으므로, 남는 것은 오로지 행위 일반의 보편적 합법칙성뿐으로, 이것만이 의지의 원리로 쓰여야 할 것이다. 다시 말해, **나는 또한 나의 준칙이 보편적인 법칙이 되어야만 할 것을 내가 의욕할 수 있게끔** 오로지 그렇게만 처신해야 한다. 그런데 여기서 순전한 합

진 감정이며, 그래서 그것은 경향성이나 공포에 그 원인이 돌려지는 전자의 모든 감정들과는 종적〔種的〕으로 구별된다. 내가 직접적으로 나에 대한 법칙으로 인식하는 것을 나는 존경을 가지고 인식하는데, 이 존경은 나의 감관에 대한 다른 영향의 매개 없이 순전히 나의 의지가 하나의 법칙에 **종속한다**는 의식을 의미한다. 법칙에 의한 의지의 직접적 규정 및 그 규정에 대한 의식을 일컬어 **존경**이라고 하며, 그렇기 때문에 이 존경은 법칙의 주관에 대한 **작용결과**로 보이는 것이지, 법칙의 **원인**으로 보이지는 않는다. 원래가 존경은 나의 자기사랑을 단절시키는 가치에 대한 표상이다. 그러므로 그것은 경향성의 대상으로도 공포의 대상으로도 보이지 않는 어떤 것이다. 비록 그것이 동시에 이 두 가지와 약간 비슷한 요소를 가지고 있기는 하지만 말이다. 그러므로 존경의 **대상**은 오로지 **법칙**뿐이다. 그것도 우리가 **우리 자신에게**, 그 자체로 필연적인 것으로 부과하는 법칙뿐이다. 우리는 자기사랑에 조회해보지 않고서도 법칙이기 때문에 법칙에 복종한다. 우리 자신에 의해 우리에게 부과된 것으로서 법칙은 그럼에도 우리 의지에서 비롯한 결과이다. 그것은 첫째 점[14]에서는 공포와 유사하고, 둘째 점[15]에서는 경향성과 유사하다. 한 인격에 대한 모든 존경은 원래 오로지 (정직 등등의) 법칙에 대한 존경일 따름이다. 인격은 우리에게 그에 대한 실례를 준다. 우리는 우리의 재능들의 확장도 의무로 보기 때문에, 우리는 재능 있는 한 인격에서 **(연습을 통해 이 점에서 그를 닮으라고 하는)**[16] 말하자면 **법칙의 실례**를 표상하는데, 이것이 우리의 존경을 형성한다. 모든 도덕적인 이른바 **관심**은 오직 법칙에 대한 **존경**에서만 성립한다.

---

14) 곧, 우리가 그것에 복종한다는 점.
15) 곧, 우리 의지에서 비롯한다는 점.
16) B판 추가.

법칙성 일반—즉 특정한 행위들에 지정된 어떤 법칙을 근거에 둠 없이
—이 의지의 원리로 쓰이는 것이며, 만약 의무가 도대체 공허한 망상이
나 괴물 같은 개념이 아니라고 한다면, 또한 의지의 원리로 쓰여야만 하
는 것이다. 평범한[17] 인간이성도 그 실천적 판정〔가치판단〕에 있어 이와
완전히 합치하며, 이런 원리를 항상 눈앞에 두고 있는 바이다.

B18 　　예컨대 내가 궁지에 빠져 있을 때, 약속을 지키지 않을 의도에서 어떤
약속을 해서는 안 되는가 하는 물음이 있다고 하자. 나는 여기서, 이 물음
의 의미가 가질 수 있는 것, 즉 거짓 약속을 하는 것은 과연 영리〔현명〕한
짓인가, 또는 과연 의무에 맞는가의 구별은 쉽게 할 수 있다. 첫 번째 것
은 의심할 여지없이 흔히 일어날 수 있는 일이다. 물론 내가 능히 아는
바, 이런 도피로 당면한 곤경에서 벗어나는 것은 충분치가 못하며, 오히
려 이 거짓말로 인해 지금 내가 벗어나려 하는 것보다 훨씬 더 큰 어려움
이 나중에 생길 수 있다는 것을 자못 숙고하지 않으면 안 된다. 그리고
나의 잘못 생각된 모든 **간교함**에도 불구하고, 일단 잃어버린 신용이 지
금 내가 피하려고 생각한 모든 해악보다 훨씬 더 불리함을 가져다 줄 수
도 있지 않나 하는 결과들을 예측한다는 것은 쉽지 않으므로, 여기서 보
편적인 준칙에 따라서 처신하고, 지킬 의도가 있지 않고서는 아무것도
약속하지 않는 습관을 갖도록 하는 것이 과연 **더 영리〔현명〕하게** 행동하
는 것은 아닌지도 자못 숙고하지 않으면 안 된다. 그러나 여기서, 이러
한 준칙 역시 언제나 오로지 걱정스러운 결과들만을 근거에 가지고 있음
또한 곧 명백해진다. 무릇 의무로부터 말미암아 진실한 것은 불리한 결
과들에 대한 걱정 때문에 진실한 것과는 전혀 다른 것이다. 전자의 경우
에는 행위 개념 그 자체가 이미 나에 대한 법칙을 함유하고 있고, 후자의
경우에는 나는 나에 대한 어떤 결과들이 그 행위와 결합될 수 있겠는가
B19 하고 밖을 먼저 돌아보지 않으면 안 되기 때문이다. 도대체가, 내가 만약

---

17) A판: "그러나 평범한".

의무의 원리에서 벗어난다면, 그것은 전적으로 확실히 악하다. 그러나 내가 나의 영리(怜悧)의 준칙을 어기더라도, 그것이 더러는 내게 매우 유리할 수도 있다. 비록 그것을 지키는 것이 물론 더 안전하기는 하다고 하더라도 말이다. 그럼에도 불구하고, 과연 거짓말 약속이 의무에 맞는가 어떤가 하는 이 과제에 대한 답을 아주 간략하게 그러면서도 속임수 없이 제시하기 위해, 나는 나 자신에게 물어본다. 나는, (진실하지 못한 약속을 통해 곤경에서 벗어난다는) 나의 준칙이 (나뿐만 아니라 다른 사람을 위한) 보편적 법칙으로 타당해야 한다는 것에 정말로 만족할 것인가? 그리고, 나는, 누구든 그가 거기에서 다른 방도로는 벗어날 수 없는 곤경에 처해 있다면, 진실하지 못한 약속을 할 수도 있다고, 정말로 나에게 말할 수 있는가? 이렇고 보면 나는 이내, 내가 비록 거짓말을 할 수는 있지만, 도무지 거짓말하는 것을 보편적 법칙으로 의욕할 수는 없다는 것을 깨닫게 된다. 왜냐하면 그러한 법칙에 따르게 되면 아예 약속이라는 것이 있을 수 없게 될 터이기 때문이다. 나의 거짓 둘러대기를 믿지 않는 다른 사람들에게 나의 장차의 행위에 대한 나의 의지를 거짓으로 둘러대 보았자 그것은 헛일일 터이고, 또 혹시 그들이 성급하게 그것을 믿는다 해도, 그들은 똑같은 화폐[18]로 내게 되갚을 것이며, 그러니까 나의 준칙은 그것이 보편적인 법칙이 되자마자 자기 자신을 파괴하고 말 것이니 말이다.

그러므로 나의 의욕이 윤리적으로 선하기 위해 내가 행해야만 할 것에 대해서 나는 전혀 아무런 자상한 명민함도 필요하지가 않다. 세상 돌아가는 형편에 대해 경험이 없고, 세상에서 일어나는 사건들에 대처할 능력이 없어도, 나는 단지 자문하기만 하면 된다. '너 또한 너의 준칙이 보편적 법칙이 되기를 의욕할 수 있는가?' 하고. 만약 그렇게 할 수 없다면, 그 준칙은 버려져야 할 것이다. 그것도, 그로부터 너나 또는 다른 사람에게 생길 손해 때문이 아니라, 그것이 가능한 보편적인 법칙수립에서 원

---

18) 곧, 위폐.

리로서 적합할 수 없기 때문이다. 그런데 이성은 나에게 이런 보편적 법칙수립을 존경하도록 강요한다. 비록 나는 지금, 이 존경이 무엇에 기초하고 있는지—이는 철학자가 연구할 만한 것이다—를 **통찰**하고 있지는 못하지만, 그럼에도 적어도 다음의 사실은 이해하는 바이다. 즉 그것은 경향성에 의해 칭찬받는 것의 모든 가치를 훨씬 능가하는 가치에 대한 존중이라는 것, 그리고 실천 법칙에 대한 **순수한** 존경으로부터 말미암은 나의 행위들의 필연성이 의무를 형성하는 바로 그것이며, 의무는, 그 가치가 모든 것을 넘어서는 **그 자체로** 선한 의지의 조건이므로, 여타의 모든 동인은 이 의무에게 길을 비켜주지 않으면 안 된다는 것 말이다.

이렇게 해서 우리는 실로 평범한 인간이성의 도덕 인식에서 그것의 원리에 도달하였다. 평범한 인간이성은 물론 이 원리를 보편적 형식에서 추상해서 생각하고 있지는 않지만, 그럼에도 항상 실제로 눈앞에 두고서, 판정〔가치판단〕의 척도로 사용하고 있다. 평범한 인간이성은 새로운 것이라고는 최소한의 것도 가르쳐주는 바 없지만, 사람들이, **소크라테스**가 그랬듯이, 평범한 인간이성으로 하여금 단지 그 자신의 원리에 주목하도록 하기만 한다면, 평범한 인간이성이 이 나침반을 손에 들고서 등장하는 경우들마다, 무엇이 선하고, 무엇이 악하며, 무엇이 의무에 맞고 의무에 어긋나는가를 구별하는 일에 얼마나 잘 정통해 있는가는 여기서 쉽게 볼 수 있다. 또한 정직하고 선하기 위해서, 그리고 정말이지 지혜롭고 덕스럽기 위해서 사람들이 무엇을 해야만 하는가를 알기 위해서는 그러므로 아무런 학문과 철학도 필요하지 않다는 것 역시 쉽게 볼 수 있다. 모든 인간이 무엇을 행하도록, 그러니까 또한 무엇을 알도록 의무지어져 있는가를 아는 것은 모든 사람들의, 그러니까 가장 평범한 사람의 일이 될 것임도 실로 이미 미리 예상되는 바이겠다. 여기에서[19] 그럼

B21

---

19) A판: "그럼에도 불구하고".

에도, 평범한 인간지성에 있어서 그 실천적 판정능력이 이론적 판정능력보다 얼마나 월등하게 앞서는가를 보고서는 놀라지 않을 수가 없다. 후자에 있어서는, 만약 평범한 이성이 감히 경험법칙들과 감관의 지각들에서 이탈한다면, 이성은 순전히 이해할 수 없게 되고 자기모순에 빠지며, 아니면 최소한 불확실성, 모호함, 변덕의 혼돈에 빠진다. 그러나 실천적인 것에 있어서 판정력은, 평범한 지성이 모든 감성적 동기들을 실천 법칙들로부터 배제할 때, 비로소 그 자체가 제대로 장점을 드러내기 시작한다. 그때 평범한 지성은 섬세해지기까지 한다. 그는 무엇을 옳다고 일컬어야 하는가에 대해 자기의 양심과 또는 다른 주장들과 절충하려 하기도 하고, 또는 자기 자신의 가르침을 위해 행위들의 가치를 정직하게 규정하고자 하기도 한다. 그리고 대개 그러한바, 후자의 경우 평범한 지성 B22 은, 철학자가 언제나 약속함 직한 것과 똑같은 정도로 사태에 잘 적중할 것이라는 기대를 할 수 있다. 아니 이 점에 있어서는 거의 평범한 지성은 철학자보다도 더 확실하다. 왜냐하면 철학자도 평범한 지성과 다른 원리를 별도로 가질 수 없지만, 철학자의 판단은 다수의 생소한, 사태에 적절하지 않은 고려들로 인해 쉽게 혼란을 일으킬 수 있으며, 올바른 방향에서 벗어날 수 있기 때문이다. 그렇기에 도덕적인 일들에서는 평범한 이성판단에 만족하고, 기껏해야 철학에게는 단지, 윤리의 체계를 더욱 완벽하게 그리고 이해하기 쉽게 서술하고, 그와 동시에 윤리의 규칙들을 사용하기 위해 (그러나 더 많은 토론을 위해) 더 편리하도록 서술하는 일을 맡기되, 그러나 실천적인 의도에서조차 평범한 지성에서 그의 만족스러운 소박성을 빼앗지 않고, 평범한 지성을 철학에 의해 연구와 가르침의 새로운 길로 보내지 않도록 하는 것이 더 권장할 만한 일이 아니겠는가?

순진무구함은 훌륭한 것이지만, 다만 그것이 잘 보호되지가 않고 쉽게 유혹받는다는 점은 역시 썩 좋지가 않다. 그 때문에 지혜—이것은 보 IV405 통 지식에 있다기보다는 실로 행동거지에 있는 것이지만—조차도 학문

을 필요로 하는바, 그것은 학문에서 배우기 위해서가 아니라, 그것이 훈

계하는 바를 도입하여 지속성을 주기 위해서이다. 인간은 자기 자신 안에서, 이성이 그에게 그토록 존경스럽게 소개하는, 의무의 모든 지시명령에 대한 강력한 균형추를 그의 필요들과 경향성들에서 느낀다. 그리고 인간은 이 필요들과 경향성들의 전적인 충족을 행복이라는 이름으로 요약한다. 그런데 이성은, 그때 경향성들에게는 어떤 것도 약속하지 않은 채, 단호하게, 그러니까 말하자면, 저 매우 강렬하고 그렇기에 매우 정당해 보이는 (어떤 지시명령에 의해서도 폐기되지 않으려 하는) 요구들을 무시하고 경멸하고서, 그의 훈계를 지시명령한다. 그러나 이로부터 **자연적 변증학**이 생긴다. 다시 말해, 의무의 저 엄격한 법칙들에 반대하여 궤변을 늘어놓고, 그 법칙들의 타당성을, 적어도 그것들의 순수성과 엄격성을 의심하여, 가능한 한 그것들을 우리의 소망이나 경향성들에 더 맞도록 만들려는, 다시 말해 법칙들을 근본적으로 변질시키고 그것들의 전위엄을 파괴하려는 성벽(性癖)이 생긴다. 그럼에도 도대체가 이런 짓은 결국에는 평범한 실천이성조차도 인준할 수 없는 것이다.

그러므로 이렇게 해서 **평범한 인간이성**은 사변의 어떤 필요—이것은 이성이 한낱 건전한 이성인 것으로 만족하는 한에서는 결코 나타나지 않는다—에 의해서가 아니라, 실천적 근거들에 채근당해, 자기의 권역을 벗어 나와 **실천철학**의 분야 안으로 발을 내딛는다. 그것은, 평범한 인간

이성이 바로 여기에서 자기 원리의 원천과 그 원리의 올바른 규정에 대해, 필요와 경향성에 기반하고 있는 준칙들을 견주어, 정확한 지식과 명료한 지침을 얻기 위함이다. 또한 그것은 평범한 인간이성이 양편의 요구로 인한 곤경에서 **벗어**[20] 나오고, 평범한 인간이성이 쉽게 빠지는 모호성 때문에 모든 진정한 윤리적 원칙들을 상실하게 되는 위험을 벗어나기

---

20) B판 추가.

위한 것이다. 그러므로 실천적인 평범한 이성에서도, 그것이 개화되면, 부지불식간에 하나의 **변증학**이 움트는바, 이성의 이론적 사용에서 일어나는 것과 꼭 마찬가지로, 철학에서 도움을 구하지 않을 수 없게 된다. 그래서 실천적인 평범한 이성 또한 실로 이론이성과 마찬가지로 우리 이성에 대한 완벽한 비판이 없는 어느 곳에서도 안식을 발견하지 못할 것이다.

제2절
대중적 윤리 세계지혜[1]에서 윤리 형이상학으로의 이행

우리가 우리의 지금까지의 의무 개념을 우리 실천이성의 평범한 사용에서 도출했다 해서, 이로부터 마치 우리가 이 개념을 경험개념으로 취급한 것처럼 추론해서는 결코 안 된다. 오히려 만약 우리가 인간의 행동거지에 대한 경험에 주목한다면, 우리는 사람들이 순수한 의무로부터 행위하는 마음씨에 관한 확실한 실례를 전혀 들 수 없어, 비록 많은 것이 **의무**가 지시명령한 것에 **맞게** 일어난다 할지라도, 과연 그것이 본래 **의무로부터** 일어난 것인지, 그러므로 도덕적 가치를 가지는 것인지는 언제나 의심스럽다는 잦은, 그리고 우리 자신이 인정하듯이, 정당한 불평을 만나게 된다. 그래서 어느 시대에나, 인간의 행위들에서 이런 마음씨가 실제로 있음을 단적으로 부인하고, 모든 것을 다소간에 세련된 자기사랑에 귀착시킨 철학자들이 있었다. 그렇다고 그들이 그 때문에 윤리성 개념의 정당성을 의심한 것은 아니어서, 그들은 오히려 인간 자연본성의 허약성과 불순성에 대해 충심에서 우러나오는 유감을 표명하였다. 인간의 자연

---

1) 머리말의 목차 예고에서 쓴(BXIV=IV392) "대중적 도덕철학(populäre Moralphiloso-phie)"이라는 말 대신에 여기서는 "populäre sittliche Weltweisheit"라는 표현을 쓰고 있다. 칸트에서 '도덕적'과 '윤리적', 그리고 '철학'과 '세계지혜'는 교환 가능한 말이니 의미상의 차이는 없다 하겠다.

B26 본성은 그렇게나 존경할 만한 이념을 자기의 규정〔規程〕으로 삼을 만큼 충분히 고귀하지만, 그러나 동시에 그것을 준수하기에는 너무나 나약하며, 그리고 법칙수립에 쓰여야 할 이성을 단지 경향성들의 관심을—그것이 개별적인 것이든, 고양되어 상호 아주 잘 화합할 수 있는 것이든 간에—돌보게 하는 데에 사용한다는 것이다.

IV407　　사실, 보통 의무에 맞는 행위의 준칙이 오로지 도덕적 근거들과 그의[2] 의무의 표상에만 의거한 단 하나의 경우라도 경험을 통해서 완전히 확실하게 결정한다는 것은 단적으로 불가능하다. 무릇, 우리가 아무리 예리하게 자기검사를 해보아도 의무라는 도덕적 근거 외에는, 이런저런 선한 행위와 그렇게나 위대한 희생을 하도록 움직이기에, 충분하게 강력한 것을 만나지 못하는 경우가 종종 있기는 하다. 그러나 이로부터, 본래 의지를 규정한 원인이 실제로는 저 이념의 순전한[3] 위장 아래 숨겨져 있는 자기사랑의 충동이 전혀 아니라고 확실하게 추론할 수는 결코 없다. 이런 때 우리는 거짓되게 자부하는 고귀한 동인으로 기꺼이 자위하거니와, 그러나 사실 그 배후를 제아무리 힘들게 검사해보아도 숨은 동기들이 결코 온전히 드러날 수는 없다. 왜냐하면 도덕적 가치가 문제일 때, 관건이 되는 것은 사람들이 보는 행위들이 아니라, 사람들이 보지 못하는, 행위의 저 내적 원리들이기 때문이다.

B27　　사람들은 또한, 모든 윤리성을 자만으로 인해 자기 자신을 뛰어넘는 인간 상상력의 한낱 환상이라고 비웃는 이들에게는, 의무의 개념들은 (용이성 때문에 사람들이 여타의 개념들에 있어서도 사정이 같다고 기꺼이 자신을 설득하려는 바와 같이) 오로지 경험으로부터 도출될 수밖에 없다고 인정하는 것 외에 그들이 원하는 더 나은 봉사는 해줄 수가 없다. 왜냐하면 그렇게 하면 사람들은 저들에게 확실한 승리를 마련해주는 것이니 말

---

2) 문장 중에 지시할 만한 남성이 없으니, 어떤 특정인을 지시한다기보다는 문맥으로 보아 '보통 의무에 맞는 행위를 하는 자'를 지칭한다고 보겠다.
3) B판 추가.

이다. 나는 인간애에서, 우리 행위들이 대부분 의무에 맞다고 인정하고자 한다. 그러나 그 행위들이 좇는 바를 좀 더 자세히 들여다보면, 사람들은 곳곳에서 항시 돌출하는, 그 사랑하는 자기에 부딪치는바, 행위들의 의도가 의지하고 있는 것은 이 사랑하는 자기이지, 번번이 자기부정을 요구할 터인, 의무의 엄격한 지시명령이 아니다. (특히 나이가 들어가면서, 경험에 의해 한편으로는 깨우치고 한편으로는 관찰이 예리해진 판단력으로) 어느 순간에, 과연 실제로 이 세상에서 어떤 참된 덕이 만나질까 의심하게 되기 위해서는, 우리가 덕의 적까지 될 필요는 없고, 선에 대한 활발한 소망을 곧바로 그것의 실재라고 여기지는 않는 냉철한 관찰자인 것만으로도 족하다. 그리고 여기서 의무에 대한 우리의 이념들의 전적인 함몰을 막아주고, 의무의 법칙에 대한 공고한 존경을 영혼 중에 보존해주는 것은 오로지, 비록 그러한 순수한 원천들에서 생겨난 행위들이 한 번도 있은 적이 없다 해도, 여기서 문제인 것은, 과연 이런 일 저런 일이 일어나는가가 아니라, 이성이 독자적으로 그리고 모든 현상들에 독립해서, 무엇이 일어나야 하는가를 지시명령하는지에 대한 명확한 확신, 그러니까, 이 세계가 아마도 이제까지 단 하나의 실례도 주지 못했고, 모든 것을 경험에 기초시키는 사람은 그런 것의 실행가능성조차 매우 의심스러워하는, 그런 행위들이 이성에 의해 단호하게 지시명령되어 있다는 명확한 확신뿐이다. 그리고 예컨대 우정에 있어서 순수한 진정성〔신의〕은, 설령 이제까지 진정성〔신의〕 있는 친구가 있은 적이 전혀 없었다 하더라도, 이 의무는 의무 일반으로서 모든 경험에 앞서 의지를 선험적인 근거들에 의해 규정하는 이성의 이념 중에 들어 있기 때문에, 어떤 사람에 의해서도 결코 덜 요구될 수 있는 것이 아니라는 명확한 확신뿐이다.

B28
IV408

여기에다, 만약 사람들이 윤리성의 개념에서 일체의 진리성이나 어떤 가능한 객관과의 관계를 부정하려 하지 않는다면, 이것의 법칙은 아주 광범위한 의미를 가지고 있어서, 한낱 인간들에게뿐만 아니라 모든 **이성**

적 존재자들 일반에게도, 한낱 우연적인 조건들 아래서 예외를 가지고서가 아니라, **단적으로 필연적으로** 타당할 수밖에 없다는 것을 부인할 수 없음을 덧붙인다면, 이렇듯, 어떠한 경험도[4] 그러한 명증적 법칙들의 가능성이나마 추론할 계기를 줄 수 없다는 것은 분명하다. 무릇, 무슨 권리로 우리는, 아마도 단지 인간성의 우연적인 조건들 아래서만 타당한 것을 모든 이성적 자연[5]을 위한 보편적 훈계로서 무제한적으로 존경하도록 할 수 있을까? 그리고 어떻게 **우리의** 의지를 규정하는 법칙들이, 만약 그것들이 한낱 경험적인 것이며, 순수하되 실천적인 이성에서 온전히 선험적으로 그것들의 근원을 취해온 것이 아니라면, 이성적 존재자 일반의 의지를 규정하는 법칙들로, 그리고 오직 그러한 것들로서 또한 우리 것으로 간주되어야 하는가?

또한 만약 사람들이 윤리성을 실례들로부터 빌려오고자 한다면, 윤리성에 대해 그것보다 더 나쁘게 조언할 수는 없을 터이다. 왜냐하면 내 앞에 보이는 모든 실례는 그 자신 먼저 도덕성의 원리들에 따라, 과연 그것이 **근원적인**[6] 실례가, 다시 말해 범형이 될 만한 것인지 판정되어야만 하는 것으로, 결코 어떤 실례도 도덕성의 개념을 맨 위에서 제공해줄 수는 없는 것이기 때문이다. 복음서의 성자(聖者)조차도, 사람들이 그를 그렇게 인식하기에 앞서, 먼저 우리의 윤리적 완전성의 이상과 비교되지 않으면 안 된다. 그도 그 자신에 대해, "왜 너희는 (너희가 보고 있는) 나를 선하다고 이르느냐? (너희가 보지 못하는) 한 분 하느님 외에는 누구도 선하지(선의 원형이지) 않다"[7]고 말한다. 그러나 우리는 최고선으로서 신의 개념을 어디에서 얻어 가지고 있는가? 오로지, 윤리적 완전성에 대해 이

---

4) A판: "조차도".
5) 곧, 존재자 전체.
6) A판: "진정한".
7) 「마태오 복음」19, 17 참조.

성이 선험적으로 구상하고, 자유의지의 개념과 불가분적으로 연결시킨 **이념**으로부터 얻어 가진 것이다.[8] 윤리적인 것에서 모방이란 전혀 생기지 않으며, 실례들은 단지 격려를 위해서 쓰일 뿐이다. 다시 말해, 실례들은 법칙이 명령하는 것의 실행가능성에 대한 회의를 제거하고, 실천 규칙이 보다 보편적으로 표현하는 것을 가시화할 뿐, 결코 이성 안에 놓여 있는 참된 원본을 제쳐놓고 실례들을 표준으로 삼을 권리를 가질 수는 없는 것이다. B30

도대체가, 모든 경험에 독립해 있〔지 않〕으면서 순전히 순수 이성에 의거해 있을 수밖에 없을 터인, 윤리성의 진정한 최상 원칙이 없다면, 이 개념들이 그것들에 속하는 선험적 원리들과 함께 확립되자마자, 이 개념들을 보편적으로 (抽象的으로) 개진하는 것이 과연 좋은 일이냐를 묻는 것조차 필요하지 않다고 나는 믿는다. 그 인식이 평범한 인식과 구별되어 철학적이라고 일컬어져야 하는 한에서는 말이다. 그러나 우리의 시대에는 이런 일이 실로 필요할지도 모르겠다. 왜냐하면 사람들이 만약, 모든 경험적인 것에서 떼어낸 순수한 이성인식, 그러니까 윤리 형이상학이 선호되는가, 아니면 대중적 실천철학이 선호되는가에 대해 표를 모은다면, 어느 편이 우세[9]일지는 금방 알아맞힐 것이니 말이다.[10]

만약 순수 이성의 원리들까지 올라가는 일이 먼저 일어나 온전히 충족되는 데까지 이르렀다면, 민중개념들에로 이렇게 내려가는 일은 물론 칭찬할 만한 일이다. 그것은, 윤리 이론을 먼저 형이상학 위에 **세우고**, 그것이 확립되고 나면, 그 뒤에 대중성을 통해 **유포**시킨다는 것을 말하는 것 B31

---

8) 이에 대한 부연 설명은 『정초』 집필 시기의 칸트의 도덕철학 강의록 Moral Mrongovius II: AA XXIX, 599 이하 참조.
9) A판: "진리".
10) 곧, 대중적 실천철학이 선호될 것이다.

이겠다. 그러나 원칙들의 모든 정당성이 그에 달려 있는 첫 단계 연구에서 벌써 이런 대중성을 좇으려 한다는 것은 지극히 이치에 맞지 않은 일이다. 이런 태도는 참된 **철학적 대중성**이 갖는 아주 드문 공적마저 결코 요구할 수 없는데, 모든 근본적인 통찰을 포기한 마당이라면, 평이하게 한다는 것은 전혀 아무런 기술도 아니기 때문이다. 그뿐만 아니라 그런 태도는 여기저기서 주워 모은 관찰들과 궤변적인 원리들의 구역질 나는 잡동사니를 출현시키는데, 이런 것을 천박한 머리들은 즐기거니와, 그것은 이런 것이 일상적인 잡담을 위해서는 약간 쓸모가 있기 때문이다. 그러나 통찰력이 있는 사람들은 이런 것에서 혼란을 느끼되, 어찌할 줄을 몰라, 불만족한 채로 눈길을 돌린다. 그럼에도 그런 현혹을 아주 잘 간파한 철학자들이 있어, 오직 일정한 통찰을 얻은 후에야 비로소 정당하게 대중적일 수 있기 위해서, 한동안 이 가짜 대중성을 소리쳐 알려도, 듣는 사람이 거의 없다.

IV410

저 같이 좋아하는 입맛대로 윤리성에 대해 시도하는 것들을 보기만 해도, 사람들은 때로는 인간의 자연본성—그 아래에 이성적 자연본성 일반의 이념〔개념〕도 포함되거니와—의 특수한 규정을, 때로는 완전성을 때로는 행복을, 여기서는 도덕적 감정을 저기서는 신에 대한 두려움을, 이것에서도 약간을 저것에서도 약간을, 엄청나게 뒤죽박죽 뒤섞은 채로 만나게 될 것이다. 과연 도대체가 (우리가 오직 경험에서 취해올 수 있는) 인간 자연본성의 지식에서 윤리성의 원리들이 추구될 수 있는지를 물을 수 있는가는 생각조차 하지 않고, 그리고 만약 이것이 아니라면, 즉 만약 윤리성의 원리들은 온전히 선험적으로, 일체의 경험적인 것으로부터 자유롭게, 단적으로 순수한 이성개념들 중에서만 만나질 수 있고, 다른 곳에서는 조금만큼도 만나질 수 없는 것이라면, 이 연구를 차라리 순수한 실천적 세계지혜[11]로서 또는 (그토록 평판 나쁜 명칭을 쓰는 것이 허용된다면)

B32

---

11) 곧, 철학.

148

윤리 형이상학※으로서 완전히 떼어내, 그것만으로써 전적으로 완벽하게 만들고, 대중성을 요구하는 대중은 이 기획이 완결될 때까지 기다리도록 달래는 방안을 짜볼 생각조차 하지 않은 채 말이다.

　그러나 그렇게 온전히 격리된 윤리 형이상학은, 즉 어떤 인간학, 어떤 신학, 어떤 물리학 내지 상〔上〕물리학12), 더욱이 (사람들이 하〔下〕물리학적13) 　**B33** 이라고 부를 수도 있을 터인) 어떤 숨겨진 〔성〕질들도 섞여 있지 않은 윤리 형이상학은 단지 의무들에 대한 모든 이론적인, 확실하게 규정된 인식의 불가결한 기체〔基體〕가 아니라, 동시에 의무들에 대한 훈계들을 실제로 수행하기 위해 최고로 중요한 숙원 사항이다. 왜냐하면 순수한, 경험적 자극의 어떤 외적인 부가물도 섞여 있지 않은 의무 표상, 그리고 도대체가 윤리 법칙의 표상은 이성의 길을 통해서만—여기서 이성은 처음으로 그 자신이 실천적일 수도 있음을 인지하는바—인간의 심정에 사람들이 경험적인 분야에서 모을 수 있는 다른 모든 동기들※※※보다 훨씬 더 강　**IV411**

※　그렇게 하고자 한다면, 사람들은 (순수수학이 응용수학과, 순수논리학이 응용논리학과 구별되듯이, 그러므로) 순수한 윤리 철학(형이상학)과 응용(곧, 인간 자연본성에 대한) 윤리 철학을 구별할 수 있다. 이런 명명을 통해 사람들은 또한 이내 상기할 것인바, 윤리적 원리들은 인간의 자연본성의 특성들에 기초해 있지 않고, 독자적으로 선험적으로 존립하는 것이어야만 하지만 이러한 원리들로부터 모든 이성적 자연〔존재자들〕에 대한, 그러므로 또한 인간의 자연〔본성〕에 대한 실천 규칙들이 도출될 수 있어야만 한다.

※※※ 나는 고인이 된 탁월했던 **술처**14)씨에게서 받은 편지15) 한 장을 가지고 있는데, 여기서 그는 나에게, 덕의 훈계들은 이성에 대해서는 그토록 설득적인데도, 왜 이루어내는 것은 그렇게나 적은가에 대해 그 원인이 무엇이겠는가 하고 묻는다. 완벽하게 준비하려다가, 그에 대한 나의 답변이 너무 늦어지고 말았다. 그러나 나의 답변은 다름 아니라, 교사들 자신이 그들의 개념들을

---

12) 원어: Hyperphysik.
13) 원어: hypophysisch.
14) Johann Georg Sulzer(1720~1779). 프로이센의 철학자, 교육자. 1775년부터 베를린 학술원의 철학부장. 대표 저술은 *Allgemeine Theorie der schönen Künste*(1771~1774).
15) 추정컨대 1770. 12. 8 자 편지.(AA X, 111 참조)

한 영향을 미치기 때문이다. 그렇기에 이성은 자기의 위엄을 의식하면서 다른 동기들을 멸시하고, 차츰 그것들의 지배자가 될 수 있다. 이 대신에 감정 및 경향성의 동기들과 함께 이성개념들로 합성된, 혼합된 윤리이론은 마음을 어떠한 원리 아래에도 들어가지 않는, 그래서 사람들을 자못 우연히 선으로 이끌 수는 있지만, 그러나 더 자주는 악으로도 이끌 수 있는, 동인들 사이에서 **방황하게**[16] 만들 수밖에 없는 것이다.

B34

이상 언급한 것으로부터 다음의 사실이 밝혀진다. 즉 모든 윤리적 개념들은 온전히 선험적으로 이성 안에 그것들의 자리와 근원을 가지며, 이 점은 가장 평범한 인간이성에서나 최고로 사변적인 이성에서나 마찬가지로, 그것들은 어떤 경험적인 인식으로부터, 그렇기에 어떠한 한낱 우연적인 인식에서 추상될 수가 없는 것이다. 그리고 바로 윤리적 개념들의 근원의 이 순수성에 그것들이 우리들에게서 최상의 실천 원리들로 **쓰이기 위한**[17] 존엄성이 놓여 있는 것으로, 사람들이 이것에다 경험적인 것을 덧붙이는 그만큼 사람들은 매번 행위들에 대한 그것들의 진정한 영

B34

순수하게 가지지 못했기 때문이라는 것이다. 그들은 윤리적 선으로의 동인들을 모든 방면에서 끌어모음으로써 윤리적 선을 너무 좋게 만들려 했는데, 그것은 악의 효력을 강화하기 위함이었으나, 그들은 그로써 그 악을 망쳐버린 것이다. 무릇, 가장 평범한 관찰도 보여주는바, 어떤 정직한 행위가 어떻게 이 세계나 또는 다른 세계에서의 여느 이익에 대한 일체의 관점을 떠나, 심지어 곤궁이나 유혹의 최대 시련 아래서도, 확고한 영혼을 가지고 수행되었는가를 생각해본다면, 그런 행위는 단지 최소한이라도 어떤 외적 동기에 의해 촉발된 모든 비슷한 행위를 훨씬 앞지르고 무색하게 하며, 영혼을 고양시켜 우리도 그처럼 행위할 수 있으리라는 소망을 불러일으킨다. 중간 나이의 어린아이들조차도 이런 인상은 느끼는 바여서, 그들에게 의무라는 것을 결코 다른 방식으로 보여줄 일은 없다.

---

16) A판: "혼란스럽게".
17) A판: "쓰일".

향력과 행위들의 무제한한 가치를 덜어내는 것이다. 또 윤리적 개념들과 법칙들을 순수 이성에서 길어내고, 그것들을 순수하고 뒤섞이지 않게 진술하며, 정말이지 이것의 전 실천적 내지는 순수한 이성인식의 범위를, 그러니까 순수한 실천이성의 전체 능력을 규정하는 일은, 이론적인 의도에서 순전히 사변이 문제될 때에, 최대로 필요할 뿐만 아니라, 실천적으로도 최대로 중요하다는 것이다. 즉 그러나 여기에서 사변철학은 그 원리들을 인간 이성의 특수한 자연본성에 의존시키는 것을 허용하고, 심지어 때로는 필요하다고까지 보지만, 그렇게 해서는 안 되며, 오히려 도덕법칙들은 모든 이성적 존재자 일반에게 타당해야 할 것이기 때문에, 그것들을 이미 이성 존재자 일반의 보편적 개념으로부터 도출하고, 그러한 방식으로, 그것을 인간에게 **적용**하기 위해서는 인간학을 필요로 하는, 모든 도덕을 우선은 이 인간학과는 독립적으로 순수한 철학으로서, 다시 말해 형이상학으로서 완벽하게─이런 일이 이 같은 전적으로 격리된 인식에서는 능히 가능하거니와─개진해야 하는 것이다. 그런 형이상학을 소유하지 않고서는, 의무에 맞는 모든 것 중에서 의무의 도덕적 요소를 사변적 평가를 위해 정확하게 규정하는 일이 허사라는 것이 아니라, 그럴 경우에는 심지어, 특히 도덕적 가르침의, 한낱 평범한 실천적 사용에서도, 윤리를 진정한 원리들 위에 세우고, 그렇게 함으로써 순수한 도덕적 마음씨를 생기게 하고, 최고의 세계선[18]으로 사람들의 마음에 새겨 넣는 일이 불가능하다는 것을 정말로 의식하고서 말이다.

　　그러나 이 작업에서 단지 평범한 윤리적 판정[가치판단]─이것은 여기서 매우 존경할 만한 것이거니와─에서, 보통 그렇게 되듯이, 철학적 판정[가치판단]으로 나아가기 위해서뿐만 아니라, 실례들에 의거해 발을 내딛을 수 있는 이상으로는 나가지 않는 대중 철학에서 형이상학으로까지─이 형이상학은 어떤 경험적인 것에 의해서도 억눌려지지 않으며, 형

B35

IV412

B36

---

18) 원어: das höchste Weltbeste.

이상학은 이런 유의 이성인식의 총체를 측량하지 않으면 안 되기 때문에, 어쨌든 이념들에까지 나간다. 실례들[19]조차 우리를 떠나는 경우에도 말이다—자연스러운 단계들을 거쳐 나아가기 위해서는, 우리는 실천적인 이성능력을 그것을 보편적으로 규정하는 규칙들로부터 의무 개념이 생겨나는 곳에 이르기까지 추적하여 분명하게 서술해야만 한다.

자연의 사물은 어떤 것이나 법칙들에 따라 작용한다. 오로지 이성적 존재자만이 법칙의 **표상에 따라**, 다시 말해 원리들에 따라 행위하는 능력 내지 **의지**를 가지고 있다. 법칙들로부터 행위들을 이끌어내는 데는 **이성**이 요구되므로, 의지는 실천이성 외에 다른 아무것도 아니다. 만약 이성이 의지를 불가불 규정한다면, 그러한 존재자의, 객관적으로 필연적인 것이라고 인식된 행위들은 주관적으로도 필연적이다. 다시 말해, 의지란 이성이 경향성에 독립해서 실천적으로 필연적인 것이라고, 다시 말해 선하다고 인식하는 **그런 것만**을 선택하는 능력이다. 그러나 이성이 그 혼자만으로는 의지를 충분하게 규정하지 못한다면, 즉 의지가 언제나 객관적인 조건들과 합치하는 것은 아닌, 주관적인 조건들(어떤 동기들)에도 종속하는 것이라면, 한마디로 말해, (인간의 경우가 실제로 그러하듯이) 의지가 자체로 온전하게는 이성과 맞지 않는다면, 객관적으로 필연적이라고 인식된 행위들이 주관적으로는 우연적이고, 그러한 의지를 객관적인 법칙들에 맞게 규정하는 것은 **강요**이다. 다시 말해, 철두철미하게 선하지는 않은 의지에 대한 객관적인 법칙들의 관계는 비록 이성의 근거들에 의한 이성적 존재자의 의지의 규정으로 표상되기는 하지만, 그러나 이 의지는 본성상 이성의 근거들에 필연적으로 순종적이지는 않다.

객관적 원리의 표상은, 그것이 의지에 대해 강요적인 한에서, (이성의)

B37

IV413

---

19) A판: "저 이념들에 부합했던 실례들".

지시명령[20]이라 일컬으며, 이 지시명령의 정식[定式][21]을 일컬어 **명령**이라 한다.

모든 명령은 **당위**[‘**해야 한다**’]를 통해 표현되며, 그에 의해 이성의 객관적 법칙의, 주관적 성질상 그에 의해 필연적으로 규정되지는 않는 의지에 대한 관계(즉 강요)를 고지한다. 명령들은 어떤 것을 하거나 또는 하지 않는 것이 선할 것이라고 말한다. 그러나 명령들이 그 말을 하는 상대는, 어떤 것을 하는 것이 선한 것이라고 그 앞에 제시된다고 해서 언제나 그 어떤 것을 하는 것은 아닌 의지이다. 그러나 실천적으로 **선한**[좋은] 것은 이성의 표상들에 의해, 그러니까 주관적 원인에서가 아니라, 객관적으로, 다시 말해 모든 이성적 존재자에게 그 자체로서 타당한 근거들에서 의지를 규정하는 것이다. 그것은 **쾌적한 것**과는 다르다.[22] 쾌적한 것은 오로지 이런저런 감관에만 타당한, 한낱 주관적 원인들로부터 말미암은 감각에 의해서만 의지에 영향을 미치는 것[*]으로, 모든 사람에게 타당

B38

---

[*] 욕구능력의 감각에 대한 의존성을 일컬어 경향성이라 하며, 그러므로 경향성은 항상 **필요욕구**를 증명한다. 그러나 우연히 규정될 수 있는[23] 의지의 이성 원리에 대한 의존성은 [**이해**]**관심**이라 일컫는다. 그러므로 이 [이해]관심은 그 자체 항상 이성에 맞는 것은 아닌 의존적인 의지에서만 생긴다. 신의 의지에서는 [이해]관심이란 생각할 수 없는 것이다. 그럼에도 인간의 의지는 무엇에 대해 [**이해**]**관심을 가질** 수 있다. 그렇다고 [이해]관심으로 인해 행위하지는 않으면서도 말이다. 전자는 행위에 대한 **실천적** 관심을 의미하며, 후자는 행위의 대상에 대한 **정념적** 관심을 의미한다. 전자는 단지 의지가 이성의 원리들 그 자체에 의존해 있음을 고지하며, 후자는 경향성을 위하여 그 원리들에

---

20) 원어: Gebot. ‘Gebot’는 아래에 이어 등장하는 ‘Imperativ’와 같이 ‘명령’이라고 옮겨도 무방하겠으나, 양자가 대비되도록 하기 위해 ‘지시명령’ 또는 (특히 성서와 연관될 경우에는) ‘계명’으로 옮기며, 그에 따라 다소간에 생경하지만, ‘gebieten’도 ‘지시명령하다’로 옮긴다.
21) 원어: Formel.
22) ‘쾌적한 것’과 ‘선한[좋은] 것’의 구별에 대해서는 『판단력비판』 §3, §4 참조.
23) B판 추가.

한 이성의 원리인 것은 아니다.

그러므로 완전한 선의지는 마찬가지로 (선의) 객관적인 법칙들 아래에 서 있을 터이지만, 그러나 그로 인해 그것이 법칙에 맞는 행위를 하도록 **강요된** 것이라고 생각할 수는 없다. 왜냐하면 완전한 선의지는 그것의 주 관(주체)적인 성질상 스스로 오로지 선의 표상에 의해서만 규정될 수 있 는 것이기 때문이다. 그래서 **신적**인 의지에 대해서는, 그리고 도대체가 **신성한** 의지에 대해서는 어떠한 명령도 타당하지가 않다. 여기에는 **당 위**(**'해야 한다'**)가 있을 바른 자리가 없다. 왜냐하면 **의욕**(**'하고자 한다'**)이 이미 스스로 법칙과 필연적으로 일치해 있으니 말이다. 그래서 명령은 의욕 일반의 객관적 법칙과 이런저런 이성적 존재자의 의지의, 예컨대 인간 의지의, 주관적 불완전성과의 관계를 표현하는 정식일 따름이다.

그런데 모든 **명령**은 **가언적으로나 정언적으로** 지시명령한다. 전자[24] 는 가능한 행위의 실천적 필연성을 사람들이 의욕하는 (또는 의욕하는 것 이 가능한) 어떤 다른 것에 도달하기 위한 수단으로 표상하는 것이다. 정 언적 명령은 한 행위를 그 자체로서, 어떤 다른 목적과 관계없이, 객관적 으로-필연적인 것으로 표상하는 그런 명령이겠다.

모든 실천 법칙은 가능한 행위를 선한 것으로, 그렇기에 이성에 의해

의존해 있음을 의미한다. 곧 여기서 이성은 오로지, 어떻게 경향성의 필요에 부응할 것인가 하는 실천적 규칙만을 제공한다. 전자의 경우에 나의 관심사 는 행위이고, 후자의 경우에는 (그것이 나에게 쾌적한 한에서) 행위의 대상이 다. 제1절에서 우리는, 의무로부터 말미암은 행위에서 주목해야 할 것은 대상 에 대한 (이해)관심이 아니라, 순전히 행위 자신과 이성 안에 있는 그것의 원 리(즉 법칙)임을 알았다.

---

24) 곧, 가언적 명령.

실천적으로 규정될 수 있는 주관〔주체〕에 대해서는 필연적인 것으로 표
상하기 때문에, 모든 명령들은, 어떤 **방식**[25])에서든 선한, 의지의 원리에
따라 필연적인, 행위를 규정하는 정식〔定式〕들이다. 그런데 행위가 한낱
무엇인가 다른 것을 위해, 즉 수단으로서 선하다면, 그 명령은 **가언적인**
것이다. 〔반면에〕 행위가 **자체로서** 선한 것으로 표상되면, 그러니까 자체
로서 이성에 알맞은 의지에서 필연적인 것으로, 즉 의지의 원리로 표상
되면, 그 명령은 **정언적**인 것이다.

  그러므로 명령은, 나를 통해 가능한 어떤 행위가 선할 것인가를 말해
주며, 실천 규칙을 한 의지와의 관계에서 표상하되, 의지는 어떤 행위가
선하다는 바로 그 이유 때문에 그것을 곧바로 행하지는 않는다. 왜냐하
면 한편으로는 주관이 언제나 그 행위가 선하다는 것을 아는 것이 아니
기 때문이고, 또 한편으로는 주관이 이것을 안다 할지라도, 주관의 준칙
이 실천이성의 객관적 원리들에 반할 수도 있기 때문이다.

  그러므로 가언명령은 단지, 행위가 여느 **가능한** 또는 **현실적**인 의도
를 위해 좋다〔선하다〕는 것을 말할 뿐이다. 전자의 경우[26])에 가언명령은
미정적[27])–실천 원리이고, 후자의 경우[28])에는 **확정적**–실천 원리이다. 행

---

25) A판: "의도".
26) 곧, 가능한 의도를 위한 경우.
27) 원어: problematisch. 칸트가 쓰는 'problematisch'라는 말은 문맥에 따라 두 가지로
   옮기는 것이 좋을 것 같다. 이 말이 보통 판단에 대해서 쓰일 때는 "사람들이 그것을 긍
   정하든 부정하든 순전히 가능한(임의적인) 것으로 받아들이는 그러한 판단"(『순수이성
   비판』, A74＝B100)을 지칭하는 것으로 '확정적(assertorisch)'·'명증적(apodiktisch)'
   과 함께 판단의 양태들 중 한 가지를 일컫는다. 반면에 이 말이 『실천이성비판』의 초두
   (A4＝V3 참조)에서처럼 "자유 개념"의 성격이나 일반적으로 사태 내지 사물에 대하여
   쓰일 때는, 어떤 것의 객관적 실재성이 아직 확증되지 않았다는 점에서는 '문제(Problem)
   가 있'지만, 그러나 논리적으로는 '생각하는 것이 불가능하지 않은'이라는 뜻을 갖는다.
   이러한 구별을 고려하여 이 말을 우리는 앞의 경우에는 '미정적〔未定的〕'으로, 뒤의 경
   우에는 '문제(성) 있는'으로 옮기기로 한다. 특히 뒤의 경우에는 이 말이 파생된 원어인

위를 어떤 의도와도 관계없이, 다시 말해, 또한 어떤 다른 목적 없이, 그 자체로 객관적으로 필연적인 것이라고 단언하는 정언명령은 **명증적** (실천)[29] 원리로 간주된다.

B41   사람들은 어떤 이성적 존재자의 힘들에 의해서만 가능한 것을 또한 여느 의지에 대해서도 가능한 의도라고 생각할 수 있다. 그래서 행위의 원리들은, 이[30] 행위가 이 행위에 의해 실현되는 어떤 가능한 의도에 도달하기 위해, 필연적인 것으로 표상되는 한, 사실 무한히 많다. 모든 학문은 어떤 실천적인 부문을 가지고 있는바, 이 부문은 어떤 목적이 우리에게 가능하다는 과제들과, 그 목적이 어떻게 달성될 수 있는가의 명령들로 이루어져 있다. 그래서 이 명령들은 일반적으로 **숙련**(성)의 명령이라고 일컬어진다. 여기서는 과연 목적이 이성적〔합리적〕이며 선한 것이냐는 전혀 문제가 아니고, 오로지 그 목적에 이르기 위해 사람들은 무엇을 해야 하는가만이 문제이다. 자기 환자를 근본적으로 건강하게 하기 위한 의사의 처방과 대상자를 확실하게 살해하기 위한 독살자의 처방은, 각기 자기의 의도를 완전하게 실현하는 데 쓰이는 그런[31] 한에서는, 똑같은 가치를 갖는다. 사람들은 초기 유년기에는 인생에서 어떤 목적들이 우리에게 닥쳐올지 모르기 때문에, 부모들은 특히 그의 아이들에게 정말로 **여러 가지**를 배우게 하려 하고, 여러 가지 **임의적인** 목적들을 위한 수단들의 사용에서 **숙련**에 마음을 쓴다. 이런 임의의 목적들 가운데 어느 하나가 과연 실제로 장차 그들 자식의 의도가 될 수 있을 것인지를 부모는 결정할 수 없다. 그럼에도 자식이 그런 의도를 가질 수도 있음은 **가능한**

Problem · Problematik과의 연관성을 살려내기 위함이다. 앞의 경우에 대해서는 '개연적'이 이 말의 번역어로 더러 쓰이고 있는데, '개연적'이라는 말은 '확률적'과 더불어 오히려 'wahrscheinlich'에 대응시키는 것이 합당하다고 본다.

28) 곧, 현실적 의도를 위한 경우.

29) AA: "명증적-실천".

30) A판: "그".

31) B판 추가.

일이다. 이에 대한 〔부모의〕 마음 씀은 너무 커서, 그들은 보통, 자식들이 목적으로 가질 수도 있는 사물들의 가치에 대해 자식들이 판단을 세우고 올바로 하는 일에는 소홀히 한다. B42

그럼에도 불구하고, 모든 이성적 존재자에게서 (명령들이 이들에게, 곧 의존적인 존재자들인 이들에게, 걸맞은 한에서) 현실적인 것으로 전제될 수 있는 **하나의** 목적, 그러므로 그들이 한낱 **가질 수 있을** 뿐만 아니라, 그들 모두가 자연필연성에 따라[32] 〔실제로〕 **가지고 있다**고 사람들이 확실하게 전제할 수 있는 하나의 의도가 있다. 그것은 **행복**하고자 하는 의도이다. 행복을 촉진〔장려〕하기 위한 수단으로 행위의 실천적 필연성〔행위를 반드시 실천해야 함〕을 표상하는 가언명령은 **확정적**이다. 사람들은 이 가언적 명령을 단지 어떤 불확실한, 한낱 가능한 의도에 대해서만 필연적인 것으로 개진해서는 안 되고, 사람들이 확실하게 **선험적으로**[33] 모든 인간에게서 전제할 수 있는 의도에 대해서 필연적인 것으로 개진해야 한다. 왜냐하면 이 의도는 인간의 **본질**[34]에 속하기 때문이다. 이제 사람들은 자기 자신의 최대의 안녕을 위한 수단 선택에서 숙련을 좁은 의미에서 **영리〔현명〕***〔함〕라고 부를 수 있다. 그러므로 자신의 행복을 위한 수 IV416

---

* 영리〔현명〕〔함〕라는 말은 이중적 의미로 받아들여진다. 하나는 '세상에서 영리〔함〕'라는 이름을, 또 하나는 '사적으로 영리〔함〕'라는 이름을 갖는다. 전자는 다른 사람들에게 영향을 미쳐 그들을 자신의 목적들을 위해 이용하는, 어떤 사람의 숙련〔성〕이다. 후자는 이 모든 의도들을 자기 자신의 지속적인 이익을 위해 통합하는 통찰〔력〕이다. 후자는 본래 전자의 가치조차도 자기에로 환원시키는 그런 것이다. 첫째 방식으로는 영리하나, 둘째 방식으로는 그렇지 못한 사람에 대해서는, "그는 똑똑하고 교활하다, 그럼에도 전체적으로는 영리〔현명〕하지 못하다"고 말하는 것이 더 좋을지 모르겠다.

---

32) 곧, 자연본성상.
33) B판 추가.
34) A판: "자연본성".

B43 단의 선택에 관련하는 명령, 다시 말해, '영리〔현명〕하라'는 훈계 또한 언제나 **가언적**이다. 그 행위는 단적으로가 아니라, 오로지 다른 어떤 의도를 위한 수단으로만 지시명령되는 것이다.

마지막으로, 어떤 처신에 의해 도달해야 할 여느 다른 의도를 조건으로서 근저에 두지 않고, 이 처신을 직접적으로 지시명령하는 명령이 있다. 이 명령은 **정언적**이다. 이 명령은 행위의 질료 및 그 행위로부터 결과할 것에 상관하지 않고, 형식 및 그로부터 행위 자신이 나오는 원리에 상관한다. 행위의 본질적으로-선함은, 그 행위로부터 나오는 결과가 무엇이든, 마음씨에 있다. 이 명령은 윤리〔성〕의 명령이라고 일컬을 수 있을 것이다.

이 세 가지의 원리들에 따른 의욕은 각기 의지에 대한 강요가 **같지 않음**에서도 분명하게 구별된다. 이제 이것들이 서로 같지 않음을 뚜렷하게 하기 위해서, 사람들이 원리들을 숙련의 **규칙들**이거나, 또는 영리함의 **충고들**이거나, 또는 윤리성의 **지시명령들(법칙들)**이라고 말한다면, 그 순서에서 가장 알맞게 거명한 것이라고 나는 믿는다. 무릇 **법칙**만이 **무**
B44 **조건적**인, 그것도 객관적인, 그러니까 보편적으로 타당한 **필연성**의 개념을 동반하며, 지시명령이란 그에 복종하지 않으면 안 되는, 다시 말해 경향성에 반하여서도 수행하지 않으면 안 되는 법칙이다. **충언**도 물론 필연성을 함유하기는 하지만, 그러나 그 필연성은 이 사람이나 저 사람이 이것 또는 저것을 자기 행복을 위한 것으로 계산하는가 않는가 하는, 한낱 주관적으로 적의한[35] 조건 아래에서만 유효할 수 있다. 이에 반해 정언적 명령은 어떠한 조건에도 제한받지 않으며, 절대적으로 필연적이고, 그러면서도 실천적으로-필연적인 것으로서 본래적으로 지시명령이라고

---

35) AA: "우연적인".

일컬을 수 있는 것이다. 사람들은 첫 번째의 명령들을 **기술적**(기술에 속하는) 명령, 두 번째의 명령들은 **실용적**※(복지를 위한) 명령, 세 번째 명령들은 **도덕적**(자유로운 처신 일반에, 다시 말해 윤리에 속하는) 명령이라고 부를 수도 있겠다.

이제, '어떻게 이 모든 명령들이 가능한가?' 하는 물음이 발생한다. 이 물음이 알고자 요구하는 것은, 명령이 지시명령하는 행위의 실행이 어떻게 생각될 수 있는지가 아니라, 명령이 그 과제 안에서 표현하는 의지의 강요가 순전히 어떻게 생각될 수 있는지이다. 숙련의 명령이 어떻게 가능한가는 실로 아무런 특별한 해설이 필요하지 않다. 목적을 의욕하는 B45 자는 (이성이 그의 행위들에 결정적인 영향을 미치는 한) 그것을 위해 필요 불가결한, 그가 마음대로 할 수 있는 수단 또한 의욕한다. 이 명제는, 의욕에 관한 한, 분석적이다. 왜냐하면 어떤 객관을 나의 작용 결과로서 의욕함에서 이미 행위 원인으로서 나의 원인성은, 다시 말해, 수단의 사용은 생각되고, 명령은 이미 이 목적을 의욕한다는 개념으로부터 이 목적을 위해 필요한 행위들이라는 개념을 이끌어내기 때문이다. (설정된 의도를 위한 수단들 자신을 규정하기 위해서는 물론 종합 명제들이 필요하지만, 그러나 이 명제들은 의지 작용을 실현하는 근거에 관한 것이 아니라, 객관을 실현하는 근거에 관한 것이다.) 하나의 선분을 확실한 원리에 따라 이등분하기 위해서는, 내가 선분의 양 끝에서 두 개의 원을 그려 교차점을 만들어야

※ 내가 생각하기에, **실용적**이라는 말의 본래 의미는 이런 식으로 가장 정확하게 규정될 수 있다. 왜냐하면 본래 국내법에서, 필연적인 법률로서 나온 것이 아니라, 보편적인 복지를 위한 **예방적 배려**에서 나온 국사〔國事〕의 조서〔詔書〕들은 실용적이라고 불리기 때문이다. 만약 어떤 역사〔서〕가 〔세상 사람들을〕 **영리〔현명〕**하게 만든다면, 다시 말해 세상을 가르쳐, 그 이익을 앞선 세상보다 더 잘, 또는 적어도 똑같은 정도로 잘 살필 수 있게끔 한다면, 그 **역사〔서〕**는 실용적으로 저술된 것이다.

제2절 대중적 윤리 세계지혜에서 윤리 형이상학으로의 이행 159

만 한다는 것을 수학은 틀림없이 오로지 종합 명제들에 의해서만 가르쳐준다. 그러나 내가 만약 그러한 행위에 의해서만 생각한 결과들이 일어날 수 있음을 안다면, 나는 만약 내가 그 결과를 완벽하게 의욕한다면, 또한 그를 위해 요구되는 행위도 의욕한다는 것은 분석적인 명제이다. 왜냐하면 어떤 것을 일정한 방식으로 나에 의해 가능한 결과로 표상하는 일과 그 결과와 관련해 동일한 방식으로 행위하는 나를 표상하는 일은 전적으로 한가지이기 때문이다.

B46

IV418

영리함의 명령들은, 만약 행복에 대한 일정〔명확〕한 개념을 쉽게 줄 수만 있다면, 숙련의 명령들과 전적으로 합치할 터이고, 그런 만큼 역시 분석적일 터이다. 무릇 저기[36]에서와 마찬가지로 여기[37]에서도 말할 것은, 목적을 의욕하는 자는 또한 (이성에 따라 필연적으로), 그것을 위해 마음대로 할 수 있는 유일한 수단들도 의욕한다는 것이다. 그러나 불행하게도 행복이라는 개념은 매우 불명확한 개념이어서, 비록 사람이면 누구나 그에 이르기를 소망하지만, 그러나 누구도 그가 진정으로 무엇을 소망하고 의욕하는지를 명확하고 일관되게 말할 수가 없다. 그 원인인즉, 행복의 개념에 속하는 모든 요소들은 모두가 경험적이고, 다시 말해 경험으로부터 빌려올 수밖에 없는 것이고, 그럼에도 불구하고 행복의 이념을 위해서는 나의 현재와 모든 미래 상태에서의 안녕의 절대적 전체, 곧 최대량이 필요하다는 데 있다. 그런데 아무리 통찰력이 있고 동시에 만능이라 해도 유한한 존재자가 자신이 여기서 진정으로 의욕하는 것에 대한 명확한 개념을 갖는다는 것은 불가능하다. 그가 부〔富〕를 의욕한다면, 그 때문에 그는 그토록 많은 근심과 질투와 선망을 감당해내지 않을 수 없을 터이다. 그가 만약 많은 지식과 통찰을 의욕한다면, 아마도 그것은 오로

---

36) 곧, 숙련의 명령들.
37) 곧, 영리함의 명령들.

지 더욱더 날카로운 눈이 되어, 아직은 그에게 숨겨져 있으되 피할 수 없
는 해악을 그에게 오로지 더욱더 끔직스럽게 보여주거나, 이미 그를 충
분히 괴롭힌 욕구들에게 더 많은 필요를 짐 지우게 할 수도 있을 터이다.
그가 장수를 의욕한다면, 그에게 그것이 비참함을 연장하는 것이 아니라 B47
고 누가 장담하겠는가? 그가 최소한 건강을 의욕한다면, 무제한적인 건
강이 빠뜨렸을지도 모를 방탕을 신체의 불편함이 그 또한 얼마나 자주
제지했을 것인가? 등등. 요컨대, 그는 무엇이 진실로 그를 행복하게 해
줄 것인가를 어떤 원칙에 의거해, 온전히 확실하게 규정할 수가 없다. 그
렇게 하기 위해서는 전지전능함이 필요할 것이기 때문이다. 그러므로 사
람들은 행복하기 위해 일정〔명확〕한 원리들에 따라 행동할 수가 없고, 오
히려 오로지 예컨대, 섭생·절약·정중·겸손 등등, 평균적으로 가장 많
이 안녕을 촉진한다고 경험이 가르쳐주는바, 경험적 충고에 따라 행위할
수 있을 뿐이다. 이로부터 다음의 결론이 나온다. 즉 영리의 명령들은,
정확히 말해, 전혀 지시명령할 수가 없다. 다시 말해, 행위들을 객관적으
로 실천적-**필연적인** 것으로 현시할 수가 없다. 그것들은 이성의 지시명
령(指示命令[38])이라기보다는 조언(助言[39])으로 간주되어야 하며, 어떤 행위
가 이성적 존재자의 행복을 촉진할 것인가를 확실하게 그리고 보편적으
로 규정하는 과제는 온전히 해결될 수가 없고, 그러니까 엄밀한 의미에
서, 행복을 주는 행위를 하라고 지시명령하는, 행복에 대한 명령은 가능
하지가 않다. 왜냐하면 행복은 이성의 이상이 아니라, 상상력의 이상인
바, 한낱 경험적 근거들에 의거한 것으로, 사람들은 이 근거들이 사실은
무한한 결과 계열의 전체를 달성하게 할 한 행위를 규정해줄 것을 기대 IV419
하지만, 그것은 헛된 일이기 때문이다. 그럼에도 만약 행복을 위한 수단 B48
들이 확실하게 제시되어 있다고 가정한다면, 이 영리의 명령은 분석적-

---

38) 원어: praeceptum.
39) 원어: consilium.

실천 명제이겠다. 왜냐하면 이 영리의 명령이 숙련의 명령과 구별되는 것은 오로지, 후자에 있어서는 목적이 한낱 가능할 뿐인데, 전자에 있어서는 주어져 있다는 점에 있기 때문이다. 그러나 양자는 한낱, 사람들이 목적으로서 의욕한다고 전제하는 것에 이를 수단만을 지시명령하므로, 목적을 의욕하는 자에 대해 수단들의 의욕을 지시명령하는 명령은 양자의 경우 모두 분석적이다. 그러므로 그러한 명령[40])의 가능성에 관해서도 아무런 어려움이 없다.

이에 반해, '**윤리성**의 명령이 어떻게 가능한가' 하는 것은 의심할 여지없이 해결이 필요한 유일한 물음이다. 왜냐하면 이 명령은 전혀 가언적이지 않으며, 그러므로 그 객관적으로-표상된 필연성이 가언적인 명령들에서처럼 어떤 전제에 기댈 수가 없으니 말이다. 이 경우 언제나 주의에서 놓치지 말아야 할 단 한 가지 것은, 과연 도대체 그 같은 어떤 명령이 있는 것인가 하는 문제가 어떤 **실례에 의해서**, 그러니까 경험적으로 결정될 수 있는 것이 아니며, 오히려 정언적인 것처럼 보이는 명령들도 남몰래는 가언적일지도 모르는 우려가 있다는 점이다. 예컨대, "너는 속임수로 약속해서는 안 된다"고 말할 때, 이런 짓을 하지 말아야 할 필

B49 연성은 한낱 어떤 다른 해악을 피하기 위한 충언이 아니다. 그래서 그것은 가령, 너는 그것이 탄로날 때 신용을 잃지 않도록 하기 위해 거짓말로 약속해서는 안 된다고 말하는 것이 아니라, 이런 종류의 행위는 그 자체로서 악으로 간주되어야 하고, 그러므로 이 금지의 명령은 정언적인 것이라고 사람들이 **받아들인다고**[41]) 해보자. 그렇다고 해도 사람들은, 이 경우 의지가, 설령 그렇게 보인다 할지라도, 다른 동기 없이 순전히 법칙에 의해 규정된다는 것을 어떤 실례에서도 확실하게 밝힐 수 없다. 왜

---

40) 곧, 영리의 명령.
41) A판: "주장한다고".

냐하면 자기도 모르게 수치에 대한 두려움이, 어쩌면 또한 다른 위험에 대한 막연한 우려가 의지에 영향을 미칠 수도 있음은 언제나 가능한 일이기 때문이다. 누가[42] 한 원인이 있지 않음을 경험을 통해 증명할 수 있는가? 경험은 우리가 저 원인을 지각하고 있지 않다는 것 외에 더 가르쳐주는 게 없는데 말이다. 그러나 그러한 경우에 그 자체로는 정언적이고 무조건적인 것으로 나타나는, 이른바 도덕적 명령이 사실은 단지 실용적인 훈계일 뿐으로, 그것은 한낱 우리로 하여금 우리의 이익에 주목하게 하고, 이 이익에 주의를 기울이도록 가르친다.

그러므로 우리는 **정언적** 명령의 가능성을 전적으로 선험적으로 연구하지 않으면 안 될 것이다. 이 경우 우리에게는, 그러한 명령의 현실성이 경험에 주어져 있어서, 그러므로 그 가능성을 확립하기 위해서가 아니라, 한낱 설명하기 위해서 필요할 뿐인, 그런 편익이 없기 때문이다. 그럼에도[43] 잠정적으로, 정언명령만이 실천 **법칙**이라고 말할 수 있는 것이고, 나머지 것들은 모두 의지의 **원리들**이라고 일컬을 수는 있겠으나, 법칙들이라고 일컬을 수는 없다는 것 정도는 통찰되어 있어야 한다. 왜냐하면 한낱 임의의 의도에 도달하기 위해 반드시 행해야만 하는 것은 그 자체로는 우연적인 것으로 간주될 수 있으며, 우리가 그 의도를 포기할 때, 우리는 그 훈계로부터 언제든 벗어날 수 있는데, 그에 반해 무조건적인 지시명령은 의지에 대해 그 반대로 할 임의를 허용하지 않고, 그러니까 무조건적인 지시명령만이 우리가 법칙에 요구하는 그런 필연성을 가지고 있기 때문이다.

둘째로, 이 정언명령 내지 윤리성의 법칙에서는 (그것의 가능성을 통찰하는) 어려움의 근거가 또한 매우 깊다. 정언명령은 선험적 종합적-실천

IV420

B50

---

42) A판: "무릇 누가".
43) A판: "그러나".

명제[※]이다. 이런 유의 명제들의 가능성을 통찰하는 것이 이론적 인식에서도 매우 어려운 바이기에, 그 어려움이 실천적 인식에서도 덜하지 않을 것임은 쉽사리 추측된다.

B51 　이 과제에 있어 우리가 제일 먼저 검토해보려는 것은, 어쩌면 정언명령의 순전한 개념이, 그것만이 정언명령일 수 있는 그런 명제를 함유하는, 그 명령의 정식〔定式〕도 제공하지 않을까 하는 점이다. 무릇 어떻게 그러한 절대적 지시명령이 가능한가는, 설령 우리가 그것이 어떤 〔내용을 가진〕 것인가를 안다 하더라도, 우리가 마지막 절에서 펼칠 여전히 특별한 힘겨운 노력을 필요로 하니 말이다.

　내가 **가언**명령이라는 것을 생각할 때는, 나에게 조건이 주어질 때까지 나는 그 명령이 무엇을 함유할 것인가를 미리 알지 못한다. 그러나 내가 **정언**명령을 생각할 때, 나는 그것이 무엇을 함유하는가를 즉각 안다. 무릇 명령은 법칙 외에 단지, 이 법칙에 적합해야 한다는 준칙^{※※}의 필연

※　나는 의지에, 어느 경향성으로부터의 전제된 조건 없이, 행동을, 선험적으로 그러니까 필연적으로 연결한다. (비록 객관적으로, 다시 말해, 모든 주관적 동인들에 대한 온전한 지배력을 갖는 이성이라는 이념 아래서이기는 하지만 말이다.) 그러므로 이것은 실천 명제로서, 이 실천 명제는 행위의 의욕을 어떤 다른 이미 전제된 의욕으로부터 분석적으로 이끌어내는 것이 아니라, (왜냐하면 우리는 그러한 완전한 의지를 가지고 있지 않으므로) 오히려 이성적 존재자로서⁴⁴⁾의 의지의 개념과 직접적으로, 그 안에 포함되어 있지 않은 어떤 것으로 연결한다.

※※　**준칙**은 행위하는 주관적 원리로서, **객관적 원리** 곧 실천 법칙과는 구별되어

IV421 　야 한다. 전자는 이성이 주관의 조건들에 적합하게 (흔히는 주관의 무지나 경향성들에도 따라) 규정하는 실천 규칙을 포함하며, 그러므로 그것은 그에 따라 주관이 **행위하는** 원칙이다. 그러나 법칙은 객관적 원리로서, 모든 이성

---

44) B판 추가.

성만을 함유하지만, 법칙은 그것이 제한받았던 아무런 조건도 함유하고 IV421
있지 않으므로, 남는 것은 오로지, 행위의 준칙이 그에 적합해야 할, 이
법칙 일반의 보편성뿐이며, 이 적합성만이 명령을 본래 필연적인 것으 B52
로 표상한다.

그러므로 정언명령은 오로지 유일한즉, 그것은 '**그 준칙이 보편적 법칙이 될 것을, 그 준칙을 통해**[45] **네가 동시에 의욕할 수 있는, 오직 그런 준칙에 따라서만 행위하라**'는 것이다.

이제 의무의 모든 명령들이 그것들의 원리로서의 이 유일한 명령으로부터 도출될 수 있다면, 비록 우리가 사람들이 의무라고 부르는 것이 도대체 공허한 개념이 아닌가 하는 문제는 미결로 남겨둔다 할지라도, 적어도 우리가 그 개념으로써 무엇을 생각하고, 이 개념이 무엇을 말하려 하는가는 제시할 수 있다.

그에 따라 결과들이 일어나는 법칙의 보편성이 본래 가장 보편적인 의미에서 (즉 형식의 면에서) **자연**이라고 일컬어지는 것, 다시 말해, 그것이 보편적 법칙들에 따라 규정되어 있는 한에서, 사물들의 현존이라고 일컬어지는 것을 형성하므로, 의무의 보편적 명령도, "**마치 너의 행위의 준칙이 너의 의지에 의해 보편적 자연법칙이 되어야 하는 것처럼, 그렇게 행위하라**"는 것이라고 말할 수 있겠다.

이제 우리는, 우리 자신에 대한 의무와 다른 사람들에 대한 의무, 완전

적 존재자에게 타당하며, 그에 따라 모든 이성적 존재자가 **행위해야만 하는** 원칙, 다시 말해, 명령이다.

45) "그 준칙에 대해"로 읽어야 할 것이라는 제안도 있다.(AA IV, 631 참조)

한 의무와 불완전한 의무로 나누어지는 의무들의 통상적인 분류에 따라 몇몇 의무들을 열거하고자 한다.[※]

IV422 1) 해악이 잇따라 절망에까지 이르러 생에 염증을 느낀 어떤 사람은, 그가 자살하는 것이 가령 자기 자신에 대한 의무에 어긋나는 일이 아닐까 하고 자문할 수 있는 한에서 아직 이성을 가지고 있다. 이제 그는, 그의 행위의 준칙이 실로 보편적 자연법칙이 될 수 있는가를 검토한다. 그런데 그의 준칙은, '나는, 만약 생이 연장되는 기간에 쾌적함을 약속하기보다는 오히려 해악을 가져올 위험이 있다면, 자기사랑에서 차라리 생을 단축하는 것을 나의 원리로 삼는다'는 것이다. 여기에 한 가지 더 물을 것은, 과연 이 자기사랑의 원리가 보편적 자연법칙이 될 수 있을까 하는

B54 점이다. 그때 사람들이 이내 알게 되는 바는, 그것의 사명이 생의 촉진을 추동하는 것인 바로 그 감각이 생 자신을 파괴하는 것이 자연의 법칙이라면, 자연은 자기 자신과 모순을 일으키는 것이고, 그러므로 자연으로 존립하지 못할 것이고, 그러니까 저 준칙이 보편적 자연법칙으로 생긴다는 것은 불가능하며, 따라서 모든 의무의 최상 원리와 전적으로 상충한다는 사실이다.

※ 여기서 주의해야 할 것은, 나는 의무들의 구분을 장차의 **윤리 형이상학**⁴⁶⁾을 위해 전적으로 미뤄두는 바이며, 그러므로 여기서의 이 구분은 (나의 실례들에 순서를 주기 위한) 단지 임의적인 것이라는 점이다. 이밖에 나는 여기서 완전한 의무라는 말로써 경향성의 이익을 위한 어떠한 예외도 허용하지 않는 의무를 뜻하며, 그때 나는 외적인 완전한 의무뿐만 아니라, 내적인 **완전한 의무**도 갖는바,⁴⁷⁾ 이것은 학교에서 사용되는 용어법과는 어긋난다. 그러나 나는 여기서 이에 대해 해명할 생각은 없다. 왜냐하면 사람들이 그것을 용인하거나 말거나, 나의 의도에는 마찬가지이기 때문이다.

---

46) 칸트 『윤리형이상학』 서론: *MS*, *RL*, AB49 = VI240 표 참조. 이에 대한 해설은 백종현 역주, 『윤리형이상학』, 아카넷, 2012, 401~421면 참조.
47) 칸트는 법의무를 완전한 의무로, 덕의무를 불완전한 의무로 구분하고 있다. "의무에 대한 법칙의 객관적 관계에 따른 구분"(*MS*, *RL*, AB49 = VI240) 참조.

2) 돈을 빌릴 수밖에 없는 곤경에 놓인 또 다른 사람이 있다. 그는 자신이 갚을 수 없을 것임을 잘 알지만, 또한 정해진 시간에 갚을 것을 확실하게 약속하지 않는다면, 한 푼도 빌릴 수 없다는 것도 안다. 그는 그러한 약속을 할 뜻을 가지고 있으며, 그러나 그는 그러한 방식으로 곤경에서 벗어난다는 것은 허용되지 않는 일이고 의무에 어긋나는 일이 아닌가 하고 자문하는 정도의 양심은 아직 가지고 있다. 그럼에도 그가 그렇게 하기로 결심한다면, 그의 행위의 준칙인즉, '만약 내가 돈이 없는 곤경에 처해 있다고 생각하면, 나는 돈을 빌리면서 갚겠다고 약속할 것이다. 비록 내가 돈을 갚는 일이 결코 일어나지 않을 것임을 알고 있다 해도 말이다'라는 것이겠다. 무릇 이 자기사랑, 내지 자신의 유리함의 원리는 나의 전 장래의 안녕과 어쩌면 잘 합일될 수도 있다. 그러나 지금 문제인 것은, 과연 그런 일이 옳은 것이냐 하는 것이다. 그러므로 나는 자기사랑의 (부당한) 요구를 보편적 법칙으로 변환시켜, '만약 나의 준칙이 보편적 법칙이 된다면, 사태가 어떻게 될 것인가?' 하는 물음을 세운다. 그때 나는 이내, 나의 준칙은 결코 보편적 자연법칙으로 타당할 수가 없고, 자기 자신과 합치할 수가 없으며, 오히려 필연적으로 자기모순일 수 B55 밖에 없다는 것을 안다. 왜냐하면 누구든 그가 곤경에 처해 있다고 생각한 연후에는, 그것을 지킬 결의도 없이, 그에게 생각나는 것을 약속할 수 있다는 것이 법칙의 보편성이 되면, 그것은 약속 및 사람들이 그와 함께 갖는 목적 자신을 불가능하게 만들 것이기 때문이다. 〔이렇게 되면〕 어느 누구도 그에게 약속된 것을 믿지 않을 것이고, 오히려 모든 그러한 표명을 허황한 구실이라고 조소할 것이니 말이다.

3) 세 번째 사람은 약간의 개화에 의해 온갖 관점에서 쓸모 있는 사람이 될 수 있는 재능을 가지고 있다. 그러나 그는 편안한 상황에서 자신의 IV423 행운의 소질을 확장하고 개선하려 노력하기보다는 기꺼이 쾌락에 몰두하는 것을 우선한다. 그럼에도 그는, 자신의 천부의 자질을 방치하는 자

신의 준칙이 오락 자체를 향한 그의 성벽과 합치하는 것 외에, 또한 사람들이 의무라고 부르는 것과도 과연 합치하는지 어떤지를 묻는다. 그때 그는, 비록 인간이 (남양군도의 주민들처럼) 자기의 재능을 녹슬게 내버려두고, 자기의 생을 한낱 안일과 오락과 생식, 한마디로 향락에 바치려 한다 해도, 자연은 그런 어떤 보편적인 법칙에 따라 언제나 존속할 수 있기는 하다는 것을 안다. 그러나 그는, 이것이 보편적 자연법칙이 되거나, 또는 보편적 자연법칙으로서 우리 안에 자연본능으로 심어지는 것을 **의욕할** 수는 도저히 없다. 왜냐하면 모든 능력들은 그에게 온갖 가능한 의도들을 위해 쓰이도록 그리고 주어져[48] 있으므로, 이성적 존재자로서 그는 자기 안[49]의 모든 능력들이 발전될 것을 필연적으로 의욕하기 때문이다.

〔(4)〕[50] 또 자기 일이 잘 되어가는 네 번째 사람이 있다. 그는 다른 사람들이 큰 역경과 싸울 수밖에 없음을 보면서, (그는 물론 그들을 능히 도울 수 있지만) '그게 나하고 무슨 상관인가, 각자는 하늘이 의욕하는 바대로, 또는 자기 자신이 할 수 있는 그만큼 행복할 수 있는 것이다. 나는 그에게서 아무것도 빼앗지 않을 것이고, 정말이지 부러워도 하지 않을 것이다. 단지 나는 그의 안녕을 위해서나 그의 곤경을 돕기 위해 무엇인가 기여할 흥미가 없을 뿐이다!'고 생각한다. 무릇 물론 이와 같은 사고방식이 보편적 자연법칙이 된다 해도, 인류는 능히 존속해갈 수 있을 터이다. 아니, 의심할 것도 없이, 각자가 동정과 호의를 떠들고, 때때로 그러한 것을 실행하려고 애쓰면서도, 반면에 할 수만 있다면, 남을 속이고, 인권을 팔거나 아니면 그걸 훼손하는 짓을 하는 것보다는, 훨씬 더 잘 존속할 수 있을 터이다. 그러나 비록 저러한 준칙에 따라 보편적 자연법칙이 잘 존속할 수 있음이 가능하다 하더라도, 그러한 원리가 어디서나 타당하기를

B56

---

48) B판 추가.
49) B판 추가.
50) 앞의 서술 방식에 따르면, 이 자리에 "4)"를 두어야 할 것이다.

의욕한다는 것은 불가능하다. 이러한 것을 결의하는 의지는 자기 자신과 상충하기 때문이다. 왜냐하면 그가 다른 사람들의 사랑이나 동정을 필요로 할 경우도 많이 있을 것이고, 그가 그 자신의 의지로부터 생겨난 그러한 자연법칙으로 인해 그 자신이 소망하는 도움에 대한 모든 희망을 스스로 앗아버리는 경우도 많이 있을 것이니 말이다.

B57

이것들은 무릇 많은 현실적인, 또는 적어도 우리가 현실적인 것으로 간주하는 의무들 중 몇몇으로서, 이것들이 앞서[51] 말한 유일한 원리로부터 분과[52]됨은 명약관화하다. 사람들은 우리의 행위의 준칙이 보편적 법칙이 될 것을 **의욕할 수 있어야** 한다. ─이것이 행위 일반에 대한 도덕적 판정〔가치판단〕의 규준이다. 몇몇[53] 행위들은, 그것들의 준칙이 모순 없이는 결코 보편적 자연법칙으로 **생각**될 수가 없는 그런 성질의 것이다. 사람들은 그런 것이 자연법칙이 **되어야 한다**고 **의욕할** 수는 도저히 없다. 다른 행위들의 경우[54]에는 저 같은 내적 불가능성이 마주쳐지지는 않지만, 그러나 역시 그것들의 준칙이 자연법칙의 보편성으로 승격되기를 **의욕하**는 것은 불가능하다. 그러한 의지는 자기 자신과 모순되기 때문이다. 전자는 엄격한 내지는 엄밀한 (유기할 수 없는) 의무에, 후자는 단지 느슨한 (공을 세우는) 의무에 어긋난다는 것은 쉽게 보는 바이다. 이로써 모든 의무들이, (그 행위의 객관과 관련해서가 아니라) 책무의 종류와 관련해서, 〔앞서 말한〕 유일한 원리에 의존하여 이 실례들에 의해 완벽하게 제시**되었다**[55] [56].

IV424

---

51) 곧, 위의 B52=IV421.
52) 원어: Abtheilung. B. Kraft/D. Schönecker 판〔PhB 519〕은 "도출(Ableitung)"로 고쳐 읽음(S. 48 참조).
53) 예컨대, 위의 1), 2)의 경우.
54) 예컨대, 위의 3), 〔4)〕의 경우.
55) A판: "제시된다".
56) 칸트 『윤리형이상학』, 「덕이론」, 서론 VII(*MS, TL*, A20=VI390 이하) 참조.

그런데 우리가 의무를 위반할 때마다의 우리 자신을 주목해보면, 우리
B58 는 우리가 실제로는 우리의 준칙이 보편적 법칙이 될 것을 의욕하지 않
음을 발견한다. 왜냐하면 우리에게서 그런 일은 불가능하고, 오히려 그
런 준칙의 반대가 보편적으로는 법칙이어야 할 것이기 때문이다. 단지
우리는 우리 자신을 위해서, 또는 (이번 한 번만이라도) 우리 경향성의 이
익을 위해서, 그 법칙에서 **예외**가 되는 자유를 취하고자 한다. 따라서 만
약 우리가 모든 것을 동일한 관점에서, 곧 이성의 관점에서 숙고해본다
면 우리는 우리 자신의 의지에서 모순을, 곧 어떤 원리가 객관적으로는
보편적 법칙으로서 필연적이면서도, 주관적으로는 보편적으로 타당해서
는 안 되고, 오히려 예외를 허용해야 한다는 모순을 보게 될 것이다. 그
러나 우리는 어떤 때는 우리 행위를 전적으로 이성에 따르는 의지의 관
점에서 고찰하고, 다른 때는 동일한 행위를 경향성에 의해 촉발된 의지
의 관점에서 고찰하기 때문에, 실제로는 여기에 아무런 모순이 없으나,
그러나 실로 이성의 훈계에 대한 경향성의 저항(敵對)이 있으며, 이로 인
해 원리의 보편성(普遍性[57])은 한낱 일반성(一般性[58])으로 변환되고, 그로써
실천적 이성원리가 준칙과 중도에서 만나게 되는 것이다. 무릇 이런 일
이 비록 우리 자신이 불편부당하게 내린 판단에서는 정당화될 수 없겠지
만, 그럼에도 그것은 우리가 정언명령의 타당성을 실제로 인정하며, (정언
B59 명령을 완전히 존경하면서) 다만 몇몇, 우리에게 중대해 보이지 않는, 부득
이한 예외를 허가하고 있음을 증명하는 바이다.

IV425 그러므로 우리는 이렇게 해서 적어도, 만약 의무가 우리의 행위들에
대해 의미를 가지며 실제적인 법칙수립〔의 힘〕을 가져야만 하는 개념이
라면, 이 의무는 오로지 정언명령들에서만—결코 가언명령들에서가 아
니라—, 표현될 수 있다는 것을 밝혔다. 동시에 우리는 이미 많이 한바,

---

57) 원어: universalitas.
58) 원어: generalitas.

모든 의무의 원리를 (도대체가 이런 것이 있는 것이라면) 함유해야만 할 정언명령의 내용을 분명하게 그리고 어떤 사용에도 명확하게 서술하였다. 그러나 우리는 아직 그러한 명령이 실제로 있다는 것, 즉 단적으로 그리고 아무런 동기 없이 스스로 지시명령하는 실천 법칙이 있으며, 이 법칙의 준수가 의무라는 것을 선험적으로 증명하는 데까지 이르지는 못했다.

이에 이르려고 의도함에 있어 극히 중요한 것은, 이 원리의 실재성을 **인간 자연본성의 특수한 속성**으로부터 도출하고자 하는 생각조차도 해서는 안 된다는 경고를 받아들이는 일이다. 왜냐하면 의무는 행위의 실천적-무조건적 필연성[실천적-무조건적으로 필연적인 행위]이어야 하기 때문이다. 그러므로 의무는 모든 이성적 존재자—도대체가 명령이라는 것은 이러한 존재자에게만 해당될 수 있는 것이다—에게 타당해야 하고, **오로지 이 때문에** 모든 인간 의지에 대해 법칙이어야 하는 것이다. 이에 반해 인간성의 특수한 자연소질로부터, 어떤 감정이나 성벽으로부 B60 터, 심지어는 가능한 경우, 인간 이성에 고유하기는 하지만, 반드시 모든 이성적 존재자의 의지에 타당하지는 못한 특수한 성향으로부터 도출된 것, 그것은 우리에게 준칙은 제공할 수 있어도, 그러나 법칙은 제공할 수 없다. 즉 성벽과 경향성을 가질 수밖에 없는 우리가 그에 따라 행위하는 주관적 원리는 제공할 수 있어도, 그러나 설령 우리의 모든 성벽과 경향성, 자연적 성향이 반대하더라도, 그에 따라 우리가 행위해야만 하도록 **지정된** 객관적 원리는 제공하지 못한다. 더욱이 객관적 원리란 그에 찬동하는 주관적 원인들이 적으면 적을수록, 또 그에 반대하는 주관적 원인들이 많으면 많을수록, 더욱더 의무에서의 지시명령의 숭고함과 내적 존엄성을 증명하는 것이며, 주관적 원인들이 그에 반대한다 해서 법칙에 의한 강요를 단지 조금도 약화시키지 않고, 그것의 타당성에서 아무런 것도 빼앗지 못하는 것이다.

무릇 우리는 여기서 철학이 실제로는, 하늘에서도 땅에서도, 매달리고 의지할 곳이 없으면서도, 확고해야만 하는 미묘한 입장에 놓여 있음을 본다. 여기서 철학은 천성적 감각[59]이나 누구도 알지 못하는 후견자적인 자연본성[60]이 그에게 속삭이는 것들의 전령으로서가 아니라, 자기 법칙들의 자주적 수호자로서 자기의 순정〔純正〕성을 증명해야 한다. 저런 것들[61]은 전혀 없는 것보다는 훨씬 나은 것이기는 하겠지만, 그러나 결코 이성이 명하는 원칙들을 제공할 수 없다. 이 원칙들은 철두철미 그것들의 원천을 온전히 선험적으로 가져야만 하고, 이와 함께 동시에 지시명령하는 권위를 가져야만 한다. 이런 권위는 인간의 경향성으로부터는 아무것도 기대하지 않고, 모든 것을 법칙의 최고 권력과 법칙에 대한 당연한 존경에서 기대하며, 그렇지 않으면 인간에게 자기경멸과 내적 혐오를 선고하는 것이다.

그러므로 경험적인 모든 것은, 윤리성의 원리의 첨가물로서, 그에 대해 전적으로 부적합할 뿐만 아니라, 윤리의 순정성 자체에도 최고로 불리한 것이기도 하다. 윤리에 있어 단적으로 선한 의지의 고유한, 모든 가격을 뛰어넘는 가치는, 행위의 원리가 오직 경험이 제공할 수 있는 우연적인 근거들의 모든 영향으로부터 자유롭다는 점에 있다. 경험적인 동인들과 법칙들 가운데서 원리를 찾아내려는 이런 태만 내지는 매우 비천한 사고방식에 대해 우리가 아무리 많이, 그리고 아무리 자주 경고를 해도 그것은 지나친 것이 아니다. 인간의 이성은 지친 나머지 기꺼이 이 베개[62] 위에서 쉬려 하고, 달콤한 현혹들—이것들이 이성으로 하여금 유노[63] 대신에 한 아름 구름을 껴안게 한다—에 꿈꾸면서, 윤리에다 전혀 다른 혈통의 지체〔肢體〕들로 묶어 만든 잡종을 슬쩍 집어넣는다. 이 잡종은 사람들이 무엇이건 보려고 하는 것과 비슷하게 보일지라도, 한 번

59) 곧, 이른바 도덕 감정(moral sentiment) 이론가들이 말하는 도덕감(moral sense).
60) 곧, 이른바 성선설의 이론가들이 말하는 착한 본성.
61) 곧, '천성적 감각'이니 착한 '자연본성'이니 하는 것들.
62) 곧, 경험.
63) Juno. 로마 신화에서 Jupiter의 처. 그리스 신화에서 Zeus의 처 Hera와 같음.

이라도 덕을 참모습에서 본 적이 있는 이에게는 덕과 비슷하게 보이지가 않는다.[※]

그러므로 물음은 이렇다: 그들 자신이 보편적 법칙들로 사용될 것을 의욕할 수 있는 그런 준칙들에 따라 항상 그들의 행위들을 판정하는 것이 **모든 이성적 존재자에 대해서** 필연적인 법칙인가? 만약 그것이 그러한 것이라면, 그것은 (온전히 선험적으로) 이미 이성적 존재자 일반의 의지 개념과 결합되어 있어야만 한다. 그러나 이 연결을 발견하기 위해서는, 내키지 않더라도 한 걸음 더, 곧 형이상학으로 나아가지 않으면 안 된다. 비록 사변철학과는 구별되는 다른 구역의 형이상학, 즉 윤리 형이상학으로이기는 하지만 말이다. 실천철학에서는 **일어나는** 것의 근거들을 납득하는 것이 문제가 아니라, 비록 결코 일어나지 않더라도 **일어나야만 할** 것의 법칙들, 다시 말해, 객관적–실천적 법칙들을 납득하는 것이 문제이다. 여기서 우리는, 왜 어떤 것이 마음에 드는가 또는 들지 않는가, 순전한 감각의 즐거움이 취미와는 어떻게 구별되며, 또 과연 취미가 이성의 일반적인 흡족함과 구별되는가, 쾌·불쾌의 감정은 무엇에 의거하며, 어떻게 이로부터 욕구와 경향성들이 생기며, 그러나 어떻게 이 욕구와 경향성들로부터, 이성의 협력 아래, 준칙들이 생기는가에 대한 근거들을 탐구할 필요가 없다. 왜냐하면 이런 것들은 모두 경험적 영혼론〔심리학〕에 속하는 것이기 때문이다. 이 경험적 영혼론이 **경험 법칙들**에 기초하고 있는 한에서, 사람들이 그것을 **자연철학**으로 본다면, 그것은 자연이론〔자연학〕의 제2부문을 이루겠다. 그러나 여기서의 현안 문제는 객관

B62

IV427

B63

※ 덕을 그 본래적 모습에서 본다는 것은 다름 아니라, 윤리성을 감각적인 것의 모든 혼합으로부터, 그리고 보상이나 자기사랑이라는 모든 가짜 장식으로부터 벗겨내 현시하는 것이다. 덕이 경향성들에게 매력적인 것으로 나타나는 여타의 모든 것을 얼마나 무색하게 하는가는 누구라도 추상작용을 위해 아직 완전히 망가뜨려지지는 않은 이성을 조금만 움직여도 쉽게 인지할 수 있다.

B62

적-실천적 법칙이고, 그러니까 의지가 순전히 이성에 의해 규정되는 한에서, 의지의 자기 자신에 대한 관계〔태도 취함〕[64]이다. 여기서는 도대체가 경험적인[65] 것과 관계를 갖는 모든 것은 저절로 제외된다. 왜냐하면 **이성이 독자적으로 홀로이** 태도를 규정한다면, ―우리는 이제 곧 이런 가능성을 연구하고자 하거니와―이성은 이 일을 반드시 선험적으로 해야 하기 때문이다.

　의지란 **어떤 법칙의 표상에 맞게** 행위하게끔 자기 자신을 규정하는 능력이라 생각된다. 그리고 그러한 능력은 오직 이성적 존재자들에서만 만날 수 있다. 그런데 의지에게서 그것의 자기규정의 객관적 근거로 쓰이는 것이 **목적**이다. 이 목적은, 그것이 순전한 이성에 의해 주어진다면, 모든 이성적 존재자에게 똑같이 타당함에 틀림없다. 이에 반해 그것의 결과가 목적인 행위의 가능 근거만을 함유하는 것은 **수단**이라 일컫는다. 욕구의 주관적 근거는 **동기**이며, 의욕의 객관적 근거는 **동인**이다. 그래서 동기들에 의거한 주관적 목적들과 모든 이성적 존재자에게 타당한 동인들에 달려 있는 객관적 목적들이 구별된다. 실천적 원리들이 모든 주관적 목적들을 도외시한다면, 그것들은 **형식적**이다. 그러나 주관적 목적들을, 그러니까 모종의 동기들을 기초로 한다면, 그것들은 **질료적**〔실질적〕이다. 한 이성적 존재자가 그의 행위의 **결과**로서 임의로 앞에 세우는 목적들(질료적 목적들)은 모두 단지 상대적일 뿐이다. 왜냐하면 단지 그것들의 주관의 특정 종류의 욕구능력과의 관계만이 그것들에게 가치를 부여할 것이고, 그래서 그러한 가치는 모든 이성적 존재자에 대해서 보편적이고, 또한 모든 의욕에 대해 타당하고 필연적인 원리들, 다시 말해 실천 법칙들을 제공할 수 없기 때문이다. 그래서 이 모든 상대적인 목적들은 단지 가언적인 명령들의 근거일 뿐이다.

B64

IV428

----

64) 원어: Verhältnis.
65) A판: "그러므로 경험적인".

그러나 **그것의 현존재 그 자체**가 절대적 가치를 가지고, **목적 그 자체**로서 일정한 법칙들의 근거일 수 있는 어떤 것이 있다고 가정해본다면, 그런 것 안에 그리고 오로지 그런 것 안에만 가능한 정언적 명령, 다시 말해 실천 법칙의 근거가 놓여 있을 터이다.

이제 나는 말한다: 인간은, 그리고 일반적으로 모든 이성적 존재자는, 목적 그 자체로 **실존하며, 한낱** 이런저런 의지의 임의적 사용을 위한 **수단으로서 실존하는 것이 아니다.** 인간은, 그리고 일반적으로 모든 이성적 존재자는 그의 모든, 자기 자신을 향한 행위에 있어서 그리고 다른 이성적 존재자를 향한 행위에 있어서 항상 **동시에 목적으로서** 보아야 한다. 경향성들의 모든 대상들은 단지 조건적인 가치만을 갖는다. 왜냐하 B65면 만약 경향성 및 그에 기초한 필요들이 없다면, 그것들의 대상은 아무런 가치도 없을 것이기 때문이다. 그러나 경향성들 자신은 필요의 원천들로서, 그 자체를 소망할 만한 절대적 가치를 갖지 못한 것으로, 오히려 그러한 것으로부터 완전히 자유로운 것, 그것이 모든 이성적 존재자의 보편적 소망이어야 하는 것이다. 그러므로 우리의 행위로 **얻어질 수 있는** 모든 대상들의 가치는 항상 조건적이다. 그것들의 현존이 비록 우리의 의지에 의거해 있지 않고, 자연에 의거해 있는 존재자들이라 하더라도, 만약 그것들이 이성이 없는 존재자들이라면, 단지 수단으로서 상대적 가치만을 가지며, 그래서 **물건들**이라 일컫는다. 그에 반해 이성적 존재자들은 **인격들**이라 불린다. 왜냐하면 그것들의 본성이 그것들을 이미 목적들 그 자체로, 다시 말해 한낱 수단으로 사용되어서는 안 되는 어떤 것으로 표시하고, 그러니까 그런 한에서 모든 자의[66]를 제한하기 (그리고 존경의 대상이기) 때문이다. 그러므로 인격들은 한낱 그것들의 실존이 우리 행위의 결과로서 **우리에 대해서** 가치를 갖는 주관적 목적들이 아니

---

66) 곧, 인격을 아무렇게나, 다시 말해 수단으로라도 사용하려는 자의.

라, 오히려 **객관적인 목적**들이다. 다시 말해, 그것들의 현존 그 자체가 목적인, 그것 대신에 다른 어떤 목적도 두어질 수 없는 그런 것들로, 다른 것들[67]은 **한낱** 수단으로서 이에 쓰여야 할 것이다. 왜냐하면 이렇지 않다면, 도대체가 어디서도 **절대적 가치**를 가진 것은 만나지지 못할 터이니 말이다. 그러나 만약 모든 가치가 조건적이라면, 그러니까 우연적이라면, 이성에 대한 최상의 실천적 원리는 어디서도 만나지 못할 터이다.

B66

그러므로 무릇 최상의 실천 원리가 있어야 하고, 그리고 인간의 의지와 관련한 정언명령이 있어야 한다면, 그것은 **목적 그 자체**이기 때문에, 필연적으로 누구에게나 목적인 것의 표상으로부터 의지의 **객관적** 원리를 형성하고[68], 그러니까 보편적 실천 법칙으로 쓰일 수 있는, 그러한 것이어야만 한다. 이 원리의 근거인즉, **이성적 자연**(존재자)**은 목적 그 자체로 실존한다**는 것이다. 인간은 필연적으로 자기 자신의 현존을 이렇게 표상한다. 그러므로 그런 한에서 이 원리는 인간 행위들의 **주관**(체)**적** 원리이다. 그러나 또한 다른 모든 이성적 존재자도, 나에게도 타당한 바로 그 동일한 이성근거를 좇아, 그의 현존재를 그러한 것으로 표상한다.* 그러므로 그것은 동시에 **객관적** 원리로서, 최상의 실천 근거인 이 원리로부터 의지의 모든 법칙들이 도출될 수 있어야만 한다. 그러므로 그 실천 명령은 다음과 같은 것일 것이다. — 네가 너 자신의 인격에서나 다른 모든 사람의 인격에서 **인간(성)을 항상 동시에 목적으로 대하고**[69], **결코 한**

IV429

※ 이 명제를 나는 여기서 요청(공리공준)으로 제시한다. 그에 대한 근거들은 마지막 절에서 보게 될 것이다.

---

67) 원문의 "sie"를 문맥상 이렇게 새긴다.
68) '만들고'라고 읽자는 제안도 있다.
69) 원어: brauchen. 이 대목에서 이 말은 아래의 똑같은 문맥에서(B75 = IV433) 사용하고 있는 말 'behandeln(다루다 / 취급하다)'과 똑같은 뜻으로 새긴다.

날 수단으로 대하지 않도록, 그렇게 행위하라.[70] 우리는 [이제] 과연 이 명령이 실행될 수 있는지를 살펴보고자 한다.

앞서의 실례들[71]을 다시 들자면,

첫째로, 자기 자신에 대한 필연적인 의무의 개념에 따라, 자살하려 하는 사람은, 과연 자신의 행위가 **목적 그 자체로서**의 인간성의 이념과 양립할 수 있는가를 스스로 물을 것이다. 만약 그가, 힘겨운 상태에서 벗어나기 위해 그 자신을 파괴하는 것이라면, 그는 그의 인격을, 생이 끝날 때까지 견딜 만한 상태로 보존하기 위한, 한낱 수단으로 이용하는 것이다. 그러나 인간은 물건이 아니고, 그러니까 **한낱 하나의 수단으로** 사용될 수 있는 어떤 것이 아니며, 오히려 그의 모든 행위에 있어 항상 목적 그 자체로 보아야 한다. 그러므로 나는 나의 인격 안에서 인간에 대해 **아무것도**[72] 처분할 수 없으니, 인간을 불구로 만들거나 훼손하거나 죽일 수 없다. (모든 오해를 피하기 위한 이 원칙에 대한 더 상세한 규정, 예컨대 나를 보존하기 위한 지체의 절단, 나의 생명을 보존하기 위해 나의 생명을 위험에 내맡기는 일 등등에 대한 상세한 규정은 여기서는 지나칠 수밖에 없다. 그

---

70) 이를 우리는 '인간 존엄성의 원칙'이라 일컬을 수 있겠다. 칸트는 이성을 법칙수립의 능력이라 정의하거니와, 이성의 작용이 한편으로는 '이론적[사변적]'이고, 다른 편으로는 '실천적'인 만큼, 이론[사변]이성의 법칙 곧 자연법칙과 함께 또한 실천이성의 법칙(Gesetz)이 있다. 실천이성의 법칙은 다시금 윤리적인 것과, 법리적인 것으로 나뉘니, 전자를 '덕법칙(Tugendgesetz)'이라 하고, 후자는 '법법칙(Rechtsgesetz)'이라 일컫는다. "너의 의지의 준칙이 항상 동시에 보편적 법칙수립의 원리로서 타당할 수 있도록, 그렇게 행위하라"(KpV, A54=V30)라는 '순수 실천이성의 원칙'이 이처럼 '인간 존엄성의 원칙'으로 정식화한 것이 가장 보편적인 덕법칙 또는 "덕이론의 최상 원리"(MS, TL, A30=VI395)라 하겠고, 반면에 "너의 의사의 자유로운 사용이 보편적 법칙에 따라 어느 누구의 자유와도 공존할 수 있도록, 그렇게 행위하라"(MS, RL, AB34=VI231)라고, 이를테면 '자유 공존의 원칙'으로 정식화한 것이 가장 보편적인 법법칙 내지 "법이론의 최상 원리(MS, TL, A31=VI396)"라 하겠다.

71) 곧, 위 B53=IV421 이하의 예들.

72) B판 추가.

것은 본래의 도덕에 속하는 것이다.[73])

둘째로, 타인에 대한 필연적이거나 당연한 의무에 관한 것인데, 다른 사람에게 거짓 약속을 하려고 뜻한 사람은 곧바로, 그가 다른 사람을, 이 사람도 동시에 자기 안에 목적을 포함하고 있음을 무시하고, **한낱 수단으로** 이용하려 하고 있음을 알아차릴 것이다. 왜냐하면 내가 그러한 약속에 의해 나의 의도를 위해 대하고자 하는 그 사람은 그에 대한 나의 처신 방식에 동의할 수 없을 것이므로 그 자신 이 행위의 목적을 함유할 수 없을 것이기 때문이다. 타인의 원리와의 이 상충은, 다른 사람의 자유와 재산에 대한 침해의 예를 들어보면, 더욱 뚜렷하게 드러난다. 왜냐하면 거기서, 인간 권리의 위배자가, 다른 사람들도 이성적 존재자로서 항상 동시에 목적들로, 다시 말해 바로 그 동일한 행위에 의해 그 자신 안에도 목적을 함유할 수 있어야만 하는, 그러한 존재자로 평가되어야 함을 보지 못한 채, 타인의 인격을 한낱 수단으로 이용할 생각을 하고 있음이 분명해지기 때문이다.[※]

_{B68}

_{IV430}

※ 여기서, '사람들이 네게 함을 바라지 않는 것을 남에게 하지 말라'는 등의 상투적인 말이 준거나 원리로 쓰일 수 있을 것이라고 생각하지 말 일이다. 왜냐하면 이런 말은, 비록 여러 가지 제한과 함께이기는 하겠지만, 단지 저 원칙으로부터 파생된 것일 뿐이기 때문이다. 그것은 보편적 법칙일 수가 없다. 왜냐하면 그것은 자기 자신에 대한 의무들의 근거도, 타인에 대한 사랑의 의무들의 근거도 함유하고 있지 않으며—타인들에게 자선을 베푸는 일을 그가 하지 않아도 된다면, 타인들이 그에게 자선을 행하지 않는 것에 많은 사람이 기꺼이 동의할 터이다—, 드디어는 서로 간의 당연한 의무들의 근거도 함유하고 있지 않기 때문이다. 왜냐하면 범죄자는 바로 이 근거를 가지고서 그에게 형벌을 내린 재판관에 대항하여 논변할 터이니 말이다.[74] 운운.

---

73) 여기서 칸트의 현안은 상황에 맞는 도덕의 세세한 강령이 아니라, 도덕 원리에 대한 반성적 고찰이다. 곧, 도덕이 아니라, 도덕철학이 논의의 주제이다.

74) 그래서 이른바 황금률 또는 '혈구지도(絜矩之道)' 안에는 '충서(忠恕)의 도(道)'도 함유되어 있는 것으로 보아야 한다. 『대학(大學)』, 전문(傳文) '釋治國平天下'; 『논어(論語)』, 이인편(里仁篇) ; 『중용(中庸)』의 시중(時中)론 등 참조.

셋째로, 자기 자신에 대한 우연적인 (공적 있는) 의무에 대한 것인바, 행위가 목적 그 자체로서의 우리 인격에서 인간성과 상충하지 않는다는 것만으로는 충분하지 않고, 그 행위가 또한 **그에 합치**해야 한다. 무릇 인간성에는 보다 큰 완전성을 향한 소질들이 있고, 이 소질들은 우리 주관 내의 인간성과 관련한 자연의 목적에 속한다. 이 소질들을 소홀히 하는 것은 어떻게 잘하면 목적 그 자체로서의 인간성의 **보존**과는 양립할 수 있겠으나, 그러나 이 목적의 **촉진**과는 양립할 수 없을 터이다.

넷째로, 타인에 대한 공적 있는 의무에 관한 것인바, 모든 사람들이 갖는 자연목적은 그들 자신의 행복이다. 그런데 타인의 행복에 조금도 기여하는 바가 없어도, 그때[75] 타인의 행복에서 아무것도 고의로 **빼앗지** 않는다면, 인간성이 성립할 수 있긴 할 것이다. 그러나 그것은, 그래도 각자가 자기의 힘이 닿는 한, 타인의 목적들을 촉진시키고자 진력하지 않는다면, **목적 그 자체인 인간**(성)에 단지 소극적으로 합치할 뿐, 적극적으로 합치하는 것이 아니다. 왜냐하면 목적 그 자체인 주관, 그것의 목적들[76]은, 만약 저 표상이 우리에게 **모든** 영향을 끼치는 것이라면, 가능한 한 **나의** 목적들이기도 해야 하기 때문이다.

인간성과 **목적 그 자체로서의** 모든 이성적 자연[존재자]—이것은 모든 인간의 행위들의 자유를 제한하는 최상의 조건인바—일반의 원리는 경험으로부터 빌려온 것이 아니다. 첫째로는 그것의 보편성 때문이다. 이 원리는 모든 이성적 존재자 일반에 적용되는 것인바, 어떤 경험도 이를 규정하는 데 이르지는 못한다. 둘째로, 거기에서 인간성은 인간들의[77] 목적으로서(주관적으로), 다시 말해 사람들이 스스로 실제로 목적으로 삼

---

75) A판: "그럼에도".
76) 곧, 행복과 같은.
77) A판: "인간의".

는 대상으로서 표상되지 않고, 객관적 목적으로 표상되기 때문이다. 객관적 목적은, 우리가 무엇을 목적으로 삼든, 법칙으로서 모든 주관적 목적들을 제한하는 최상의 조건을 형성해야 할 것으로, 그러니까 순수 이성으로부터 생겨나야 하는 것이다. 곧, 모든 실천적 법칙수립의 근거는 **객관적으로는 규칙에** 있고, (첫째 원리에 따라) 이 규칙을 법칙(아마도 자연법칙)일 수 있도록 만드는 보편성의 형식에 있으나, **주관적으로는 목적에** 있다. 그러나 (둘째 원리에 따라) 모든 목적들의 주체는 목적 그 자체인 개개 이성적 존재자이다. 이제 이로부터, 의지의 원리를 보편적 실천이성에 합치하게 하는 최상의 조건인 의지의 셋째 실천 원리, 즉 '**보편적 법칙수립의** 〔**보편적으로 법칙수립하는**〕 **의지로서의 각 이성적 존재자의 의지**'라는 이념이 나온다.

이 원리에 따라서, 의지의 고유한 보편적 법칙수립과 양립할 수 없는 모든 준칙들은 배척된다. 그러므로 의지는 단지 법칙에 종속되는 것이[78] 아니라, 의지가 또한 **자기 법칙수립적인 것으로**, 그리고 바로 그 때문에 비로소 (그 자신이 이것의 창시자로 간주될 수 있는) 법칙에 종속하는 것으로 보일 수밖에 없게끔 그렇게 종속된다.

이처럼 표상된 명령들 곧, 행위들의 보편적인, **자연질서와** 유사한 합법칙성을 갖는 명령들 내지 그 자체로 이성적 존재자들이 보편적 **목적특권을** 갖는 명령들은, 그것들이 정언적인 것으로 표상되었다는 바로 그 까닭으로, 지시명령하는 그것들의 권위에서 어떤 관심이 동기로서 섞이는 것을 일절 배제하였다. 그러나 이 명령들은 오로지, 사람들이 의무의 개념을 설명하고자 할 때, 그러한 것을 상정하지 않을 수 없었기 때문에, 정언적인 것으로 **상정된** 것이다. 그러나 정언적으로 지시명령하는

B71

---

78) A판: "것으로서가".

실천적 명제들이 있다는 사실은 그 자체로 증명될 수 없겠고, 그런 일은 이 절 어디서나 마찬가지로 여기서도 일어날 수가 **없다.**[79) 그러나 그럼에도 한 가지는 일어날 수[80)] 있을 터이다. 곧, 의무로부터의 의욕〔의무이기 때문에 하려고 함〕에서 모든 관심의 포기는, 정언적 명령과 가언적 명령을 종적으로 구별 짓는 표지〔標識〕로서, 그 명령 자신 안에, 그 명령이 함유하고 있는 어떤 규정에 의해, 함께 암시되어 있을 것이라는 것 말이다. 이것은 지금 다루고 있는 원리의 셋째 정식〔定式〕, 곧, **보편적-법칙수립의 의지**로서의 각 이성적 존재자의 의지라는 이념에서 일어나고 있다. IV432

무릇, 우리가 그러한 의지를 생각한다면, 비록 **법칙 아래에 서 있는** 한 의지가 어떤 이해관심에 의해 이 법칙에 매여 있을지라도, 그 자신 최상의 법칙수립자로서의 의지는 그런 한에서 그 어떤 이해관심에도 의존해 있을 수 없다. 왜냐하면 그렇게 의존해 있는 의지는, 그의 자기사랑의 이해관심을 보편적 법칙으로 타당하게 하는 조건에 국한시키는, 또 다른 법칙을 스스로 필요로 할 것이기 때문이다. B72

그러므로 **자기의 모든 준칙을 통해 보편적으로 법칙수립하는 의지**라는 각 인간 의지의 **원리**[※]는, 어쨌든 그것이 정당성을 가진 것이라면, 다음과 같은 점에서 정언명령이 되기에 **실로 적합**하겠다. 즉 그 원리는, 바로 보편적 법칙수립의 이념 때문에, 어떤 이해관심에도 기초하지 않고, 그러므로 **모든**[81)] 가능한 명령들 가운데서도 오로지 **무조건적**일 수 있는

[※] 나는 여기서 이 원리의 해명을 위해 실례들을 드는 일은 면제받을 수 있다. 왜냐하면 처음에 정언명령과 그것의 정식을 해명한 실례들이 여기서 모두 바로 그 목적에 쓰일 수 있기 때문이다.

---

79) A판: "있다".
80) 곧, 증명될 수.
81) B판 추가.

것이다. 또는 우리가 이 명제를 거꾸로 놓으면 더 좋을 것이다. 즉 하나의 정언명령(다시 말해, 이성적 존재자의 각각의 의지를 위한 법칙)이 있다면, 그것은 오직, 보편적으로 법칙수립하는 자로서의 자기 자신을 동시에 대

B73   상으로 가질 수 있는 그러한 것인 자기 의지의 준칙에서 모든 것을 행하라고 지시명령할 것이다. 무릇 이러할 경우에만 실천 원리, 그리고 의지가 그에 복종하는 명령이 무조건적일 것이다. 왜냐하면 의지가 아무런 이해관심도 근저에 가지고 있지 않으니 말이다.

이제, 우리가 윤리성의 원리를 찾아내고자 일찍이 기도하였던 이제까지의 모든 노력을 돌이켜볼 때, 왜 그러한 노력들이 모두 실패할 수밖에 없었던가는 하나도 놀랄 일이 아니다. 사람들은 인간이 자신의 의무로 인해 법칙에 매여 있음은 보았으나, 인간은 **단지 자기 자신의**, 그러면서도 **보편적인 법칙수립**에 종속되어 있다는 데는 생각이 미치지 못했고, 또 의지는 오직, 자기 자신의, 그러나 자연의 목적에 따라 보편적으로 법칙수립하는, 의지에 맞게 행위하게끔 되어 있다는 데에 생각이 미치지 못했다. 무릇, 사람들이 그 자신을 오로지 (그것이 어떤 것이든 간에) 법칙에 종속되어 있는 것이라고 생각했을 때, 이것은 자극하고 강제하는

IV433   것으로서 어떤 이해관심을 동반하는 것이어야만 했다. 왜냐하면 이런 일은 법칙으로서 **그의** 의지에서 생겨난 것이 아니고, 오히려 의지가 합법칙적으로 **다른 어떤 것**에 의해 모종의 방식으로 행위하도록 강요된 것이어야만 했기 때문이다. 그러나 이 같은 아주 필연적인 결론에 의해 의무의 최상의 근거를 발견하려는 모든 작업은 실패로 끝나 회복할 수가 없었다. 사람들이 얻은 것은 결코 의무가 아니라, 어떤 이해관심으로 인한 행위의 필연성〔필연적 행위〕이었기 때문이다. 그런데 그 이해관심은 자기 것일 수도 있고, 타인의 것일 수도 있었다. 그러나 그럴 경우 명령은 항

B74   상 조건적인 것일 수밖에 없었고, 그리하여 도덕적인 지시명령으로는 전혀 쓸모가 없었다. 그러므로 나는 이 원칙을[82], 내가 **타율**에 속하는 것으

182

로 간주하는 다른 모든 것과 대비시켜, 의지의 **자율**의 원리라고 부르고
자 한다.

각각의 이성적 존재자는 자신의 의지의 모든 준칙들을 통해 보편적으
로 법칙수립하는 자로 간주되어야 하는바, 그것은 이 관점에서 그 자신
과 그의 행위들을 판정하기 위해 그러하거니와, 이성적 존재자의 이런
개념은 이 개념에 부속해 있는 매우 생산적인 개념, 곧 **목적의 나라**라는
개념에 이른다.

나는 '나라'라는 말이 공동의 법칙들에 의한 서로 다른 이성적 존재자
들의 체계적 결합을 뜻하는 것으로 이해한다. 그런데 법칙들은 그것들의
보편적 타당성에 따라 목적들을 규정하기 때문에, 이성적 존재자들의 개
성적인 차이와 함께 그것들의 사적인 목적들의 일체 내용을 도외시한다
면, 체계적으로 연결된 (목적 그 자체인 이성적 존재자들의, 그리고 각각의 이
성적 존재자가 스스로 세울 수 있는 고유한 목적들의) 모든 목적들의 전체가
생각될 수 있다. 다시 말해 앞서 말한 원리들에 따라서 가능한, 목적들의
나라가 생각될 수 있다.

무릇, 이성적 존재자들은 모두, 그들 각자가 자기 자신 및 다른 모든
이들을 **결코 한낱 수단으로서가 아니라**, 항상 **동시에 목적 그 자체로서**   B75
취급〔대〕해야만 한다는 **법칙** 아래에 종속해 있다. 그러나 이로부터 공동
의 객관적인 법칙들에 의한 이성적 존재자들의 체계적 결합이 생긴다.
다시 말해, 이 법칙들은 바로, 목적이자 수단인 이 존재자들 상호 간의
관계를 의도로 가지고 있기 때문에, 목적들의 나라—물론 하나의 이상
일 뿐이지만—라고 일컬어질 수 있는, 하나의 나라가 생긴다.

---

82) B판 추가.

그러나 이성적 존재자는, 그가 이 나라 안에서 보편적으로 법칙을 수립하면서, 그러나 또한 이 법칙들에 그 자신 종속해 있다면, 목적들의 나라에 **성원**[成員]으로서 속한다. 만약 그가 법칙수립자로서 타자의 의지에 종속해 있지 않다면, 그는 이 나라에 **원수**[元首]로서 속해 있는 것이다.

IV434 이성적 존재자는 의지의 자유에 의해 가능한 목적들의 나라에서 자기를 항상 법칙수립자로 보아야만 한다. 그가 성원이든 원수든지 간에 말이다. 그러나 그는 후자의 지위는 한낱 그의 의지의 준칙만 가지고서는 주장할 수가 없고, 오로지 그가 의지에 충전하는 자신의 능력에 대해 필요한 것도 제한받는 것도 없이 온전히 독립적인 존재자일 때만 주장할 수 있다.

그러므로 도덕성은 그에 의해서만 목적들의 나라가 가능한 법칙수립에 대한 모든 행위의 관계에서 존립한다. 그러나 이 법칙수립은 각 이성적 존재자 자신에서 만날 수 있고, 그의 의지로부터 생겨날 수 있어야 한 B76 다. 그러므로 그 의지의 원리인즉, 준칙이 보편적 법칙임이 그 준칙과 양립할 수 있는, 그러므로 오로지, **의지가 자기의 준칙에 의해 자기 자신을 동시에 보편적으로 법칙수립하는 자로 볼 수 있는,** 그런 준칙 이외의 것에 따라서는 행위하지 말라는 것이다. 그런데 준칙들이 보편적으로 법칙수립하는 자인 이성적 존재자들의 이 객관적 원리와 그것의 본성상 이미 필연적으로 일치하지 않는다면, 저 원리에 따르는 행위의 필연성은 실천적 강요, 다시 말해 **의무**라고 일컬어진다. 의무는 목적들의 나라에서 원수에게는 적용되지 않으나, 그러나 실로 모든 성원 각자에게, 그것도 똑같은 정도로 적용된다.

이 원리에 따라 행위해야 하는 실천적 필연성, 다시 말해 의무는 감정이나 충동 그리고 경향성에 의거해 있는 것이 전혀 아니고, 순전히 이성적 존재자들 상호 간의 관계에 의거하는 것으로, 이 관계 안에서 이성적 존재자의 의지는 항상 동시에 **법칙수립**자로 보이지 않으면 안 된다. 그렇지 않으면, 이성적 존재자가 그것을 **목적 그 자체**로 생각할 수 없을 터이니 말이다. 그러므로 이성은 의지의 각 준칙을 보편적으로 법칙수립하는 것으로 모든 타자의 의지에 관계시키고, 또한 자기 자신에 대한 모든 행위에도 관계시킨다. 이성이 이와 같은 일을 하는 것은 어떤 다른 실천적 동인이나 장래의 이익 때문이 아니라, 동시에 자기에게 세우는 법칙 B77 이외의 어떤 것에도 복종하지 않는 이성적 존재자의 **존엄성**의 이념 때문에 그렇게 하는 것이다.

목적들의 나라에서 모든 것은 **가격**을 갖거나 **존엄성**을 갖는다. 가격을 갖는 것은 **같은 가격**을 갖는〔同價의〕 다른 것으로도 대치될 수가 있다. 이에 반해 모든 가격을 뛰어넘는, 그러니까 같은 가격을 갖는 것을 허용하지 않는 것은 존엄성을 갖는다.

보편적인 인간의 경향성 및 필요들과 관련되어 있는 것은 **시장가격**을 갖는다. 필요와 상관없이, 어떤 취미나 순전히 무목적적인 유희에서 우 IV435 리 마음 능력의 흡족함에 따르는 것은 **애호가격**[83]을 갖는다. 그러나 그 아래에서만 어떤 것이 목적 그 자체일 수 있는 그런 조건을 이루는 것은 한낱 상대적 가치, 다시 말해 가격을 갖는 것이 아니라, 내적 가치, 다시 말해 **존엄성**을 갖는다.

무릇 도덕성은 그 아래에서만 이성적 존재자가 목적 그 자체일 수 있는 조건이다. 왜냐하면 그를 통해서만 목적들의 나라에서 법칙수립적인 성원이 존재할 수 있기 때문이다. 그러므로 윤리성과, 윤리적일 수 있

---

83) 원어: Affektionspreis.

는 한에서의 인간성만이 존엄성을 가지는 것이다. 노동에서 숙련과 근면은 시장가격을 갖는다. 기지와 발랄한 상상력, 그리고 해학은 애호가격을 갖는다. 그에 반해 약속에서 신용이나, (본능에서가 아니라) 원칙에서의 호의는 내적 가치를 갖는다. 이런 신용이나 호의가 결여돼 있을 때, 자연과 기예〔예술〕[84]는 그를 대치할 수 있는 아무런 것도 함유하고 있지 않다. 왜냐하면 이런 신용과 호의의 가치는 그것들에서 생겨난 결과들, 그것들이 창출해낸 이익이나 유용함에 있는 것이 아니라, 설령 성공이 그런 행위들을 유리하게 해주지 않더라도, 이런 방식으로 행위에서 자신을 드러낼 준비가 되어 있는 마음씨들, 다시 말해 의지의 준칙들에 있기 때문이다. 이런 행위들은 또한, 행위들을 직접적인 혜택과 흡족함에서 보려는 어떤 주관적인 성향이나 취미의 추천을 필요로 하지 않으며, 이런 행위들에 대한 직접적인 성벽이나 감정을 필요로 하지 않는다. 이러한 행위들은 그러한 행위들을 실행하는 의지를 직접적인 존경의 대상으로 명시하는바, 의지에게 그 행위를 하도록 **달래고 아부하는** 것이 아니라, 의지에게 **부과하기** 위해서 이성 외에는 아무것도 요구하지 않는다. 의무들에 있어 이런 아부하는 일은 물론 모순일 터이다. 그러므로 이런 평가는 그러한 사고방식의 가치를 존엄하게 인식하도록 해주며, 존엄성을 모든 가격을 무한히 뛰어넘는 곳에 둔다. 존엄성을 가격과 비교하고 어림셈한다는 것은, 이를테면 존엄성의 신성성을 모독하지 않고서는, 결코 할 수 있는 일이 아니다.

그렇다면, 도대체 무엇이 윤리적으로 선한 마음씨 또는 덕으로 하여금 그토록 높은 요구를 할 권리를 주는가? 그것은, 그 선한 마음씨 또는 덕이 **보편적 법칙수립에 있어** 이성적 존재자에게 가져다주고, 그로써 이성적 존재자로 하여금 가능한 목적들의 나라의 성원이 될 수 있게끔 해 주

---

84) 원어: Kunst.

186

는 **몫**[持分] 외에 다른 것이 아니다. 이성적 존재자는 그 자신의 자연본성상 이미, 목적 그 자체로서 그리고 바로 그렇기 때문에 목적들의 나라에서 법칙수립하는 자로서, 모든 자연법칙들에 대해 자유롭게, 오로지 그 자신이 세운 법칙들에만 복종하도록 정해져 있고, 이러한 법칙들에 따라 그의 준칙들이 보편적인 법칙수립에—그 자신도 동시에 스스로 이에 종속하는바—속할 수 있다. 왜냐하면 이성적 존재자는 법칙이 그에게 정 IV436 해주는 가치 이외에는 아무런 가치도 갖지 않으니 말이다. 그러나 모든 가치를 규정하는 법칙수립 자신은 바로 그 때문에 존엄성을, 다시 말해 무조건적인, [무엇과도] 비교될 수 없는 가치를 가져야만 하고, **존경**이라는 낱말만이 이에 대해 이성적 존재자가 행해야 할 평가에 유일하게 알맞은 표현을 제공한다. 그러므로 **자율**은 인간과 모든 이성적 자연존재자의 존엄성의 근거이다.

그러나 윤리성의 원리를 표상하는, 앞에서 서술한 세 가지는 근본에 있어서는, 한 가지가 다른 두 가지를 저절로 자기 안에 통일하는, 동일한 원칙의 세 가지 정식[定式]일 따름이다. 그럼에도 그것들에는 차이가 있는데, 그것은 객관적-실천적인 것이라기보다는 오히려 주관적인 것이다. 곧, 이성의 이념을 (일종의 유비에 의해서) 직관에 근접시키고, 그렇게 B80 함으로써 감정에 근접시키기 위한 것이다. 모든 준칙들은 곧 다음의 요소들을 갖는다.

1) **형식**. 이것은 보편성에 있다. 그래서 윤리적 명령의 정식은, '준칙들은 마치 그것들이 보편적 자연법칙들 같이 타당해야 하는 것처럼 선택되어야 한다'고 표현되어 있다.

2) **질료**[85]. 곧, 목적. 그래서 정식은, '이성적 존재자는, 그것의 본성상 목적으로서, 그러니까 목적 그 자체로서, 모든 준칙에 대해 모든 한낱 상

---

85) AA에 따름. 칸트 원문은 "준칙(Maxime)"이나 이어지는 문맥으로 볼 때 이는 'Materie(질료)'의 오식임이 분명하다.

대적이고 자의적인 목적들을 제한하는 조건이 되어야만 한다'고 말한다.

3) **완벽한 규정.** 저 정식, 곧 '모든 준칙은 자신의 법칙수립에 의해 자연[※]의 나라로서의 가능한 목적들의 나라와 합치해야 한다'는 정식에 의한 모든 준칙들의 완벽한 규정. 여기서 [사태의] 진행은 의지 형식의 **하나**(의지의 보편성), 질료의(객관들, 다시 말해 목적들의) **여럿**, 그것들의 체계의 **모두** 내지 전체성 범주에 의한 것처럼 이루어진다. 그러나 사람들이 윤리적 **판정**(가치판단)에서 언제나 엄격한 방법에 따라 수행하고, '그 **자체가 동시에 보편적인 법칙이 될 수 있는 준칙에 따라 행위하라**'는 정언명령의 보편적 정식을 근저에 둔다면, 더 잘 하는 것이다. 그러나 만약 사람들이 동시에 윤리 법칙에 **입구**를 만들어주고자 한다면, 동일한 행위를 앞에서 언급한 세 개념에 의해 하고, 그렇게 함으로써 가능한 한 직관에 근접시키는 것이 매우 유용하다.

B81

IV437

이제야 우리는 우리가 출발했던 그 지점, 곧 무조건적으로 선한 의지라는 개념에서 끝을 맺을 수 있다. 악할 수 없는, 그러니까 그것의 준칙이, 보편적 법칙이 될 때도, 자기 자신과 결코 상충할 수 없는, **의지는 단적으로 선**하다. 그러므로 이 원리는 또한 '그것의 보편성을 법칙으로서 네가 동시에 의욕할 수 있는 그러한 준칙에 따라 항상 행위하라'는 그것의 최상 원칙이다. 이것이 그 아래에서 의지가 결코 자기 자신과 상충할 수 없는 유일한 조건이며, 그러한 명령이 정언적인 것이다. 가능한 행위들에 대한 보편적 법칙으로서의 의지의 타당성은, 자연의 형식적인 것 일반이 그것인, 보편적 법칙들에 따른 사물들의 현존의 보편적인 연결과

※ 목적론은 자연을 목적들의 나라로 보고, 도덕[학]은 목적들의 가능한 나라를 자연의 나라로 본다. 전자에서 목적들의 나라는 현존하는 것을 설명하기 위한 이론적 이념이다. 후자에서 그것은 현존하지는 않으나, 우리의 행동거지에 의해 현실적으로 될 수 있는 것을, 그러면서도 바로 이 이념을 좇아, 성립시키기 위한 실천적 이념이다.

유사함을 가지므로, 정언명령은 또한 다음과 같이 표현될 수도 있다: 그 자체를 동시에 보편적 자연법칙들로서 대상화할 수 있는 준칙들에 따라 행위하라.—단적으로 선한 의지의 정식은 이러한 성질의 것이다. B82

    이성적 자연〔존재자〕[86]은 자기 자신에게 목적을 세움으로써 여타의 것들보다 자신을 두드러지게 한다. 이 목적이 각 선의지의 질료가 될 터이다. 그러나 (이런저런 목적 달성의) 제한적인 조건 없이 단적으로 선한 의지라는 이념에서는, 모든 **성취되어야 할** 목적은 (각각의 의지를 단지 상대적으로 선한 것으로 만드는 것으로서) 철저히 무시되어야 하기 때문에, 목적은 여기서 성취되어야 할 목적이 아니라, **오히려 자립적** 목적으로, 그러니까 단지 소극적으로, 생각되어야 한다. 다시 말해 그것에 결코 반해서 행위해서는 안 되며, 그러므로 그것은 결코 한낱 수단이 아니라, 항상 동시에 목적으로서 각각의 의욕에서 존중되어야만 한다. 이 목적은 무릇 모든 가능한 목적들의 주체 자신 외의 다른 것일 수가 없다. 왜냐하면 이 주체는 동시에 가능한 단적으로 선한 의지의 주체이기도 하기 때문이다. 이 선의지는 모순 없이는 다른 어떤 대상의 뒤에 놓일 수 없는 것이니 말이다. '각 이성적 존재자(너 자신과 타인들)와의 관계에서, 이성적 존재자가 너의 준칙에서 동시에 목적 그 자체로서 타당하도록, 그렇게 행위하라'는 원리는[87], 그렇기에 '각 이성적 존재자에 대한 보편적 타당성을 동시에 함유하는 준칙에 따라 행위하라'는 원칙과 근본에 있어서는 한가지IV438이다. 왜냐하면 내가 나의 준칙을 각 목적을 위한 수단으로 사용함에 있B83어, 그것이 법칙으로서 각 주관에 대해 보편적으로 타당하다는 조건에 한정해야 한다는 것은, 목적들의 주체, 다시 말해 이성적 존재자 자신은 결코 한낱 수단이 아니라, 모든 수단의 사용에 있어 최상의 제한 조건으로서, 다시 말해, 항상 동시에 목적으로서, 행위들의 모든 준칙의 근저에

---

86) 원어: Natur.
87) A판: "원리는 그러나".

놓여야만 한다고 말하는 것과 똑같기 때문이다.

이제 이로부터 이론의 여지없이 나오는 결론은, 각 이성적 존재자는 목적 그 자체로서, 그가 언제든 종속해 있을 모든 법칙들에 대해, 동시에 보편적 법칙수립자로 간주될 수 있어야만 한다는 것이다. 왜냐하면 바로 보편적 법칙수립을 위한 그의 준칙들의 적합성이 그를 목적 그 자체로 특징짓기 때문이다. 또 그와 함께 나오는 결론은, 모든 순전한 자연존재자들에 대한 이 그의 존엄성(특권)이 항상 법칙수립자로서의 그 자신과 또한 동시에 다른 모든 이성적 존재자—이 때문에 이들 또한 인격이라고 일컫거니와—의 관점에서 그의 준칙들을 채택해야 함을 수반한다는 것이다. 이제 이렇게 해서 이성적 존재자들의 세계(叡智的 世界)가 목적들의 나라로서 가능하며, 그것도 성원인 모든 인격들의 고유한 법칙수립에 의해 가능하다. 그에 따라[88] 각 이성적 존재자는, 마치 그가 그의 준칙들을 통해 항상 목적들의 보편적인 나라에서 법칙수립적 성원인 것처럼 그렇게 행위해야 한다. 이 준칙들의 형식적 원리는, '마치 너의 준칙이 동시에 (모든 이성적 존재자들의) 보편적 법칙으로 쓰여야 할 것처럼, 그렇게 행위하라'는 것이다. 그러므로 목적들의 나라는 오직 자연의 나라와의 유비에 의해서만 가능하지만, 전자는 오직 준칙들, 다시 말해 스스로 부과한 규칙들에 의거해서만 가능하고, 후자는 오직 외적으로[89] 강요된 작용 원인들에 따라서만 가능한 것이다. 그럼에도 불구하고 사람들은 자연 전체에게도, 그것이 이미 일종의 기계로 보임에도, 그런 한에서 그것의 목적들인 이성적 존재자들과 관계를 맺고 있다는 근거에서, 자연의 나라라는 이름을 준다. 목적들의 그러한 나라는 이제, 모든 이성적 존재자의[90] 정언적 명령이 그것들의 규칙을 지정하는 준칙들에 의해, **만약**

B84

---

88) A판: "그럼에도".
89) A판: "또한 외적으로".
90) AA: "모든 이성적 존재자들에게".

그 준칙들이 보편적으로 준수된다면, 실제로 성립할 것이다. 그러나 이성적 존재자는 비록 그 자신은 이 준칙을 정확히 준수한다 할지라도, 그렇다고 해서 다른 모든 이성적 존재자도 마찬가지로 그 준칙에 충실할 것이라고 기대할 수가 없다. 또한 자연의 나라와 이 자연의 나라의 합목적적 배열이, 이성적 존재자 자신에 의해 가능한 목적들의 나라의 적합한 성원으로서의, 이성적 존재자와 합치할 것이라고, 다시 말해 그의 행복에 대한 기대를 충족시킬 것이라고 기대할 수가 없다. 그럼에도, '한 IV439낱 가능한 목적들의 나라를 위한 보편적으로 법칙수립하는 성원의 준칙들에 따라 행위하라'는 저 법칙은 완전한 효력을 지닌다. 왜냐하면 그것은 정언적으로 지시명령하기 때문이다. 그리고 여기에 바로 다음의 역설이 있다. 즉 한낱 이성적 자연존재자로서 인간임의 존엄성이, 그를 통해 B85도달되어야 할 어떤 다른 목적이나 이익 없이, 그러니까 순전한 이념에 대한 존경이, 그럼에도 의지의 소홀히 할 수 없는 규정(規程)으로 쓰여야만 한다는 것, 그리고 바로 준칙이 그러한 모든 동기들에 독립해 있다는 이 점에 준칙의 숭고함이 있으며, 또 목적들의 나라에서 법칙수립적인 성원이 되는 각 이성적 주체의 존엄성이 있다는 것 말이다. 그렇지 않다면, 이성적 존재자가 단지 그의 필요의 자연법칙에 복종하는 것으로 표상될 수밖에 없기에 그러하다. 비록 자연 나라와 목적들의 나라가 한 원수 밑에 통합되어 있는 것으로 생각이 되고, 그럼으로써 후자가 더 이상 순전한 이념에 머무르지 않고, 참된 실재성을 얻는다고 할지라도, 이로써 저 이념에 강한 동기의 증가가 있기는 하겠으나, 결코 그것의 내적 가치의 증진은 이루어지지 않을 터이다. 왜냐하면 이러함에도 불구하고, 이 유일한 무제한적인 법칙수립자조차 언제나, 그가 이성적 존재자들의 가치를, 오로지 그들의 무사공평한, 순전히 저 이념들로부터 그들 자신에게 지정된 태도에 따라서만 평가하는 것으로 표상되어야 하기 때문이다. 사물들의 본질은 그것들의 외적 관계들에 의해 변화하지 않는다. 이런 것[91]을 생각하지 않고, 인간은 인간의 절대적 가치를 형성하는 것에 따라서만 평가되어야 한다. 그가 누구에 의해 평가받든지 간에, 심지어 최고 존재자에 의해 평가받는다 하더라도 말이다. 그러므로 **도덕성**은 행위들의 의지의 자율과의 관계, 다시 말해 의지의 준칙들에 의해 가능한 보편적 법칙수립과의 관계이다. 의지의 자율과 양립할 수 있는 행위는 **허용되고**, 그와 일치할 수 없는 행위는 **허용되지 않는다**. 그것의 준칙들이 필연적으로 자율의 법칙들과 합치하는 의지는 **신성한**, 단적으로 선한 의지이다. 단적으로 선하지 않은 의지가 자율의 원리에 의속〔依屬〕함(도덕적 강요)이 **책무**이다. 그러므로 책무는 신성한 존재자와는 아무런 관련도 없다. 책무에 의한 행위의 객관적 필연성〔객관적으로 필연적인 행위〕을 **의무**라 일컫는다.

B86

방금 한 이야기로부터 이제 사람들은, 비록 우리가 의무라는 개념 아래서 법칙에 대한 복종을 생각한다 할지라도, 우리가 그에 의해 동시에, 자기의 모든 의무를 완수하는, 동일한 인격에서 모종의 숭고함과 **존엄함**을 표상하는 일이 어떻게 일어나는가를 쉽게 설명할 수 있다. 무릇, 인격이 도덕법칙에 **복종해** 있는 한에서, 그에게 숭고함이란 없으나, 그러나 실로, 그가 바로 그 도덕법칙에 대하여 동시에 **법칙수립적**이며, 그리고 오로지 그 때문에 그것에 종속해 있는 한에서는, 숭고함이 있다. 또한 우리는 위에서, 어떻게 공포도 아니고, 경향성도 아닌, 단지 법칙에 대한 존경이 행위에 도덕적 가치를 줄 수 있는 그런 동기인가를 제시하였다. 우리 자신의 의지는, 그것이 오로지 그것의 준칙들에 의해 가능한 보편적 법칙수립의 조건 아래서, 행위하는 한에서, 즉 이념에서 우리에게 가능한 이 의지가 존경의 본래 대상이다. 그리고 인간성의 존엄함은 보편적으로 법칙수립적이며, 그러면서도 바로 이 법칙수립에 동시에 스스로 복종한다는 조건과 함께 그렇게 하는 이 능력에서 성립한다.

IV440

B87

---

91) 곧, 외적 관계들.

윤리성의 최상 원리로서의
의지의 자율

의지의 자율이란 의지가 그 자신에게 (의욕의 대상들의 모든 성질로부터 독립적으로) 법칙인 그런 의지의 성질이다. 그러므로 자율의 원리는 선택의 준칙들이 동일한 의욕에서 동시에 보편적인 법칙으로서 함께 포섭되는 그러한 방식 외에는 아무런 것도 선택하지 않는다는 것이다. 이 실천적 규칙이 하나의 명령이라는 것, 다시 말해 각 이성적 존재자의 의지가 조건으로서의 이 규칙에 필연적으로 묶여 있다는 것은 명령에서 나타나는 개념들의 순전한 분해에 의해서는 증명될 수가 없다. 왜냐하면 그것은 종합 명제이기 때문이다. 그렇기에 사람들은 객관들의 인식을 넘어 주관, 다시 말해 순수 실천이성에 대한 비판으로 나아가지 않으면 안 될 것이다. 명증적으로 지시명령하는 이 종합 명제는 온전히 선험적으로 인식될 수 있기 때문이다. 그런데 이런 일은 이 절의 과제가 아니다. 그러 B88 나 이런 자율의 원리만이 도덕의 유일한 원리임은 윤리성의 개념들을 순전히 분해만 해보아도 충분히 밝혀지는 바이다. 왜냐하면 이 분해를 통해, 윤리성의 원리는 정언명령이어야만 하며, 그러나 이 정언명령은 더도 덜도 아닌 바로 이 자율을 지시명령하는 것임이 드러나니 말이다.

윤리성의 모든 사이비 원리들의 IV441
원천으로서의 의지의 타율

만약 의지가 그의 준칙들이 그 자신의 보편적 법칙수립에 적합하다는 점 외의 **다른 어디에서**, 그러니까 만약 의지가 자기 자신을 넘어 나가서 그의 객관들 중 어느 하나의 성질에서 자기를 규정하는 법칙을 구한다면, 언제나 **타율**이 나타난다. 그때에는 의지가 자기 자신에게 법칙을 수립하는 것이 아니라, 객관이 의지와의 관계를 통해 이 의지에게 법칙을 준다. 이 관계는, 그것이 경향성에 의거하든, 이성의 표상에 의거하든 간에, 오로지 가언적 명령들을 가능하게 할 뿐이다. 즉 **나는 다른 무엇인가를 의욕하기 때문에**, 바로 그 때문에 무엇인가를 해야 하는 것이다. 그에 반해, 도덕적인 그러니까 정언적 명령은, 내가 비록 다른 아무것도 의욕하지 않는다 할지라도, 나는 그러그러하게 행위해야 함을 말한다. 예컨대 가언명령은, 내가 명예를 유지하고자 한다면, 내가 거짓말을 해서는 안 된다고 말하나, 정언명령은, 설령 그런 짓이 내게 아무런 불명예를 초래하지 않는다 할지라도, 나는 거짓말을 해서는 안 된다고 말한다. 그러므로 후자는, 대상이 의지에 대해 전혀 아무런 **영향력**도 갖지 못하는 정도까지 일체 대상을 도외시하지 않으면 안 된다. 그것은, 실천이성이 (의지가) 외래적 이해관심을 한낱 관리할 뿐만 아니고, 최상의 법칙수립자로서 자기 자신의 지시명령하는 권위를 증명하기 위해서 그러하다. 그래서 나는 예컨대, 타인의 행복의 촉진을 추구해야 하는바, 그것의 실재[92]가 (직접적인 경향성에 의한 것이든, 이성에 의한 간접적인 흡족이든 간에) 무엇인가 나와 관련이 있어서가 아니라, 순전히 그것을 배제하는 준칙은 동일한 의욕 중에 보편적인 법칙으로서 포섭될 수 없기 때문이다.

타율의 가정된 기본개념들에 의한 가능한 윤리성의 모든 원리들의 구분

인간 이성은 여기서, 그것이 순수하게 사용되는 곳에서는 어디서나 그러하듯이, 그것에 대한 비판이 결여돼 있는 한에서, 유일한 진정한 길을 찾아내는 데 성공하기 전까지는, 있을 수 있는 모든 잘못된 길을 헤맸다.

---

92) 곧, 타인이 실제로 행복하게 됨.

사람들이 이 관점에서 취함 직한 모든 원리들은 **경험적**이거나 **이성적**
이다. 전자들은 **행복**의 원리로부터 나오는 것으로, 자연적인 또는 도덕적 B90 IV442
인 감정 위에 세워져 있는 것이고, **후자들**은 **완전성**의 원리로부터 나오는
것으로, 우리의 의지의 가능한 결과로서 완전성이라는 이성 개념 위에
세워져 있거나, 우리의 의지를 규정하는 원인으로서 자립적인 완전성(신
의 의지)이라는 개념 위에 세워져 있는 것이다.

경험적 원리들은 그 위에 도덕법칙들을 정초하는 데는 도무지 쓸모가
없다. 왜냐하면 그 때문에 도덕법칙들이 모든 이성적 존재자들에게 차별
없이 타당할 보편성이, 즉 그로 인해 도덕법칙들에게 부과되는 무조건적
인 실천적 필연성이, 만약 그것들의 기초가 **인간의 자연본성의 특수한**
설비나 인간의 자연본성이 처해 있는 우연적인 상황에서 얻어진다면 사
라져버리기 때문이다. 더욱이 **자기** 〔**자신의**〕 **행복**의 원리는 가장 배척되
어야 할 것이다. 그것은, 이 원리가 거짓된 것이라거나, 평안은 항상 방
정한 행동거지에 따른다는 그럴듯한 주장이 경험과 모순되기 때문이 아
니다. 또한 행복한 사람을 만드는 것과 선한 사람을 만드는 일은 전혀 다
른 것이며, 사람을 영리〔현명〕하게 만들어 자기 이익에 밝게 하는 것과
덕 있게 만드는 일은 전혀 다르기 때문에, 행복의 원리는 윤리성을 기초
짓는 데 전혀 아무런 기여도 하지 못하기 때문만도 아니다. 그게 아니라,
자기 행복의 원리가 윤리성의 기초로 놓는 동기들은 오히려 윤리성을 매
장시키고 윤리성의 전체적인 숭고함을 파괴하기 때문이다. 이런 동기들
은 덕으로의 동인들과 패악으로의 동인들을 한 부류로 놓고, 단지 타산을 B91
잘 하는 것을 가르칠 따름이며, 덕과 패악의 종〔種〕적 차이는 완전히 없애
버리기 때문이다. 이에 반해 도덕 감정, 이 이른바 특수한 감각[※]은―사

※ 나는 도덕 감정의 원리를 행복의 원리로 간주한다. 왜냐하면 모든 경험적 이
　해관심은, 그 어떤 것이 무릇 직접적으로 그리고 이익에 대한 관점 없이 생겼
　든 이익을 고려해서 생겼든 간에, 그 어떤 것을 줄 따름인 쾌적함에 의해 평

고할 수 없는 자들이, 순전히 보편적 법칙들이 문제 되는 데서조차도 느낌의 도움을 얻어 해결할 수 있다고 믿음으로써, 이 같은 것에 호소하는 것은 천박한 짓이다. 그뿐만 아니라, 본성상 그 정도에 있어 무한히 서로 차이가 나는 감정들은 선악에 대한 동일한 척도를 제공하지 못한다. 그리고 결코 어떤 사람도 그의 감정을 가지고서 다른 사람들을 타당하게 판단할 수가 없다―, 그럼에도 윤리성과 그것의 존엄성에 더 가까이 서 있다[94]. 이 특수한 감각은 덕에게 그것에 대한 흡족함과 존중을 **직접적으로** 돌리는 경의를 표하며, 우리를 덕과 연결시키는 것은 덕의 아름다움이 아니라 단지 이익이라고, 이를테면 덕의 면전에 대고 말하지는 않기 때문이다.

IV443

윤리성의 **이성적인** 근거들, 또는 이성근거들 가운데서도 **완전성**이라는 존재론적 개념은―이 개념이 너무나 공허하고, 무규정적이어서, 가능한 실재성의 측량할 수 없는 분야에서 우리에게 적합한 최대량을 찾아내는 데 아무런 쓸모가 없다 해도, 그리고 이 개념이, 여기서 문제가 되는 실재성을 여느 다른 것과 종적으로 구별하기 위해서는, 불가피하게 순환론에 빠지는 성벽을 가지고 있어서, 자기가 설명해야 할 윤리성을 비밀리에 전제하는 것을 피할 수가 없다 해도―, 신의 최고로 완전한 의

안에 대한 어떤 기여를 약속하기 때문이다. 또한 우리는 타인의 행복에 대한 동정의 원리를, **허치슨**[93]과 함께, 그가 받아들인 도덕감(각)으로 간주할 수밖에 없다.

---

93) Francis Hutcheson(1694~1746). 도덕철학자이자 미학자로서, 이른바 스코틀랜드 도덕 철학 학파의 창시자로 간주된다. 그가 남긴 대표적 저작으로는 *Inquiry into the Original of our Ideas of Beauty and Virtue*(1725. 독일어 번역본: 1762), *Essay on the Nature and Conduct of the Passions and Affections*(1728. 독일어 번역본: 1760), *A System of Moral Philosophy*(1755. 독일어 번역본: 1756) 등이 꼽히며, 당대 유럽 지성 계에 광범위한 영향을 미쳤다. 그는 인간은 이성에 의해서가 아니라 도덕감(각)에 의해 도덕적 분별을 하며, 덕행의 동기를 얻는다고 주장한다. 예컨대, 도덕감으로 인해 자선은 우리를 기쁘게 하는 것이며, 그 때문에 우리는 그 같은 덕행을 한다는 것이다.
94) A판: "다가선다".

지로부터 윤리성을 도출해내는 신학적 개념보다는 더 좋다. 그것은, 단지 우리가 그것의 완전성을 직관할 수 없고, 윤리성 개념이 그것들 중 가장 주요한 것인, 우리의 개념들로부터만 그 완전성을 도출할 수 있는 것이기 때문이 아니다. 오히려 그것은, 만약 우리가 이렇게 하지 않는다면—이런 일이 일어난다면, 조잡한 순환적 설명밖에는 되지 않을 것이다—, 우리에게 남는 신의 의지에 대한 개념은, 권력과 복수라는 무서운 표상과 결합되어 있는, 명예욕과 지배욕의 성질들로부터, 도덕성과는 정반대되는, 윤리 체계를 위한 토대를 세울 수밖에 없을 것이기 때문이다.

그러나 만약 내가 도덕감(각) 개념과 완전성이라는 개념—이 둘은, 비록 윤리성의 토대로서 윤리성을 뒷받침하는 데는 전혀 쓸모가 없지만, 적어도 윤리성을 파괴하지는 않는다—가운데서 선택해야만 한다면, 나는 후자를 택할 것이다. 왜냐하면 이 후자의 개념은 적어도 문제의 판결 B93 을 감성에서 빼내 순수 이성의 법정으로 가져가서, 이 법정이 여기서 아무런 판결을 하지 않더라도, (그 자체로 선한 의지라는) 무규정적인 개념을 보다 상세한 규정을 위해 오염시키지 않고 그대로 보존하기 때문이다.

이 밖에 모든 이런 학설들에 대한 번잡한 반박은 생략해도 좋으리라 믿는다. 이런 반박은 쉬운 일이고, 또 그 직분상—청중이 판단의 유예를 실로 참지 못할 것이기 때문에—이런 이론들 중 하나를 공언할 필요가 있는 이들 자신에 의해서도 짐작건대 반박은 능히 통찰될 수 있으므로, 그런 것은 단지 쓸데없는 일을 하는 셈일 것이다. 그러나 여기에서 우리에게 더 큰 관심사는, 이 원리들은 도대체가 의지의 타율을 윤리성의 제일의 근거로 세우는 것에 지나지 않고, 바로 그렇기 때문에 이 원리들은 그것들의 목적을 그르칠 수밖에 없다는 사실을 아는 일이다.

의지에게 의지를 규정하는 규칙을 지정하기 위해서 의지의 객관이 근 IV444

저에 놓이는 곳에서는 어디서나, 그 규칙은 타율일 따름이다. 그 명령은 조건적인 것으로, 곧 '사람들이 이 객관을 의욕**한다면**, 또는 의욕하기 **때문에**, 사람들은 이러이러하게 행위해야만 한다'는 것이다. 그러니까 이 명령은 결코 도덕적으로, 다시 말해 정언적으로 지시명령할 수가 없다. 무릇 객관이 의지를 규정하는 것은, 그것이[95] 자기 행복의 원리에서처럼 경향성에 의한 것이든지, 완전성의 원리에서처럼 우리의 가능한 의욕 일반의 대상들에 지향돼 있는 이성에 의한 것이든지 간에, 의지가 결코 **직접적으로** 스스로 행위의 표상에 의해서가 아니라, 오직 행위의 예견되는 결과가 의지에 대하여 갖는 동기들에 의해서만 규정되는 것이다. 즉 **나는 다른 어떤 것을 의욕하기 때문에, 바로 그 때문에, 어떤 것을 행해야 한다.** 이 경우 나의 주관의 근저에는 하나의 다른 법칙이 두어져 있어야 하고, 이 법칙에 따라 나는 이 다른 어떤 것을 필연적으로 의욕하며, 이 법칙은 다시금 이 준칙을 제한하는 명령을 필요로 한다. 무릇 우리의 힘에 의해 가능한 객관의 표상을[96] 주관의 자연 성질에 따라 그 의지에 행사하는 충동은 주관의 자연본성에 속한다. 주관은 감성(즉 경향성과 취미)적이든 지성 및 이성적이든지 간에 그것들의 **자연본성의 특수한 설비에** 따라 한 객관에서 흡족함을 얻는다[97]. 그렇기에 그 법칙을 주는 것은 본래 자연이다. 이 법칙은, 법칙으로서, 단지 경험에 의해 인식되고 증명되어야 하고, 그러니까 우연적인 것으로, 도덕적인 규칙이 그러한 것이어야 할, 명증적인 실천 규칙이기에는 부적당할 뿐만 아니라, 그것은 **언제나 단지** 의지의 **타율**일 뿐이다. 이런 의지는 자기 자신에게 법칙을 세우는 것이 아니라, 충동을 받아들이도록 되어 있는 주관의 자연본성을 매개로, 외부의 충동이 의지에게 법칙을 제공한다.

---

95) A판(Es)에 따름. B판(Er)대로 읽으면 "명령이".
96) AA: "표상이".
97) A판: "완전성—그 실존이 그 자신에 의한 것이든, 아니면 오직 최고의 자립적 완전성에 의존해 있든 간에—일반에서 취한다."

그러므로 그것의 원리가 정언적 명령이어야만 하는, 단적으로 선한 의지는 모든 객관에 대해서는 무규정적인 채, 한낱 **의욕의 형식** 일반만을 보유할 것이며, 그것도 자율로서 보유할 것이다. 다시 말해, 각 선의지의 준칙이 그 자신을 보편적 법칙으로 만들 수 있기에 적합함 그 자체가 유일한 법칙으로, 이 법칙을 각 이성적 존재자의 의지는, 그 어떠한 동기나 동기의 관심을 기초로 두는 일 없이, 자신에게 스스로 부과하는 것이다.

어떻게 그러한 선험적인 종합적 실천 명제가 가능한가, 그리고 왜 그 명제가 필연적인가는, 그 해결이 더 이상 윤리 형이상학의 한계 내에 있지 않은 과제이고, 우리 또한 여기서 그 명제가 참이라고 주장한 바 없으며, 더욱이 그에 대한 증명이 우리 힘으로 가능하다고 내세운 적도 없다. 우리는 다만 일단 보편적으로 인구에 회자되고 있는 윤리성 개념을 발전시켜, 의지의 자율이 이 윤리성 개념에 불가피하게 부착해 있다는 것, 바꿔 말해, 오히려 그 근저에 놓여 있다는 것을 제시하였을 뿐이다. 그러므로 윤리성을 아무런 진실도 없는 괴물 같은 관념이 아니라, 무엇인가(의미 있는 것으)로 여기는 사람은, 앞에서 서술한 윤리성의 원리를 동시에 인정하지 않을 수 없을 것이다. 그러므로 이 절은, 제1절과 꼭 마찬가지로, 분석적이었다. 무릇 윤리성은 환영이 아니라는 주장은—이것은 정언명령과 그리고 그와 더불어 의지의 자율이 진실하고, 선험적 원리로서 단적으로 필연적이라면, 나오는 결론이거니와—, **순수 실천이성의 가능한 종합적 사용**을 요구한다. 그러나 우리는 이 이성능력 자체에 대한 비판을 선행시키지 않고서는 이런 사용을 감히 할 수가 없다. 우리는 마지막 절에서 우리의 의도에 충분할 정도로 이 비판의 대강을 서술하지 않으면 안 된다.

제3절
윤리 형이상학에서
순수 실천이성 비판으로의 이행

자유 개념은 의지의 자율을
설명하는 열쇠이다

의지는 생물이 이성적인 한에서 갖는 일종의 원인성이다. **자유**는 이런 원인성의 속성일 것인바, 자유는 그것을 **규정하는** 외래의 원인들에 독립해서 작용할 수 있는 것이다. 반면에 **자연필연성**은, 외래 원인들의 영향에 의해 활동하게끔 규정받는, 모든 이성 없는 존재자들의 원인성의 속성이다.

앞서 한 자유에 대한 설명은 **소극적**인 것이고, 그래서 그 본질을 통찰하기 위해서는 별 성과가 없는 것이다. 그러나 이로부터 그에 대한 **적극적인** 개념, 보다 더 내용이 풍부하고 성과 있는 개념이 나온다. 인과성 개념은 **법칙들**의 개념을 동반하는바, 이 법칙들에 따라, 우리가 원인이라고 부르는, 어떤 것에 의해 다른 어떤 것, 곧 결과가 정립되어야 하는 것이다. 그래서 자유는, 비록 자연법칙들에 따르는 의지의 성질은 아니지만, 그럼에도 전혀 무법칙적이지 않고, 오히려 불변적인 법칙들에 따르는 원인성이되, 그러나 특수한 종류의 것임에 틀림없다. 왜냐하면 만약 그렇지 않다면, 자유의지란 무물〔無物〕[1]일 터이니 말이다. 자연필연성은 작용하는 원인들의 타율이었다. 왜냐하면 각각의 작용결과는 다른 어떤 것이 작용하는 원인을 원인성으로 규정한 법칙에 따라서만 가능했으니 말이다. 그렇다면, 의지의 자유가 자율, 다시 말해 자기 자신에게 법칙인 의지의 성질 말고 다른 무엇일 수 있겠는가? 그러나 '의지는 모든 행위에 있어 자기 자신에게 법칙이다'는 명제는 단지, 자기 자신을 또한 보편적 법칙으로서 대상으로 가질 수 있는 준칙 외의 다른 어떤 준칙에 따라서도 행위하지 않는다는 원리를 표시할 따름이다. 그러나 이것은 바로 정언명령의 정식이자 윤리성의 원리이다. 그러므로 자유의지와 윤리 법칙 아래에 있는 의지는 한가지이다.

　그러므로 의지의 자유가 전제된다면, 윤리성 및 그것의 원리는 그에서 그 개념을 순전히 분해만 하면 나오는 것이다. 그럼에도 윤리성의 원리는 언제나 하나의 종합 명제, 즉 '단적으로 선한 의지는 그것의 준칙이 항상, 보편적 법칙으로 보인, 자기 자신을 자기 안에 함유할 수 있는, 그런 의지이다'는 것이다. 왜냐하면 단적으로 선한 의지라는 개념의 분해에 의해 준칙의 저런 성질이 발견되지는 않기 때문이다. 그러한 종합 명제들은, 두 인식[2]이 그것들과 양쪽으로 만날 수 있는 제3의 것과의 연결에 의해 서로 결합됨으로써만 가능하다. 자유의 **적극적** 개념이 이 제3의 것을 제공하거니와, 이것은 물리적 원인들에서처럼 감성세계의 자연일 수는 없다. (감성세계의 개념 안에서는 원인으로서의 어떤 것의 개념들이 결과로서의 **다른 어떤 것**과의 관계 중에서 함께 만난다.) 자유가 우리에게 제시해주며, 우리가 선험적으로 그에 대한 이념을 갖는, 이 제3의 것이 무엇인가는 여기서 아직은 곧바로 공시될 수 없다. 그리고 순수 실천이성으로부터의 자유 개념의 연역 및 이와 함께 정언명령의 가능성도 곧바로 이해될 수 없다. 무릇 약간의 준비 작업이 필요하다.

---

1) 원어: Unding. 곧, 아무것도 아닌 것.
2) 곧, 단적으로 선한 의지와 준칙의 보편적 법칙의 성질.

자유는 모든 이성적 존재자의
의지의 속성으로 전제되어야 한다

　만약 우리가 자유를 모든 이성적 존재자들에게 부가시킬 충분한 이유를 가지고 있지 못하다면, 우리가 우리의 의지에, 어떠한 이유에서든, 자유를 소속시키기에는 충분하지가 않다. 왜냐하면 윤리성은 순전히 **이성적 존재자들**로서의 우리에게만 법칙으로 쓰이는 것이므로, 그것은 또한 모든 이성적 존재자들에게 타당해야 하기 때문이고, 그것은 오로지 자유의 속성으로부터 도출되어야만 하는 것이므로, 또한 자유는 모든 이성적 존재자들의 의지의 속성으로서 증명되어야 하기 때문이다. 자유를 인간의 자연본성에 대한 어떤 소위 경험들에 의해 밝혀낸다는 것은 충분하지가 않다. (물론 이런 일은 단적으로 불가능하고, 오로지 선험적으로 밝힐 수 있는 것이다.) 우리는 자유를 이성적이고 의지를 갖춘 존재자 일반의 활동을 위한 것[3]으로 증명하지 않으면 안 된다. 이제 나는 말하거니와, **자유의 이념 아래서**밖에는 행위할 수 없는 모든 존재자는, 바로 그렇기 때문에, 실천적인 견지에서, 실제로 자유롭다. 다시 말해, 자유와 불가분리적으로 결합되어 있는 모든 법칙들은 그런 존재자에게[4] 타당하다. 마치 그런 존재자의 의지가 그 자체로도, 그리고 이론 철학에서도 타당하게, 자유롭다고 선언되는 것이나 마찬가지로 말이다.※ 이제 나는 주장하거니

B100

IV448

　※ 자유가 단지, 이성적 존재자들에 의해 그들이 행위할 때에 순전히 **이념 중에서** 근저에 놓여지는 것이 우리의 의도에는 충분한 것으로 받아들이는 이 길을 내가 택한 것은, 자유를 이론적인 관점에서도 증명해야 하는 데에 내가 매일 필요가 없게 하기 위함이다. 왜냐하면 설령 이 후자의 일을 미결로 남겨둔다 해도, 그 자신의 자유의 이념 아래서밖에는 행위할 수 없는 존재자에게는, 실제로 자유로울 터인 존재자를 구속할 그 법칙들이 또한 타당하기 때문이다. 그러므로 우리는 여기서 이론이 지우는 부담으로부터 벗어날 수 있다.

---

3) AA: "활동에 속하는 것".
4) A판: "그에게".

와, 우리는 의지를 가지고 있는 모든 이성적 존재자에게, 그가 그 아래서만 행위할 수 있는 자유의 이념을 또한 필연적으로 수여하지 않을 수 없다. 왜냐하면 우리는 그러한 존재자에서는 실천적인, 다시 말해 그의 객관에 대해서 원인성을 갖는, 이성을 생각하기 때문이다. 무릇, 자기 자신의 의식을 가지면서 그의 판단들에 대해 외부로부터 지도를 받는 이성을 생각한다는 것은 불가능한 일이다. 왜냐하면 그럴 경우 주관은 판단력의 규정을 그의 이성이 아니라 충동에 귀속시키는 것일 터이니 말이다. 이성은 외부의 영향에서 독립적으로, 그 자신을 그의 원리들의 창시자로 간주해야만 한다. 따라서 이성은 실천이성으로서, 또는 이성적 존재자의 의지로서, 그 자신에 의해 자유롭다고 간주되어야만 한다. 다시 말해, 이성적 존재자의 의지는 오로지 자유의 이념 아래서만 자신의 의지일 수 있고, 그러므로 그런 의지는 실천적 의도에서 모든 이성적 존재자들에게 부가되지 않으면 안 된다.

윤리성의 이념에 부수해 있는
〔이해〕관심에 대하여

우리는 윤리성의 규정적 개념을 최종적으로 자유의 이념에 소급시켰다. 그러나 우리는 이 이념을 어떤 현실적인 것으로, 우리 자신 안에서나 인간의 자연본성 안에서나 증명할 수는 없었다. 우리가 살펴본 바는 단 지, 만약 우리가 어떤 존재자를 이성적이고, 그리고 행위들에 대한 자기의 원인성을 의식하는 것으로, 다시 말해, 의지를 가진 것으로 생각하고자 하면, 자유의 이념을 전제할 수밖에 없다는 것, 그래서 우리는, 우리로서는 바로 같은 근거에서 이성과 의지를 갖춘〔품수한〕모든 존재자에게는 자기의 자유의 이념 아래서 행위하도록 규정되는 이런 속성을 부가할 수밖에 없다는 것을 발견한다는 사실뿐이다.

그러나 이 이념들의 전제로부터 또한, 행위들의 주관적 원칙들, 다시 말해 준칙들은 항상, 그것들이 원칙들로서 객관적으로도, 다시 말해 보편적으로 타당하고, 그러니까 우리 자신의 보편적인 법칙수립을 위해 쓰일 수 있는 것으로 받아들여질 수밖에 없다는 행위 법칙에 대한 의식도 나왔다. 그러나 왜 나는 도대체 이 원리에 복종해야만 하며, 그것도 이성적 존재자 일반으로서 그러해야만 하는가, 그러니까 그로써 왜 이성을 갖춘 다른 모든 존재자들도 그러해야만 하는가? 나로 하여금 이렇게 하도록 **다그치는** 것은 이해관심이 아님을 인정하려 한다. 왜냐하면 이해관심은 아무런 정언명령도 주지 못할 것이기 때문이다. 그러나 그럼에도 나는 이에 대해 필연적으로 이해관심을 **갖지** 않을 수 없으며, 어떻게 그것이 생겨나는가를 통찰하지 않을 수 없다. 왜냐하면 이 '해야만 함'[당위]은 본래, 만약 이성이 이성적 존재자에게서 아무런 방해 없이 실천적이라면, 그런 조건 아래서는 모든 이성적 존재자에게 타당한 '하고자 함'[의욕]이기 때문이다. 그러나 우리처럼, 다른 종류의[5] 동기들인, 감성에 의해서도 촉발되고, 이성 단독으로 무엇인가를 하는 일이 언제나 일어나지는 않는 존재자들에게 저 행위의 필연성은 단지 '해야만 함'[당위]일 따름이다. 그리고 주관적[6] 필연성은 객관적[7] 필연성과 구별되는 것이다.

B103

그러므로 우리는 자유의 이념에서 본래 도덕법칙을, 곧 의지의 자율의 원리 자체를 단지 전제할 뿐이고, 이 원리의 실재성 및 객관적 필연성은 그 자체로는 증명할 수 없는 것으로 보인다. 그리고 우리가 비록 적어도 진정한 원리를, 그 밖의 어디에서보다, 더 정확하게 규정함으로써, 눈에 확 띄는 성과를 거두었다 해도, 그러나 우리는 이것의 타당성 및 그것에

---

5) 곧, 순수 이성적 존재자에서와는 다른.
6) 곧, 준칙의.
7) 곧, 법칙의.

복종해야 하는 실천적 필연성에 관해서는 조금도 더 나아가지 못한 것으로 보인다. 무릇, 도대체 왜 법칙으로서 우리 준칙의 보편타당성이 우리 행위들을 제한하는 조건이어야 하며, 또 이런 종류의 행위에 우리가 부가하는, 어디에도 더 높은 이해관심이 있을 수 없을 만큼 그렇게나 큰, 이 가치를 우리는 무엇에 기초 짓고 있으며, 그리고 인간이 이런 행위를 통해서만 그의 인격적 가치를 느낀다고 믿고, 그에 비해 쾌적한 또는 불쾌한 상태의 가치 같은 것은 아무것도 아니라고 보는 일이 어떻게 일어나는가 하고 우리에게 물은 이에게 우리는 아무런 만족스러운 답변을 줄 수 없었으니 말이다.

IV450

인격적 성질이 (어떤 행복의) 상태에 대한 관심을 전혀 가지지 않는 것이기는 하지만, 이성이 이런 상태를 분배하는 데 영향을 미쳐야 할 경우, 인격적 성질이 우리로 하여금 이러한 상태에 참여할 수 있도록 만든다면, 우리가 이런 인격적 성질에 관심을 가질 수 있다는 것을, 다시 말해 행복할 만한 순전한 품격은, 이 행복에 참여할 동인이 없더라도, 그 자체만으로 관심을 일으킬 수 있다는 것을 우리는 충분히 잘 알고 있기는 하다. 그러나 이런 판단은 사실 단지 (우리가 자유의 이념에 의해 우리를 모든 경험적 관심으로부터 분리시킬 때) 이미 전제됐던, 도덕법칙들의 중요성의 결과일 뿐이다. 그러나 우리의 상태에 가치를 제공하는 것을 모두 상실한 것에 대한 보상을 해줄 수 있는 가치를 순전히 우리의 인격에서 발견하기 위해서는, 우리가 우리를 이런 관심에서 분리시켜야 한다는 것을, 다시 말해, 우리가 행위에서 자유로우면서도 모종의 법칙들에 종속돼 있다고 보아야만 한다는 것을, 그리고 이런 일이 어떻게 가능한가를, 그러니까 **도덕법칙은 무엇에서 구속력을 갖는가**를 우리는 이러한 방식으로는 통찰할 수가 없다.

B104

여기서 드러나는 것은, 벗어날 수 없을 것처럼 보이는 일종의 순환론이 있음을 솔직하게 고백하지 않을 수 없다는 사실이다. 우리가 목적들의 질서 안에서 윤리 법칙들 아래에 있다고 생각하기 위해, 우리는 우리가 작용하는 원인들의 질서 안에서 자유롭다고 상정하며, 그러고 나서 우리는, 우리가 자신에게 의지의 자유를 부가했기 때문에, 우리가 이 법칙들에 종속돼 있는 것으로 생각하는 것이다. 무릇, 자유와 의지의 고유한 법칙수립은 둘 다 자율이고, 그러니까 교환개념들이다. 그러나 바로 그 B105 렇기 때문에 그중 하나가 다른 것을 설명하고 그것의 근거를 대는 데 사용될 수는 없으며, 기껏해야 단지, 논리적 관점에서, 동일한 대상에 대한 서로 다르게 보이는 표상들을 단 하나의 개념[8]으로 환원하는 데 (같은 값의 여러 분수들을 기약분수로 환원하듯이) 사용될 수 있을 뿐이기 때문이다.

그러나 우리에게는 하나의 방책이 남아 있다. 곧, 우리가 우리를, 자유에 의해, 선험적으로 작용하는 원인들로 생각할 때, 우리는, 우리가 우리 자신을[9] 우리가 우리의 눈앞에서 보고 있는 작용으로서 우리 행위들에 따라 표상할 때와는 다른 입장을 취하고 있지나 않은지를 탐색하는 일 말이다.

한 가지 주목할 점이 있는바, 그것은 그것에 주의를 기울이는 데는 무슨 섬세한 숙고가 필요한 것이 아닌 것으로서, 오히려 가장 평범한 지성[상식]도 능히, 물론 그 나름의 방식으로이기는 하지만, 그가 감정이 IV451 라고 부르는 판단력의 막연한 분별에 의해서 알 만한 것이라고 생각할 수 있는 것이니, 즉 우리의 의사 없이 우리에게 나타나는 모든 표상들 (가령, 감관들의 표상들)은 우리로 하여금 대상들을 그것들이 우리를 촉발하는 대로밖에는 인식하지 못하게 하고, 그때 그것들이 그 자체로 무엇일 수 있는지는 우리에게 알려져 있지 않다는 것, 그러니까 이런 종류의

---

8) 곧, '자율'이라는 개념.
9) A판: "우리를".

표상들에 관해서는, 우리가, 지성이 할 수 있는 한, 제아무리 세심한 주

B106 의를 기울이고, 분명하게 하더라도, 그것을 통해서는 한낱 **현상들**의 인
식에 이를 뿐, 결코 **사물들 그 자체**에는 이를 수 없다는 것 말이다. 일단
이런 구별이—어쨌든지, 다른 어디로부터 우리에게 주어지고, 그래서
그때 우리가 수동적이 되는 그런 표상들과 우리가 오로지 우리 자신으로
부터 만들어내고, 그래서 그때 우리가 우리의 능동성을 증명하는, 순전
히 그런 표상들의 차이를 식별함으로써—지어지면 곧바로 이에서 저절
로 나오는 결론은, 우리는 현상들 배후에 현상이 아닌 어떤 다른 것, 곧
사물들 자체를 용인하고 상정할 수밖에 없다는 것이다. 비록 우리로서
는, 그것들[10]이 우리에게 결코 알려질 수 없으며, 언제나 우리에게는 단
지 그것들이 우리를 촉발하는 대로만 알려질 뿐이므로, 우리는 그것들에
더 가까이 다가갈 수가 없고, 그것들이 자체로 무엇인가는 결코 알 수 없
다는 것으로 자족하기는 하지만 말이다. 이것이 거칠기는 하나, **감성세**
계와 오성세계[11]를 구별하지 않을 수 없도록 만든다. 이 가운데 전자는
다양한 세계관찰자의 감성의 차이에 따라 아주 차이날 수도 있으나, 이
것의 근저에 놓여 있는 후자는 언제나 동일한 것으로 머문다. 그래서 인
간은 자기 자신에 대해서조차, 그것도 인간이 자기에 대한 내적 감각을
통해 얻은 지식에 의거해서, 인간 그 자체가 어떠한 것인가를 인식한다
고 감히 주장해서는 안 된다. 무릇, 인간은 자기 자신조차 이를테면 창조
하는 것도 아니고, 자기의 개념을 선험적으로가 아니라 경험적으로 얻는

B107 것이므로, 그가 내감에 의해, 따라서 오로지 그의 자연본성의 현상에 의
해서, 그리고 그의 의식이 촉발되는 방식대로만, 자기에 대한 지식도 얻
을 수밖에 없음은 자연스러운 일이다. 그럼에도 그는 반드시 이 순전히

---

10) 곧, 사물들 자체.

11) 원어: Verstandeswelt. 'Verstand'는 일반적으로 '지성'으로 옮기는 것이 적절하나, 이
경우에만은 '오성(悟性)'으로 옮겨 '예지적 능력'을 의미하게 하는 편이 좋을 것 같다.
'Verstandeswelt'가 '예지〔적〕 세계(intelligibele Welt)' 또는 '이성세계(Vernunftwelt)'와
똑같은 것을 지시하는 것으로 이해하는 한에서 말이다.

현상들에서 합성된 그 자신의 주관의 성질을 넘어서 그것의 근저에 놓여 있는 다른 어떤 것, 곧 그의 자아를―이것이 그 자체로 어떤 성질의 것이든 간에―상정해야 하고, 그리하여 자기를 순전한 지각 및 감각들의 수용성의 관점에서는 **감성세계**에 속하는 것으로, 그러나 인간에게서 순수 활동성임 직한 것(즉 전혀 감관의 촉발에 의해서가 아니라, 직접적으로 의식에 이른 것)과 관련해서는 **지성 세계**[12]에 속하는 것으로 볼 수밖에 없다. 그가 비록 이 세계에 대해서 더 이상 아는 바가 없기는 하지만 말이다.

생각 깊은 사람은 그에게 나타날 수 있는 모든 사물들에 대해 이 같은 추론에 이르지 않을 수 없다. 짐작하건대 이 같은 추론은 가장 평범한 지성〔상식〕에서도 만날 수 있다. 주지하듯이, 가장 평범한 지성도 감관의 대상들의 배후에 언제나 어떤 보이지 않는 것, 독자적으로 스스로 활동하는 것을 기대하는 경향이 매우 강하다. 그러나 이 보이지 않는 것을 평범한 지성은 이내 다시금 감성화함으로써, 다시 말해 직관의 대상으로 만들려고 함으로써, 그것은 다시금 변질되고 만다. 그리고 그로써 평범한 지성은 조금도 더 현명해지지 않는다.

이제 인간은 자기 안에서 실제로 하나의 능력을 발견하는바, 이 능력으로 인해 그는 다른 모든 사물들과, 아니 그가 대상들에 의해 촉발되는 한에서는, 그 자신과도 구별된다. 그 능력이 **이성**이다. 순수한 자기활동성으로서 이성은 다음과 같은 점에서 심지어 **지성**조차도 뛰어넘는다. 지

---

12) 원어: intellektuelle Welt. 칸트가 'Verstand' 곧 'intellectus'('지성', 때로는 '오성')에서 파생한 형용사 'intellektuell(지성적)'과 'intelligibel(예지적)'을 구별해 써야 한다고 말하면서(『형이상학 서설』, 34절, 주: A107＝IV316 참조), '지성적'은 인식을, '예지적'은 대상을 수식해주는 말이라고 규정한 취지에 따른다면, 이 대목에서 'intellektuelle Welt'는 아래에서(B109＝IV452 등등)처럼 'intelligibele Welt(예지 세계)'라고 표현했어야 할 것이다. 그리고 칸트는 후에 동일한 문맥의 『실천이성비판』에서도 그렇게 표현하고 있다.(*KpV*, A155＝V87 등 참조) 다시 말해, 용어를 일관되게 사용한다면 'Verstandeswelt'의 교환어는 'intellektuelle Welt'가 아니라 'intelligibele Welt'라 할 것이다.

성도 자기활동성으로서, 감관처럼 우리가 사물들에 의해 촉발되는 (그러니까 수동적인) 때에만 생기는 표상들만을 함유하는 것이 아님에도 불구하고, 그럼에도 지성은 그의 활동성으로부터, **감성적 표상들을 규칙들 아래로 보내기 위해**, 그리고 그렇게 함으로써 감성적 표상들을 하나의 의식에서 통합하기 위해 쓰일 뿐인 개념들[13] 외에는 아무런 개념도 만들어낼 수가 없다. 또한 감성의 그러한 사용 없이는 지성은 전혀 아무것도 생각하지 못할 터이다. 이에 반해, 이성은 이념들의 이름 아래서 순수한 자발성을 내보여, 지성[14]은 그로써 그에게 감성이 오로지 제공할 수 있는 모든 것을 넘어 훨씬 멀리까지 나가며, 감성세계와 오성세계를 서로 구별하고, 그러나 그렇게 함으로써 지성 자신에게 그 경계를 지정해준다는 점에서, 또한 이성의 가장 주요한 업무를 보여준다.

그 때문에 이성적 존재자는 자기 자신을, **예지자로서** (그러므로 그의 하위 능력들의 측면에서가 아니라) 감성세계에 속하는 것으로 보아서는 안 되고, 오성세계에 속하는 것으로 보아야만 한다. 그러니까 그는 두 가지 입장을 가지는바, 그는 거기에서 자기 자신을 관찰하고, 그의 힘들을 사용하는 법칙들, 따라서 그의 모든 행위들의 법칙들을 인식할 수 있다. 즉 B109 그는 **일단**은 감성세계에 속해 있는 한에서 자연의 법칙들(타율) 아래에 있고, **둘째로는**, 예지 세계에 속하는 것으로서, 자연에 독립적으로, 경험적이지 않고, 순전히 이성에 기초하고 있는 법칙들 아래에 있는 것이다.

이성적인, 그러니까 예지 세계에 속하는 존재자로서 인간은 그 자신의 의지의 원인성을 자유의 이념 아래서 말고는 결코 생각할 수 없다. 왜냐하면 감성 세계의 **규정된**[15] 원인들로부터의 독립성이—이러한 것을 이

---

13) 곧, 범주들.
14) AA: "이성".
15) AA: "규정하는".

성은 항상 자기 자신에게 부가해야만 하거니와—자유이기 때문이다. 무릇 자유의 이념에는 **자율**의 개념이 불가분리적으로 결합되어 있는바, 그런데 이 개념과는 윤리성의 보편적 원리가 결합되어 있다. 이 윤리성의 원리는, 자연법칙이 모든 현상들의 근저에 놓여 있는 것이나 꼭 마찬가지로, **이성적** 존재자들의 모든 행위들의 근저에 놓여 있는 것이다.

IV453

이제 우리가 위에서 제기했던 의혹, 즉 마치 자유로부터 자율을, 다시 이 자율로부터 윤리적 법칙을 추론하는 데 어떤 비밀스러운 순환론이 포함돼 있는 것 같은 의혹은 제거되었다. 곧, 우리가 자유의 이념을 오직 윤리적 법칙을 위해 기초에 둔 것은 아마도, 나중에 이 법칙을 자유로부터 다시금 추론해내기 위한 것이 아닌가, 그러니까 우리는 저 법칙에 대해서는 전혀 아무런 근거도 제시할 수 없었고, 오히려 저 법칙을 단지, 선량한 사람들은 우리에게 기꺼이 허용할 것이나, 우리로서는 결코 증명할 수 있는 명제로 제출할 수는 없을, 원리의 청원[16]으로 제시한 것에 지나지 않지 않나 하는 의혹은 제거되었다. 왜냐하면 이제 우리는, 우리가 자유롭다고 생각할 때, 우리는 우리를 오성세계의 성원으로 놓고, 의지의 자율을, 그 **자율의**[17] 결과인 도덕성과 함께 인식하되, 그러나 우리가 〔윤리 법칙 준수에〕 의무 지어져 있다고 생각할 때, 우리는 우리를 감성세계에 속하면서 또한 동시에 오성세계에도 속하는 것으로 보고 있다는 것을 알게 되었으니 말이다.

B110

---

16) 원어: Erbittung eines Prinzips. 곧, 先決 問題(petitio principii).
17) A판: "의지의".

어떻게 정언적 명령은
가능한가?

　　이성적 존재자는 예지자로서 자신을 오성세계에 속하는 것으로 보고, 이에 속하는 작용 원인으로서만 그의 원인성을 **의지**라고 부른다. 그럼에도 다른 측면에서 이성적 존재자는 자기가 감성세계의 일부임을 의식하는바, 감성세계 안에서 그의 행위들은 저 원인성의 순전한 현상들로서만 마주치게 되지만, 그 행위들의 가능성은 우리가 알지 못하는 이 원인성으로부터는 통찰될 수가 없고, 그 대신에 저 행위들은 다른 현상들, 곧 욕구들과 경향성들에 의해 규정된 것으로, 즉 감성세계에 속하는 것으로 통찰되지 않으면 안 된다. 그러므로 오성세계의 순전한 성원으로서 나의 모든 행위들은 순수의지의 자율의 원리에 완전히 적합할 것이나, 한낱 감성세계의 일부로서 나의 행위들은 전적으로 욕구들과 경향성들의 자

B111 　연법칙에, 그러니까 자연의 타율에 알맞게 취해질 수밖에 없을 것이다. (전자들은 윤리성의 최상 원칙에, 후자들은 행복의 최상 원칙에 의거할 터이다.) 그러나 **오성세계는 감성세계의 근거를, 그러니까 또한 감성세계의 법칙들의 근거를 함유하고,** 그러므로 (전적으로 오성세계에 속하는) 나의 의지에 대해서는 직접적으로 법칙수립적이고, 그러므로 또한 그러한 것으로 생각되어야만 하기 때문에, 나는 예지자로서 나를, 비록 다른 측면에서

IV454 　는 감성세계에 속하는 존재자같이 봄에도 불구하고, 그럼에도 오성세계의 법칙에, 다시 말해 자유의 이념 중에 그것[18]의 법칙을 함유하는 이성에, 그러므로 의지의 자율에 복종하는 것으로 인식하며, 따라서 오성세계의 법칙들을 나에 대한 명령들로, 그리고 이 원리에 알맞은 행위들을 의무들로 보지 않을 수 없다.

---

18) 곧, 오성세계.

이렇게 해서, 자유의 이념이 나를 예지 세계의 성원으로 만듦으로써 정언명령들은 가능하다. 즉 그로써, 만약 내가 예지 세계의 성원이기만 하다면, 나의 모든 행위들은 의지의 자율에 항상 알맞을 **터인데**, 그러나 나는 나를 동시에 감성세계의 성원으로서도 보기 때문에, 의지의 자율에 알맞아야**만 하는 것이다.** 이 **정언적** 당위는 선험적 종합 명제를 표상하는 것인바, 왜 그런가 하면, 감성적 욕구들에 의해 촉발되는 나의 의지 위에 동일하지만 오성세계에 속하는, 순수한, 그것 자체로 실천적인 의지의 이념이 덧붙여지고, 이 의지는 저 의지가 이성에 따르는 최상의 조건을 함유하고 있기 때문이다. 이런 사정은, 감성세계에 대한 직관들에, 그것 자체로는 법칙적 형식 일반 외에는 아무것도 의미하지 않는, 지성의 개념들이 덧붙여지고, 그럼으로써 그것에 자연에 대한 모든 인식들이 의거하는 선험적 종합 명제들을 가능하게 하는 것과 대체로 같다.

B112

평범한 인간이성의 실천적 사용이 이 연역의 옳음을 확증한다. 그 누구라도, 가장 못된 악한조차도, 만약 그가 단지 이성 사용에 익숙해 있기만 하다면, 사람들이 그에게 의도에 있어 정직함, 선한 준칙들의 준수에 있어 확고함, 동정 및 보편적 자선의 (그리고 그에 더하여 이익들과 안락함의 희생이 결부된) 사례들을 제시할 때, 그도 그런 마음씨를 갖고 싶어 하지 않을 사람은 없다. 그러나 그는 단지 그의 경향성들과 충동들 때문에 그것을 능히 자기 안에서 실행하지 못할 뿐이다. 그럼에도 그때 그는 동시에 그 자신에게도 짐이 되는 그러한 경향성들로부터 자유롭게 되기를 소망한다. 이로써 그는 그러므로, 그가 감성의 충동들로부터 자유로운 의지를 가지고서 사유 속에서는, 감성의 분야에서의 그의 욕구들의 질서와는 전혀 다른 사물들의 질서로 옮겨간다는 것을 증명한다. 왜냐하면 그는 저런 소망으로부터는 욕구의 아무런 쾌락도, 그러니까 그의 실제적인, 아니면 상상적인 경향성들 중 어느 하나라도 충족시키는 상태도 기대할 수 없고—무릇 그렇게 한다면, 그를 그런 소망으로 유인했던 그 이

B113

넘마저 그 탁월성에 손상을 입을 것이다—, 오직 그의 인격의 증대되는 내적 가치를 기대할 수 있을 따름이니 말이다. 자유의 이념이, 다시 말해 감성세계의 **규정하는** 원인들로부터 **독립함**[19]의 이념이 그에게 억지로 강요하는 오성세계의 성원의 입장으로 그가 옮겨간다면, 그는 보다 좋은 인격일 것으로 믿는다. 그리고 그는 그런 입장에서 선의지를 의식하는 바, 그 선의지는, 그 자신의 고백에 따르면, 감성세계의 성원으로서 그의 악한 의지에 대하여, 그가 위반하면서도 그 권위는 인지하는 법칙을 형성한다. 그러므로 도덕적 당위는 예지 세계의 성원으로서 자신의 필연적인 의욕이고, 그가 자신을 동시에 감성세계의 성원처럼 보는 한에서만, 그에 의해 당위라고 생각되는 것이다.

모든 실천철학의
극단의 한계에 대하여

모든 사람들은 의지의 면에서 자신이 자유롭다고 생각한다. 그래서 비록 **일어나지는 않았**지만, **일어났어야만 하는** 그런 행위들에 대한 모든 판단들이 내려진다. 그럼에도 불구하고 이 자유는 경험 개념이 아니고, 또한 경험 개념일 수도 없다. 왜냐하면 이 개념은, 설령 경험이 자유의 조건 아래서 필연적인 것으로 표상되는 그런 요구들과 반대되는 것을 보여준다 해도, 언제나 변함이 없기 때문이다. 다른 한편으로, 일어나는 모든 것은 자연법칙들에 따라 불가불 규정되어 있다는 것도 꼭 마찬가지로 필연적이며, 이 필연성 역시 경험 개념이 아니다. 왜냐하면 바로 이 개념은 필연성 개념, 그러니까 선험적 인식 개념을 동반하고 있으니 말이다. 그러나 자연에 대한 이 개념은 경험에 의해 확증되며, 그리고 이 개념은,

---

19) B판 추가.

만약 경험이, 다시 말해 보편적 법칙들에 따라 연관된, 감관의 대상들에 대한 인식이 가능해야 한다면, 저절로 불가피하게 전제될 수밖에 없다. 그래서 자유는 단지 이성의 **이념**일 따름이고, 그것의 객관적 실재성 자체는 의심스러우나, 자연은 **지성개념**으로서, 그 실재성을 경험의 실례들에서 증명하고 또 필연적으로 증명해야만 한다.

그런데 이로부터, 의지와 관련해 그것에 부가된 자유가 자연필연성과는 모순적인 것처럼 보이고, 이 갈림길에서 이성은 **사변적 의도/관점**에서 자연필연성의 길을 자유의 길보다 훨씬 더 평탄하고 이용하기 쉬운 것으로 보기 때문에, 이성의 변증학이 발생하기는 하지만, 그럼에도 **실천적 의도/관점**에서는 자유의 좁은 길만이 우리의 행동거지에서 이성을 사용하는 것이 가능한 유일한 길이다. 그래서 자유를 논의해서 떼어 내 버리는 일은 가장 평범한 인간이성에서와 마찬가지로 아주 치밀한 철학에서도 불가능하다. 그러므로 철학은 실로, 동일한 인간 행위들에서 자유와 자연필연성 사이에는 아무런 진정한 모순이 만나지지 않는다고 전제하지 않으면 안 된다. 왜냐하면 철학은 자유의 개념과 마찬가지로 자연의 개념을 포기할 수 없으니 말이다.

IV456
B115

그러나 어떻게 자유가 가능한가를 비록 개념적으로 파악〔이해〕할 수는 없다 할지라도, 적어도 이 모순처럼 보이는 것만은 설득력 있게 제거되어야만 한다. 왜냐하면 만약 심지어 자유에 대한 사상이 그 자신과, 또는 마찬가지로 필연적인 자연과 모순된다면, 자유는 자연필연성에 대항해서 전적으로 포기되지 않을 수 없을 것이기[20] 때문이다.

그러나 만약 자기가 자유롭다고 생각하는 주관이, 그가 자기가 자유롭

---

20) AA에 따름. 칸트 원문: "수 없었기".

다고 말할 때에, 그가 그 자신이 동일한 행위에 관해서 자연법칙에 종속해 있다고 받아들일 때와 **똑같은 의미로**, 또는 **바로 똑같은 관계에서** 자기 자신을 생각한다면, 이 모순을 벗어난다는 것은 불가능하다. 그래서 사변철학의 소홀히 할 수 없는 과제는 적어도, 이 모순에 대한 사변철학의 착각은 다음의 사실에 기인한다는 것을 지적하는 일이다. 즉 우리가 인간을 자유롭다고 말할 때, 우리는 인간을, 우리가 자연의 일부로서의

B116 인간을 이 자연의 법칙들에 종속해 있는 것으로 간주할 때와는 다른 의미와 다른 관계에서 생각한다는 것, 그리고 이 양자는 아주 잘 공존할 수 있을 뿐만 아니라, 동일한 주관 안에서 **필연적으로 합일되어 있는** 것으로 생각되어야만 한다는 것 말이다. 왜냐하면 그렇지 않으면, 왜 우리가 한 이념, 즉 충분히 확증된 다른 이념[21]과 **모순 없이** 합일되면서도, 이론적인 사용에서 이성을 아주 곤란하게 만드는 일에 우리로 하여금 얽혀 들게 하는 이념[22]을 가지고서 이성을 괴롭혀야 하는가의 근거를 댈 수 없을 터이니 말이다. 그러나 이 임무는 순전히 사변철학에게 부과되는 것으로, 그것은 사변철학이 실천철학에게 자유로운 길을 열어주도록 하기 위한 것이다. 그러므로 저 외관상의 상충을 제거할 것이냐, 아니면 건드리지 않고 내버려둘 것이냐는 철학자의 임의에 맡겨진 문제가 아니다. 왜냐하면 후자의 경우에 이에 대한 이론은 無主物[23]이 되어, 숙명론자는 이를 당연하게 점유하고, 모든 도덕을 그것이 자격도 없이 점유한 참칭된 재산에서 축출할 수 있다.

   그럼에도 여기서 아직은, 실천철학의 한계가 시작된다고 말할 수는 없다. 왜냐하면 이러한 분쟁거리의 조정은 전혀 실천철학의 소관사가 아니고, 실천철학은 단지 사변철학에게, 그것이 이론적인 문제들 자체에서

IV457 얽혀 들어가 있는 불일치를 종식시킬 것을 요구할 뿐이기 때문이다. 실

---

21) 곧, 자연필연성의 이념.
22) 곧, 자유의 이념.
23) 원어: bonum vacans.

천철학이 안주하고자 하는 터전을 분쟁거리로 만들 수도 있는 외적 공격들에 대해 안정과 안전을 확보하기 위해서 말이다.

그러나 평범한 인간이성조차도 하는, 의지의 자유에 대한 권리주장은, 한낱 주관적으로-규정된[24] 원인들에 대해서, 즉 모두 한낱 감각에, 그러니까 감성이라는 일반적 명칭 아래, 속하는 것을 이루는 것들에 대해서, 이성은 독립적이라는 의식 위에, 그리고 이것을 승인하는 전제 위에 기초하고 있다. 그런 식으로 자신을 예지자로 보는 인간은 그로써, 그가 자신을 의지를 가진, 따라서 원인성을 갖춘(품수한) 예지자로 생각할 때, 그가 자신을 감성세계의 현상으로—그는 실제로도 그러하거니와—지각하고, 그의 원인성을, 외적 규정에 따르는 자연법칙에 종속시킬 때는 다른 사물들의 질서 속에 자신을 집어넣고, 전혀 다른 종류의 규정 근거들과의 관계 속에 넣는다. 그는 이제 곧, 저 양자가 동시에 있을 수 있다는 것을, 아니 심지어는 있어야만 한다는 것을 깨닫는다. 왜냐하면 **현상 중의 사물**(감성세계에 속하는 것)이 모종의 법칙들에 종속해 있고, 바로 그 동일한 것이, **사물** 또는 존재자 **그 자체로서는**, 그 법칙들에서 독립적이라는 것은 최소한의 모순도 함유하지 않으며, 그러나 인간이 자신을 이렇듯 이중적 방식으로 표상하고 생각해야만 한다는 것은, 전자로 말할 것 같으면, 자기 자신을 감관에 의해 촉발되는 대상으로 의식하는 데 의거하고, 후자로 말할 것 같으면, 자기 자신을 예지자로, 다시 말해 이성 사용에 있어 감각 인상들에 독립적인 것으로 (그러니까 오성세계에 속하는 것으로) 의식하는 데에 의거하는 것이기 때문이다.

그래서 인간은 한낱 그의 욕구와 경향성에 속하는 것은 아무것도 고려하지 않는 의지를 가지고 있다고 자부하고, 반면에 모든 욕구와 감각적 자극들을 제쳐놓음으로써만 일어날 수 있는 행위들이 그 자신에 의해 가

B117
B118

---

24) AA: "주관적으로-규정하는".

능한 것으로, 아니 심지어는 필연적인 것으로 생각하기에 이른다. 그러한 행위들의 원인성은 예지자로서 인간 안에 있으며, 예지 세계의 원리들에 따르는 작용과 행위들의 법칙들 안에 있다. 그가 그럼에도 예지 세계에 대해 아는 바는, 거기서는 오로지 이성만이, 그것도 순수한, 감성에서 독립적인 이성만이 법칙을 수립한다는 것뿐이다. 또한 인간은 거기서는 예지자로서만 본래적인 자기—반면에 인간으로서는 자기 자신의 현상일 따름—이기 때문에, 저 법칙들은 그와 직접적으로 그리고 정언적으로 관계된다. 그래서 경향성과 충동들(그러니까 감성세계의 전체 자연본성)이 무엇을 자극하든지 간에, 그것은 예지자로서 인간의 의욕의 법칙들을 훼손할 수가 없고, 그뿐만 아니라 예지자로서 인간은 그런 것들에는 책임이 없고, 그의 본래적인 자기, 다시 말해 그의 의지로 그 탓을 돌리지 않는다. 그러나 그는, 그가 경향성과 충동들이 그의 준칙들에 영향을 미쳐 의지의 이성법칙에 손실을 끼치는 것을 용인할 때에, 그가 이런 것들에 대해 보여줄 관대는 실로 그의 의지 탓으로 돌린다.

실천이성이 오성세계 안으로 들어가 **생각하는**[25] 것으로써, 그것이 그의 한계를 넘어가는 것은 전혀 아니다. 그러나 그것이 **들어가 보고**[26], **들어가 감각하고**[27]자 한다면, 그것은 실로 그의 한계를 넘어가는 것이다. 전자는 의지를 규정하는 데에 아무런 법칙도 주지 않는 감성세계에 대한 소극적 사유일 뿐으로, 이것은 소극적인 규정으로서 저 자유가 동시에 어떤 (적극적인) 능력과 결합되고, 더군다나 우리가 의지라고 부르는 이성의 원인성과 결합된다는 오직 이 한 점에서만 적극적이다. 그것은 행위들의 원리가 이성원인의 본질적 성질에, 다시 말해 법칙으로서의 준칙의 보편타당성 조건에 알맞게, 그렇게 행위하는 능력이다. 그러나 실천이성이 만약에 **의지의 객관**을, 다시 말해 운동인을 오성세계로부터 가져

---

25) 원어: hinein denken.
26) 원어: hineinschauen.
27) 원어: hineinempfinden.

온다면, 그것은 그것의 한계를 뛰어넘어, 그것이 아무것도 알지 못하는 어떤 것을 안다고 참칭하는 것이다. 그러므로 오성세계 개념은 단지, 이성이 **자기 자신을 실천적인 것으로 생각하기 위해서**, 현상들 밖에서 취할 수밖에 없다고 보는 한 **입장**일 따름이다. 만약 감성의 영향이 인간에게 규정적인 것이라면, 이성이 자신을 실천적이라고 생각하는 일은 가능하지 않을 터이다. 그러나 그럼에도 이렇게 생각하는 일은, 인간이 자기 자신을 예지자로, 그러니까 이성적인 그리고 이성에 의해 활동하는, 다시 말해 자유롭게 작용하는 원인으로 의식하는 것이 부정되지 않는 한에서는 필연적이다. 이런 생각이 물론 감성이 만나는 자연기계성의 것과는 다른 질서와 법칙수립의 이념을 인도하고, 예지 세계(다시 말해, 사물들 그 자체로서 이성적 존재자[28]들의 전체)라는 개념을 필연적이게 만든다. 그 B120 러나 여기서, 한낱 그 이념의 **형식적** 조건에 따라서, 다시 말해 법칙[29]으로서, 의지의 준칙의 보편성에 알맞게, 그러니까 의지의 자유와만 더불어 성립할 수 있는 의지의 자율에 알맞게 생각하는 것, 그 이상으로는 조금만큼의 월권도 없다. 이에 반해, 객관에 대해 규정적인 모든 법칙들은, 오직 자연법칙들에서만 마주쳐지고, 또한 오직 감성세계에만 맞을 수 있는 타율을 준다.

그러나 만약 이성이, **어떻게** 순수 이성이 실천적일 수 있는가를 **설명**하고자 기도한다면, 그때 이성은 그의 모든 한계를 넘어서는 것일 터이다. 이것은 '**어떻게 자유가 가능한가**'를 설명하는 과제와 온전히 한가지 IV459 의 것이겠다.

무릇 우리는, 그것들의 대상이 어떤 가능한 경험에서 주어질 수 있는 그런 법칙들로 환원시킬 수 있는 것 외에는 아무것도 설명할 수 없다. 그

---

28) 여기서 '이성적 존재자(vernünftiges Wesen, ens rationis)'란, 대부분의 다른 경우와는 달리, '이성을 가진 존재자'가 아니라 '이성 또는 지성으로 생각할 수 있는, 곧 예지적인 (intelligibel) 것'을 말한다.
29) AA에 따름. 칸트 원문: "법칙들".

런데 자유는 순전한 이념으로서, 그것의 객관적 실재성은 어떤 방식으로도 자연법칙들에 따라, 그러니까 또한 어떤 가능한 경험에서도 밝혀질 수가 없으며, 그러므로 이 이념은 그것에는 결코 어떤 유비에 의해서도 하나의 실례도 제시될 수 없기 때문에, 결코 개념적으로 이해될 수도 없고, 단지 통찰될 수도 없다. 자유는 단지, 자신에게서 의지를, 다시 말해, 순전한 욕구능력과는 구별되는 (곧, 자신을 예지자로서, 그러니까 이성의 법칙들에 따라, 자연본능들에서 독립해서, 행위하도록 규정하는) 한 능력을 의식

B121   한다고 믿는 존재자에게 있어서 이성의 필연적인 전제로서 유효할 뿐이다. 그러나 자연법칙들에 따른 규정이 그치는 곳에서는, 또한 모든 **설명**도 그치는 것이다. 그래서 남은 것은 **방어**[변호]뿐이다. 다시 말해, 사물들의 본질을 더 깊이 들여다본 체하면서, 대담하게도 자유를 불가능하다고 선언[설명]하는 사람들의 반론들을 추방하는 일뿐이다. 이런 사람들에게 우리가 할 수 있는 것은, 그들이 자칭 발견해냈다고 하는 모순은 다름 아니라, 그들이 자연법칙을 인간 행위들에 대해서 타당하도록 만들기 위해, 인간을 필연적으로 현상으로 볼 수밖에 없었던 곳에서, 그리고 이제, 우리가 그들에게, 예지자로서의 인간을 또한 사물 그 자체로 생각할 것을 요구하는 곳에서, 그들은 언제나 인간을 현상으로만 본다는 데에 있다는 것을 지적해주는 일뿐이다. 물론 동일한 주관에서 그의 원인성을 (다시 말해, 그의 의지를) 감성세계의 모든 자연법칙들로부터 떼어내는 것은 모순적일 것이다. 그러나 만약에 그들이, 현상들의 배후에는 (비록 숨겨진 채이기는 하지만) 사상[事象]들 그 자체가 근저에 놓여 있음이 틀림없고, 그것들의 작용법칙들에 대해서 우리는, 그것들이 그것들의 현상들이 지배받는 법칙들과 한가지 것이어야 한다고 요구할 수는 없다는 것을 숙고하고, 당연한 일이지만 그것을 시인한다면, 저 모순은 사라진다.

의지의 자유를 **설명**하는 일이 주관적으로 불가능하다는 것은 인간이

B122 IV460   도덕법칙들에 대해 가질 수 있는 [이해]**관심***을 찾아내어 개념화하는 일

이 불가능하다는 것과 한가지이다. 그럼에도 불구하고 인간은 실제로 도덕법칙들에 관심을 가지고 있고, 우리는 그에 대한 우리 안에 있는 토대를 도덕 감정이라고 부른다. 몇몇 사람은 그릇되게도 이 도덕 감정을 우리의 윤리적 판정〔가치판단〕의 척도라고 주장한 적이 있었는데, 그것은 오히려 법칙이 의지에 행사하는 **주관적**인 작용결과로 보여야만 할 것으로서, 이 주관적 작용결과를 위한 객관적 근거들은 이성만이 제공하는 것이다.

이성만이 감성적으로-촉발된 이성적 존재자에게 당위를 지정하는 그런 것을 의욕하는 데에는 응당, 의무의 완수에서 **쾌의 감정**이나 흡족한 감정을 **일으키는** 이성의 능력이, 그러니까 감성을 이성의 원리에 알맞게 규정하는 이성의 원인성이 필요하다. 그러나 자체로는 자기 안에 아무런 감성적인 것도 함유하지 않은 순전한 사유가 어떻게 쾌 또는 불쾌의 감각을 낳는가를 통찰한다는 것은, 다시 말해, 선험적으로 개념화한다는 것은 전적으로 불가능하다. 왜냐하면 그런 것은 특수한 종류의 원인성으로서, 우리가 선험적으로는 전혀 아무런 것도 규정할 수 없는 모든 원인 B123

※ 〔이해〕관심이란 그에 의해 이성이 실천적으로 되는 것, 다시 말해, 의지를 규정하는 원인이 되는 것이다. 그래서 사람들은 오로지 이성적 존재자에 대해서만, 무엇인가에 대해 〔이해〕관심을 갖는다고 말하고, 이성 없는 피조물들은 단지 감성적 충동을 느낄 뿐이라고 말한다. 이성의 준칙의 보편타당성이 의지의 충분한 규정근거일 때만, 이성은 행위에 대해 직접적인 〔이해〕관심을 갖는다. 그러한 〔이해〕관심만이 순수하다. 그러나 만약 이성이 단지 욕구의 다른 객관을 매개로 해서거나, 주관의 특수한 감정을 전제로 해서만 의지를 규정할 수 있다면, 이성은 단지 행위에 대해 간접적인 〔이해〕관심만을 갖는 것이다. 그리고 이성은 독자적으로는 의지의 객관들도 의지의 근저에 놓여 있는 특수한 감정도 경험 없이는 발견할 수 없기 때문에, 후자의[30] 〔이해〕관심은 단지 경험적이겠고, 순수한 이성관심은 아닐 터이다. (이성의 통찰을 촉진시키는) 이성의 논리적 관심은 결코 직접적인 것이 아니고, 이성 사용의 의도들을 전제하고 있다. IV460

---

30) 곧, 간접적인.

성에 대해서와 마찬가지로, 그에 대해서도 우리는 오로지 경험에 문의하지 않으면 안 되기 때문이다. 그러나 경험이 경험의 대상들 사이에 있는 것 외에 결과에 대한 원인의 관계를 제공할 수가 없고, 그러나 여기서는 순수 이성이 (경험을 위해 전혀 아무런 대상도 공급하지 않는) 순전한 이념들에 의해, 확실히 경험 안에 있는 한 결과의 원인이어야 하므로, 어떻게 그리고 왜 **법칙으로서의 준칙의 보편성**이, 그러니까 윤리성이 우리의 관심을 끄는가 하는 설명이 우리 인간에게는 전적으로 불가능하다. 다만 다음의 것만큼은 확실하다. 즉 **그것이 관심을 끌기 때문에**—무릇 그런

IV461
것은 타율이고, 실천이성의 감성에 대한, 곧 근저에 놓여 있는 감정에 대한 의존으로서, 이런 경우에 실천이성은 윤리적으로 법칙수립적일 수가 없겠다—, 우리에게 타당한 것이 아니라, 오히려 그것이 예지자로서 우리의 의지로부터, 그러니까 우리의 본래적 자기로부터 생겨났기 때문에, 우리 인간에게 타당하고, 그 때문에 그것이 관심을 끄는 바인 것이다. 그**러나 순전한 현상에 속하는 것은 이성에 의해 필연적으로 사상**〔事象〕 **그 자체의 성질에 종속된다.**

B124
　　그러므로 '어떻게 정언명령이 가능한가' 하는 물음은, 오로지 그 아래서만 이 명령이 가능한 유일한 전제, 곧 자유의 이념을 우리가 제시할 수 있는 한에서, 또한 우리가 이 전제의 필연성을 통찰할 수 있는 한에서만 대답될 수 있다. 이성의 **실천적 사용**을 위해서는, 다시 말해, **이 명령의,** 그러니까 윤리 법칙의, **타당성**에 대한 확신을 위해서는 이것으로 충분하다. 그러나 어떻게 이 전제 자체가 가능한가는 어떤 인간 이성에 의해서도 결코 통찰될 수 없다. 그러나 예지자의 의지의 자유의 전제 아래서 의지의 **자율**은, 그 아래서만 의지가 규정될 수 있는 형식적 조건으로서, 필연적으로 뒤따라 나오는 것이다. 의지의 이 자유를 전제하는 것은 또한 (감성세계의 현상들을 연결하는 데 있어 자연필연성의 원리와 모순에 빠지는 일 없이) (사변철학이 보여줄 수 있는 바처럼) 전적으로 능히 가능할 뿐만 아니라, 자유를 실천적으로, 다시 말해 이념 중에서 그의 모든 자의적인 행위

들의 조건으로서 제시한다는 것은, 이성에 의한 그의 원인성을, 그러니까 (욕구들과는 구별되는) 의지를 의식하는 이성적 존재자에게는 더 이상의 아무런 조건 없이도 필연적이다. 그러나 이제 어떻게 순수 이성이, 이성이 아닌 어떤 곳으로부터인가 취해올 수 있는 다른 동기들 없이, 그 자신만으로 실천적일 수 있는가, 다시 말해 **어떻게 법칙들로서의 이성의 모든 준칙들의 보편타당성의** 순전한 **원리**—이것은 물론 순수한 실천이 B125 성의 형식일 터이지만—가, 사람들이 미리 어떤 관심을 가짐 직한, 의지의 질료(대상)가 일체 없이, 그 자신만으로 동기를 제공하고, 순수하게 **도덕적**이라고 일컬어질 터인 관심을 불러일으킬 수 있는가, 또는 바꿔 말해, **어떻게 순수 이성이 실천적일 수 있는가**, 이것을 설명하는 데는 모든 인간 이성은 전적으로 무능력하고, 이를 설명하고자 하는 모든 노고는 헛된 것이 되고 만다.

그것은 마치 내가 '어떻게 의지의 원인성으로서 자유 자신이 가능한가'를 캐묻고자 한 것이나 똑같은 것이다. 무릇 나는 거기서 철학적 설명근거를 포기하고, 또 다른 아무런 설명근거도 가지지 못하니 말이다. 무 IV462 릇 나는 아직도 나에게 남겨져 있는 예지 세계, 즉 예지자들의 세계 안에서 헤매 돌아다닐 수는 있을 터이다. 그러나 비록 내가 그에 대한 훌륭한 근거를 가진 **이념**을 가지고 있다 해도, 나는 그 세계에 대한 최소한의 **지식**도 가지고 있지 못하고, 또한 나의 자연적인 이성능력을 제아무리 발휘해보아도 그에 대한 지식에 이를 수는 없다. 예지 세계는 내가 순전히 감성의 분야로부터의 운동인들의 원리를 제한하기 위해, 감성세계에 속하는 모든 것을 나의 의지의 규정근거들에서 배제하고 나서도 남는 어떤 것을 의미할 따름이다. 감성의 분야로부터의 운동인들의 원리를 제한하는 것은, 내가 감성의 분야에 한계를 긋고, 그 분야가 모든 것을 자기 안에 포함하고 있는 것이 아니라, 그것의 밖에도 더 많은 것이 있다는 것을 보임으로써 하는 것이다. 그러나 나는 이 더 많은 것에 대해 더는 알 B126 지 못한다. 이 이상(理想)을 생각하는 순수 이성으로부터 모든 질료를, 다시 말해 객관들에 대한 인식을 떼어낸 뒤에 나에게 남는 것은 형식뿐이다. 곧, 준칙들의 보편타당성의 실천 법칙뿐이다. 그리고 이 법칙에 맞춰, 이성을 순수한 오성세계와 관련하여 가능한 작용 원인으로, 다시 말해 의지를 규정하는 원인으로 생각하는 것뿐이다. 여기서 〔감성적〕 동기는 전적으로 있을 일이 없다. 도대체가 예지 세계라는 이념 자체가 동기일 것이고, 바꿔 말하면, 이성이 근원적으로 관심을 갖는 그런 것일 것이다. 그러나 이것을 개념화〔이해〕하는 일이 바로 과제이되, 그것을 우리는 해결할 수가 없다.

여기가 이제 모든 도덕적 탐구의 최상의 한계이다. 그러나 이 한계를 규정하는 일도 이미 매우 중요한 것이다. 왜냐하면 그것은, 한편으로는 이성이 감성세계 안에서, 윤리에 해를 입히는 방식으로, 최상의 운동인을 찾아 그리고 이해할 수는 있으나 경험적인 관심을 찾아 헤매지 않도록 하기 위한 것이고, 다른 한편으로는 그러나, 이성이 예지 세계라는 이름을 가진, 그에게는 공허한, 초험적 개념들의 공간 안에서, 선 자리에서 나가지도 못한 채, 힘없이 날갯짓만 하거나, 환상 속에서 길을 잃지 않도록 하기 위한 것이기 때문이다. 그 밖에 우리 자신도 이성적 존재자들로서 그것에 속하는—비록 다른 한편으로는 동시에 감성세계의 성원들이지만—, 모든 예지자들의 전체인 순수한 오성세계라는 이념은, 비록 모든 앎〔지식〕이 이 이념의 한계에서 끝나기는 하지만, 여전히 이성적 믿음〔신앙〕을 위해 쓸모가 있고 허용되는 이념으로 남는다. 그것은, **목적들 그 자체**의 (즉 이성적 존재자들의) 보편적인 나라—우리가 자유의 준칙들에 따라, 마치 그것들이 자연의 법칙들인 양, 조심스럽게 처신할 때만, 우리는 이에 그 성원으로서 속할 수 있거니와—라는 빛나는 이상을 통해 우리 안에 도덕법칙에 대한 활발한 관심을 불러일으키기 위한 것이다.

B127

IV463

224

맺음말

자연에 관련한 이성의 사변적 사용은 **세계**의 한 최상 원인의 절대적 필연성에 이른다. **자유에 관한** 이성의 실천적 사용 역시 절대적 필연성에 이른다. 그러나 다만 [그것은] 이성적 존재자 그 자신의 **행위들의 법칙들의** 필연성이다. 무릇, 그 인식을 필연성에 대한 의식까지 밀고 가는 것이— 필연성이 없으면 인식은 이성의 인식이 아닐 터이니 말이다—, 우리 이성의 모든 사용의 본질적 **원리**이다. 그러나 만약 현존하는 것, 또는 일어나는 것, 또는 일어나야만 할 것의 **조건**이 근저에 놓여 있지 않으면, 이성은 현존하는 것, 또는 일어나는 것의 **필연성**도, 일어나야만 할 것의 **필연성**도 통찰할 수 없다는 것 또한 그 동일한 이성의 똑같이 본질적인 **제한**이다. 그러나 이런 식으로 조건에 대한 끊임없는 조회에 의해 이성의 충족은 단지 언제나 계속해서 뒤로 미뤄질 뿐이다. 그래서 이성은 쉼 없이 무조건적으로-필연적인 것을 찾고, 그것을 개념화할[이해시킬] 어떤 수단도 없이, 그것을 상정할 수밖에 없는 처지에 놓여, 이 전제와 화합하는 개념만 발견할 수 있다면, 충분히 행복하다. 그러므로 이성이 무조건적인 실천 법칙—정언명령은 그러한 것임에 틀림없다—의 절대적 필연성을 개념화[이해]할 수 없음은 도덕성의 최상 원리의 우리의 연역에 대한 불평이 아니라, 오히려 사람들이 인간 이성 일반에 대해서 할 수밖에 없을 질책이다. 무릇, 이성이 이것을 어떤 조건에 의해서, 곧 근저에 놓여 있는 어떤 이해관심에 의거해서 하지 않으려 함을 나쁘게 생각할 수는 없다. 왜냐하면 그럴 경우에 그것은 자유의 도덕적, 다시 말해 최상의 법칙이 아닐 것이니 말이다. 이렇게 해서 우리는 비록 도덕적 명령의 실천적이고 무조건적인 필연성을 개념화[이해]하지는 못하나, 그럼에도 우리는 이것을 **개념화[이해] 못함**을 개념화[이해]하는바, 이것이, 인간 이성의 한계에까지 원리적으로 나아가려 하는 철학에 대하여 당연히 요구될 수 있는 것의 전부이다.

B128

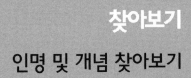

찾아보기

인명 및 개념 찾아보기

인명 및 개념 찾아보기

※ 면수는 베를린 학술원판 제4권(AA IV)에 따름.

【ㄱ】

경험적 empirisch

경험적인 것과 순수한 것의 구별 387이하, 408이하, 412, 418이하, 426이하, 441이하, 450이하, 462

고대인들 Alten

고대인들 387, 394

관심/[이해]관심 Interesse

관심 401(이른바 도덕적 관심), 413이하, 461 / 실천적 관심과 정념적 관심 413 (비교 406, 431이하, 442이하, 449) / [이해]관심을 갖다 413, 449이하, 459이하 / 직접적 관심과 간접적 관심 460 / 논리적 관심 460 / 윤리성의 이념들에 의존하고 있는 관심 448이하

공포 Furcht

공포 398, 401, 440

교활함 Verschlagenheit

교활함 416

국사[國事]의 조서[詔書] Sanktion

국사[國事]의 조서[詔書] 417

권력 Macht

권력 393, 443

궤변 vernünfteln

궤변 405

규준 Kanon

규준 387, 424

규칙 Regel

숙련의 규칙 416 / 실천적 규칙 389, 409이하, 414, 440, 444 / 사고의 규칙 387, 390 (비교 395, 404, 438, 452)

근면 Fleiß

근면 435

근심 Sorge

근심 399

기계 Maschine

기계 438 (비교 458)

기술적 technisch (→ 가언명령)

기예[/기술/예술] Kunst

기예 409, 416, 435

기지 Witz
　기지 393, 435
기질 Temperament
　기질 393, 398

【ㄴ】

논리학 Logik
　논리학 387이하, 390, 410

【ㄷ】

당위(해야만 함) Sollen
　당위 413이하, 449, 454이하, 460, 463 / 당위는 본래 의욕이다 414, 449, 454
　이하
대중성 Popularität
　대중성 391, 409이하 / 대중의 취미 388, 409이하 (→ 철학)
덕 Tugend
　덕 404, 407, 411, 426, 435, 442, 443(덕의 아름다움)
도덕 Moral
　이성적 윤리학으로서 도덕 388, 412, 429, 436, 440, 456
도덕성 Moralität
　도덕성 434, 439 (비교 408, 443, 453) / 도덕성의 최고 원리 392, 463 (→ 윤
　리성)
도덕철학 Moralphilosophie (→ 철학)
도출 Ableitung
　이성으로부터 선험적 도출 406, 410, 411, 412, 425(비교 420) / 정언명령으로부
　터 의무의 도출 421, 423 / 신의 의지로부터 윤리적 법칙의 도출 443 / 자유로
　부터 윤리성의 도출 447
독살자 Giftmischer
　독살자 415
독창적 사상가 Selbstdenker
　독창적 사상가 388

동기 Triebfeder

동기 400, 402, 404, 407, 410이하, 419, 425, 427, 431, 439이하, 442, 444, 449, 461

동인 Bewegungsgrund

동인 389이하, 398, 401, 403, 407, 427, 434, 450

동정 Teilnehmung

동정 398이하, 423, 442, 454

똑똑함 Gescheitheit

똑똑함 416

【ㅁ】

마음 Gemüt

마음 393, 398, 411

마음씨 Gesinnung

마음씨 406, 412, 416, 435

명예 Ehre

명예 393, 398, 441, 443

모두 Allheit (→ 목적)

목적 Zweck

목적 395, 400, 415, 427, 433, 436 / 의지의 목적 394, 400, 414이하 / 목적 그 자체 428이하, 433이하, 438, 462 / 인간이 목적으로 삼는 대상〔= 목적들의 주체〕 431, 437이하 / 이익으로서 목적 439 / 상대적 목적과 객관적 목적 427 이하 / 사적인 목적 433 / 준칙들의 목적 436 / 목적에 관여하는 '여럿'과 '모두' 범주 436 / 자립적 목적 437 (→ 행복, 수단과 목적, 목적의 나라)

목적론 Teleologie

목적론 436 (비교 395이하)

목적〔들〕의 나라 Reich der Zwecke

목적의 나라 433이하, 438이하, 462 / 목적들의 나라는 이상이다 433 / 목적들의 나라는 의지의 자유를 통하여 가능하다 434 / 이론적 이념으로서 목적들의 나라, 실천적 이념으로서 목적들의 나라, 이 나라의 실재성 439 (→ 목적)

몽상가 Grübler

몽상가 388

무조건적으로 필연적인 것 das Unbedingt-Notwendige

　무조건적으로 필연적인 것 463

물건 Sache

　물건 428이하

물리학 Physik

　물리학 387이하, 410

믿음〔신앙〕 Glaube (→ 예지 세계)

【ㅂ】

박애가 Menschenfreund

　박애가 398

방법 Methode

　〈윤리형이상학 정초〉의 방법 392, 444이하 (비교 436)

방어〔변호〕 Verteidigung

　방어〔변호〕 459

방해 Hindernis

　이성의 방해 397, 449 (비교 434: 제한)

범주〔들〕 Kategorien

　범주 436

법정 Gerichtshof

　순수 이성의 법정 443 (비교 457: 권리요구)

법칙 Gesetz

　윤리적(도덕적, 실천적) 법칙 389이하, 400, 401이하, 407, 408(명증적), 409이하, 412, 414 / 법칙의 보편적 개념 412이하, 427이하 / 법칙의 필연성 389, 416, 442, 444 / 법칙의 표상 401이하, 407, 410, 412이하, 427이하 / 존경의 대상으로서 법칙 400이하, 439 / 법칙의 직관성 436이하 / 법칙의 형식 454 / 대상들의 법칙 387 / 자연의 법칙 387 / 사고의 법칙 387 / 윤리성의 지시명령으로서 법칙 416 / 책무의 근거로서 법칙 389 / 법칙의 순수성 390 / 선의 법칙 414 / 순수 이성으로부터의 법칙 411 / 원리와 법칙의 구별 420 / 사고의 법칙과 의욕의 법칙 421이하 / 법칙에 복종 431이하, 436, 438, 440, 449, 454 / 법칙의 보편성(→ 보편성) / 자연의 법칙(→ 자연법칙)

법칙수립〔입법〕 Gesetzgebung

　법칙수립 403, 406, 425, 431이하, 438이하, 449이하, 453, 458, 461

법칙의 예외 Ausnahme vom Gesetz

　법칙의 예외 408, 424이하

변증학 Dialektik

　변증학 391, 405, 455

보편성 Allgemeinheit

　법칙(준칙, 행위)의 보편성 402이하, 416, 421이하, 426이하, 429이하, 434, 436
　이하, 440, 444, 447, 449, 458, 460이하 (→ 형식) / 일반적으로 법칙수립적인
　것으로서 의지의 보편성 (→ 의지)

복종 Unterwerfung (→ 법칙)

복지 Wohlfahrt

　복지 417

본능 Instinkt

　본능 395이하, 423, 435, 459

볼프 Wolff

　볼프 390

부 Reichtum

　부 393, 418

분석적 analytisch

　분석적 방법 392, 445(참조 436) / 분석적 명제 417이하 (→ 분해)

분업 Arbeitsteilung

　분업 388

분해 Zergliederung

　명령 개념의 분해 440 / 윤리성 개념의 분해 440 / 자유 개념의 분해 447 / 선
　의지 개념의 분해 447 (→ 분석적)

불쾌 Unlust (→ 쾌)

비판 Kritik

　이성의 비판 405 / 순수 실천이성 비판 391이하, 440, 445, 446이하 / 순수 사
　변 이성 비판 391 / 주관에 대한 비판 440 / 순수한 사용에서 인간적 이성의 비
　판 441

【ㅅ】

사고 Denken

　사고 387, 390 / 사고와 느낌 442, 458, 423, 426, 435

윤리적으로 선한 것 das sittliche Gute

윤리적으로 선한 것 401, 407, 411, 414

윤리 체계 System der Sitten

윤리 체계 392, 404, 443

윤리학 Ethik

윤리학 387이하

의도 Absicht

의도 393이하, 397, 399이하, 402, 414이하, 420, 423, 429, 454 / 자연의 의도 394이하 / 가능한 의도와 현실적 의도 414 / 실천적 의도와 이론적 의도 448, 455이하

의무 Pflicht

의무 397이하, 412, 421이하, 425, 431, 434, 439, 454 / 자기 자신에 대한 의무 421이하, 429이하 (비교 434, 437), 타인에 대한 의무 421이하, 429이하 (비교 434, 437) / 엄격한 의무 424 / 좁은 의미의(유기할 수 없는) 의무 424 / 넓은 의미의(공을 세우는) 의무 424 / 완전한 의무와 불완전한 의무 421 / 사랑의 의무 430 / 의무의 구분 421 / 책무의 종류에 따른 의무 424 / 의무의 최상의 근거 433 / 의무 지어진 상태와 의무에서 자유로운 상태 453 / 의무에서 비롯하는 행위 (→ 행위) / 의무의 평범한 이념 389, 397이하, 402, 406 (비교 412)

의무에 맞는 pflichtmäßig (→ 행위)

의무에 어긋나는 pflichtwidrig (→ 행위)

의사 Arzt

의사 415

의욕〔의욕함〕 Wollen

의욕 일반 390 / 인간의 의욕 일반의 작용들과 조건 390 / 의욕의 원리 400, 416 / 어떤 행위를 의욕함 420 / 어떤 대상을 의욕함 417이하, 440, 444 / 의욕의 객관적 근거 427 / 의욕의 형식 444 / 의무로부터의 의욕 431 / 예지자로서 인간의 의욕 457 (비교 394, 403, 414, 427, 437, 440이하) (→ 당위, 의지)

의지 Wille

의지 412, 427이하, 446이하, 453이하 / 선의지 393이하, 402이하, 413이하, 426, 437, 444, 459 / 완전히 선한 (신성한) 의지 400, 414, 420, 439, 440(이념으로서), 453이하 (비교 435) / 의지 형식의 통일 436 / 순수한 의지 390 / 의지의 원리 400 / 법칙 아래 의지의 종속 401 / 의지의 가치 426 / 의지에 대한 존경 435 / 보편적 법칙수립자로서 의지 431이하, 435, 438이하, 441, 449 / 실천이성으로서 의지 412, 441 / 본래적 자기로서 의지 458 (→ 자아, 예지자, 자기, 의욕)

자발성 Spontaneität

　자발성 452 (→ 자기활동성, 활동)

자살 Selbstmord

　자살 421이하, 429

자선 Wohltätigkeit

　자선 398이하, 430

자아 Ich

　자아 451, 457이하 (→ 자기)

자연 Natur

　형식적 의미의 자연 421, 437 / 자연의 합목적성 394이하, 422이하 / 경험의 대
　상으로서 자연 387, 455 / 자연은 지성개념이다 455 (→ 자유) / 자연의 나라
　436, 438

자연법칙 Naturgesetz

　자연법칙 387, 412, 435, 439, 446, 452이하, 455이하 / 자연법칙으로서 준칙
　421이하, 431, 436이하

자연이론 Naturlehre

　자연이론 387, 427

자연이 준 소질/자연소질 Naturanlagen (→ 재능)

자연필연성 Naturnotwendigkeit

　자연필연성 415, 446, 455이하, 458(자연기계성), 461

자유 Freiheit

　자유 387, 430, 431, 434이하, 446이하 / 자유는 경험개념이 아니다 431, 448
　이하, 455, 459 / 자유와 자율 446, 450, 452, 458, 461 / 자연원인에서 독립적
　인 것으로서 자유 446, 452, 455, 457, 459 / 자유의 소극적 개념과 적극적 개념
　446이하, 458 / 자유의 이념 448, 454이하, 459 / 자연개념과의 외관상의 모순
　446, 455이하, 459, 461, 463 / 자유의 가능성은 인식될 수 없다(설명될 수 없다)
　456, 459이하

자율 Autonomie

　자율 401, 427(자기규정 Selbstbestimmung), 431이하, 436, 439, 440(자율의 원
　리 Prinzip der Autonomie), 444이하, 446이하, 449이하, 452이하, 458, 461

자의/의사 Willkür

　자의/의사 428, 436, 451, 461

자제 Selbstbeherrschung

　자제 394

최고선 höchstes Gut

충고 Ratschlag

충동 Antrieb

충언 Ratgebung

취미 Geschmack

【ㅋ】

쾌 Lust

쾌적한 것 Angenehme(das)

【ㅌ】

타당성 Gültigkeit

타율 Heteronomie

타인의 fremd (→ 외래의)

통일 Einheit (→ 의지)

통풍환자 Podagrist

【ㅍ】

판단력 Urteilskraft

확실성 Gewißheit

  확실성 407, 418이하

활동 Tätigkeit

  활동 400, 446, 448, 451이하, 458 (→ 자기활동성, 자발성)

힘 Kraft

  힘 415, 444, 452

옮긴이

백종현(白琮鉉)

서울대학교 명예교수. 한국포스트휴먼연구소 소장.
서울대학교 철학과에서 학사·석사 과정 후 독일 프라이부르크 대학에서 철학박사 학위를 받았다. 인하대·서울대 철학과 교수, 서울대 철학사상연구소 소장, 서울대 인문학연구원 원장, 한국칸트학회 회장, 한국철학회 『철학』 편집인·철학용어정비위원장·회장 겸 이사장, 한국포스트휴먼학회 회장을 역임하였다.
주요 논문으로는 "Universality and Relativity of Culture"(*Humanitas Asiatica*, 1, Seoul 2000), "Kant's Theory of Transcendental Truth as Ontology"(*Kant-Studien*, 96, Berlin & New York 2005), "Reality and Knowledge"(*Philosophy and Culture*, 3, Seoul 2008) 등이 있고, 주요 저서로는 *Phänomenologische Untersuchung zum Gegenstandsbegriff in Kants "Kritik der reinen Vernunft"*(Frankfurt/M. & New York 1985), 『독일철학과 20세기 한국의 철학』(1998/증보판2000), 『존재와 진리―칸트 〈순수이성비판〉의 근본 문제』(2000/2003/전정판2008), 『서양근대철학』(2001/증보판2003), 『현대한국사회의 철학적 문제: 윤리 개념의 형성』(2003), 『현대한국사회의 철학적 문제: 사회 운영 원리』(2004), 『철학의 개념과 주요 문제』(2007), 『시대와의 대화: 칸트와 헤겔의 철학』(2010/개정판2017), 『칸트 이성철학 9서5제』(2012), 『동아시아의 칸트철학』(편저, 2014), 『한국 칸트철학 소사전』(2015), 『이성의 역사』(2017), 『인간이란 무엇인가―칸트 3대 비판서 특강』(2018), 『한국 칸트사전』(2019), 『인간은 무엇이어야 하는가―포스트휴먼 시대, 인간을 다시 묻다』(2021) 등이 있으며, 역서로는 『칸트 비판철학의 형성과정과 체계』(F. 카울바흐, 1992)//『임마누엘 칸트―생애와 철학 체계』(2019), 『실천이성비판』(칸트, 2002/개정2판2019), 『윤리형이상학 정초』(칸트, 2005/개정2판2018), 『순수이성비판 1·2』(칸트, 2006), 『판단력비판』(칸트, 2009), 『이성의 한계 안에서의 종교』(칸트, 2011/개정판2015), 『윤리형이상학』(칸트, 2012), 『형이상학 서설』(칸트, 2012), 『영원한 평화』(칸트, 2013), 『실용적 관점에서의 인간학』(칸트, 2014), 『교육학』(칸트, 2018), 『유작 I.1·I.2』(칸트, 2020), 『학부들의 다툼』(칸트, 2021), 『유작 II』(칸트, 2022) 등이 있다.

한국어 칸트전집 제6권

윤리형이상학 정초

대우고전총서 016A

1판 1쇄 펴냄 | 2005년 8월 20일
1판 10쇄 펴냄 | 2014년 12월 10일
개정판 1쇄 펴냄 | 2014년 12월 31일
개정판 4쇄 펴냄 | 2017년 9월 18일
개정2판 1쇄 펴냄 | 2018년 9월 10일
개정2판 7쇄 펴냄 | 2023년 9월 8일

지은이 | 임마누엘 칸트
옮긴이 | 백종현
펴낸이 | 김정호

펴낸곳 | 아카넷
출판등록 2000년 1월 24일(제406-2000-000012호)
10881 경기도 파주시 회동길 445-3
전화 031-955-9511(편집) · 031-955-9514(주문) | 팩시밀리 031-955-9519
www.acanet.co.kr

ⓒ 백종현, 2018
철학, 서양철학, 독일철학, 칸트 KDC 165.2

Printed in Paju, Korea.

ISBN 978-89-5733-603-8 94160
ISBN 978-89-5733-395-2 (세트)

이 도서의 국립중앙도서관 출판예정도서목록(CIP)은
서지정보유통지원시스템 홈페이지(http://seoji.nl.go.kr)와
국가자료공동목록시스템(http://www.nl.go.kr/kolisnet)에서 이용하실 수 있습니다.
(CIP제어번호 : CIP2018027505)